权力的教训

[法] 弗朗索瓦·奥朗德（François Hollande）_ 著　夏霁 张伟 姜建华 _ 译

Les leçons du pouvoir

中信出版集团 | 北京

图书在版编目（CIP）数据

权力的教训 /（法）弗朗索瓦·奥朗德著；夏霁，张伟，姜建华译．-- 北京：中信出版社，2019.7
ISBN 978-7-5086-9881-6

Ⅰ．①权… Ⅱ．①弗… ②夏… ③张… ④姜… Ⅲ．①弗朗索瓦·奥朗德－回忆录 Ⅳ．① K835.657=5

中国版本图书馆 CIP 数据核字（2019）第 108378 号

权力的教训

著　　者：[法] 弗朗索瓦·奥朗德
译　　者：夏　霁　张　伟　姜建华
出版发行：中信出版集团股份有限公司
（北京市朝阳区惠新东街甲 4 号富盛大厦 2 座　邮编　100029）
承 印 者：北京盛通印刷股份有限公司

开　　本：880mm × 1230mm　1/32　　印　　张：11.875　　字　　数：245 千字
版　　次：2019 年 7 月第 1 版　　印　　次：2019 年 7 月第 1 次印刷
京权图字：01-2019-0079　　广告经营许可证：京朝工商广字第 8087 号
书　　号：ISBN 978-7-5086-9881-6
定　　价：68.00 元

服务热线：400-600-8099
投稿邮箱：author@citicpub.com

目 录

推荐序

米歇尔·萨潘

2012—2017 年的五年任期中，奥朗德引领着法兰西的命运。在此期间，他先后任命我担任劳工和社会对话部部长、财政部部长、经济和财政部部长。法国也历经多重磨难，战胜了许多挑战，进行了复杂的国际谈判。

我热切地希望中国读者在阅读这本书后，发现这不是一本编年叙事的书，而是如何使用权力的主题式思考的书。

《权力的教训》是一本关于个人的书，奥朗德真诚地讲述了他的成功与缺憾、人际关系的复杂性、做出重大决策时的孤独感。同样，《权力的教训》也提供了法国经历沉重和艰难时刻的宝贵信息。读者可以了解到，法国是如何在奥朗德领导下团结应对那些严重伤害法国、损害法国基本准则和法国和谐的恐怖袭击的。无论是 2015 年 1 月的袭击《查理周刊》事件，还是 2015 年 11 月的巴塔克兰恐怖袭击，每个悲怆的时刻都使全世界产生感动和团结的浪潮。中国和中国人民通过正式的和非正式的表态表明和我们站在一起，法国对此深为感激。

这本书还包括其他重要事件。读者会理解为使法国走出 2012 年的经济危机、重新赋予法国企业缺失的竞争力而做出的决策。2016

年和 2017 年公共账户恢复平衡，失业率大幅下降，企业投资再现，接纳新的外国投资，这一切都有赖于 2012 年 11 月以后法国实行的诸多政策。这些政策取得了无可争辩的成果，尽管比我们的政治日程预想的来得迟。

同样，奥朗德在书中详细阐述了他为欧洲建设采取的行动，通过与欧洲大国的对话，这些行动使欧洲走出了重大经济危机，保住了欧盟每个国家的成员地位，应对了诸多困难，如移民潮和安全问题等。读者将更加理解，为什么法国坚持让希腊留在欧元区和欧盟内；读者也将更加理解，尽管遭遇了英国脱欧，尽管一些成员国抵制，欧洲建设仍然要继续前进。一个强大的欧洲对于世界稳定是不可或缺的。

这本书也讲到法中对话，奥朗德是带着幽默和激情，以及对中国领导人在建立相互信任及被寄予厚望的两国合作关系方面所发挥的作用的感激之情来叙述的。

在世界因美国新总统当选而出现自我封闭和保护主义倾向之际，维护多边主义的共同任务将我们两国联系在一起。

2012—2017 年，为维护世界和平与安宁而斗争的意愿成为强有力的连接点，推进了反恐及防范资助恐怖活动的斗争、艰难的伊朗核问题谈判、国际货币体系平衡及中国对重要贸易和货币机制运行的加入。

特别是防止气候变暖、争取 2015 年 12 月巴黎气候变化大会成功及达成“巴黎协议”，两国机制性合作及两国领导人之间的互信具有决定性意义。读者在阅读《权力的教训》时，会更加理解相关谈判的关键意义，更加理解中国为团结相关国家——老牌工业国家、新兴国家、经济发达国家，以及正在为其人民寻求发展，同时受气候变暖影响最大的贫穷国家所发挥的重要作用。两国领导人的亲自参与，是两国关系发展阶段中的重要时刻，它承载着对未来的信心。

当前，多边主义遇到困难，自由贸易被打上问号，美国不再参与“巴黎协议”。为了解决困难、寻求对话途径，我们两国加强关系和相互理解显得更为必要。

从这本书可以看出，被寄予厚望的相互信任、从分歧逐渐走向共识的商讨，对推进下列关键合作议题具有决定性意义：核能领域合作、人民币在国际流通领域的地位、相互投资、文化和大学教育合作等。

《权力的教训》是希望进一步了解法中关系的读者的必读书，也是深入了解法国政治生活微妙性和复杂性的生动有趣的读物。法国政治中充满了离合聚散、胜选败选、忠诚的人际关系、导致信任关系破裂甚至走向背叛的个人路径。

这是一本集聚个人思考、激情、历史见证及愿景展望的书。

感谢所有使《权力的教训》翻译成中文并出版的人。

对于我们两个同样有着古老历史和灿烂文化的民族，这本书也是两国平等互利交流的见证，它可以帮助我们了解过去和现在，它也必然能够帮助建设我们共同的未来。

2019 年 6 月 12 日

于巴黎

前　言

这是我在爱丽舍宫的最后一天。

从早上开始，这栋安静的大宅就奇怪地嘈杂了起来。匆匆的脚步声、院子里的车辆声、锤子的敲击声在楼宇之间回响。这并不是有人在砍伐橡木为赫拉克勒斯[1]搭建自焚柴堆，而是在为埃马纽埃尔·马克龙的就职搭建白木的高台。

与往常一样，我无须借助闹钟便在早上 6 点准时起床。清晨的亮光已经透过了房间的百叶窗。

早上 7 点，我最后一次穿过连接着私人房间和我在二楼的办公室的白色小走廊。在 5 年任期内，我在这个走廊来来回回地不知走过多少次。走廊里装点着奥迪隆·雷东的花卉组合画，雷东是一位 19 世纪的象征主义画家和版画家。这些画布上，既没有月桂，也不见菊花[2]……

我经过王后浴室，那里摆放着被雕花木质屏风遮掩的浴缸。接着又经过了角房，它朝向花园，是爱丽舍宫最美的房间，助理称之

1　赫拉克勒斯是古希腊神话中半人半神的大力士英雄，建立了丰功伟业，最后投身柴堆自焚而亡。——译者注

2　在法国，通常月桂象征胜利，菊花代表死亡。——译者注

为“让人疯狂的办公室”。因为使用这间办公室的人距离我的办公室仅有几步之遥，因此他们觉得自己具备了非凡的权力。自从上一位使用者离开后，这间房子就一直闲置着，只用来举办一些小型会议。随后，我穿过我的秘书们所在的大厅，她们眼泪汪汪地看着我。最后我走进我的办公室，它超乎寻常地整洁有序。我带来的书籍和个人物品已经被搬走了，只有几个文件夹摆在办公桌上。

这就是法国的断裂点：总统统治至最后一秒，而后将权力交给即刻履新的继任者。我签署着最后的政令和任命书，一边翻阅着我要求起草的报告一边想：它们明天还有用。我礼貌地回绝了让·端木松[1]的提议，他想和我在这最后一天约谈。正如他以前和弗朗索瓦·密特朗总统做的一样，这样一次会晤，会使他作为即将卸任总统的享有特权的知己地位得到强化。

早上 8 点，我接待着最为亲近的助手们，向他们道别——笑声和泪水，拥抱和道谢。我难以掩饰那些用逗乐来尽量避免引发怀旧情绪的话语背后的情感。人们有时指责我爱开玩笑，但他们错了。幽默并非逃避，它就像盐之于日常生活，尤其能让生活的悲欢离合不再那么残酷。

我向这些助手致谢。他们的才能与练达，日复一日地保障着总统府的和谐运作。然后，我照例应他们的要求，和传令官、消防队员、秘书以及侍从官合影。我即将离去，但他们将留下来，继续保障权力在日常组织中的连贯性。他们绝对谨慎，从未对我讲过有关

1　让·端木松是法国著名作家，法兰西学院院士，于 2017 年 12 月去世。——译者注

我的前任的一个字。他们手势笃定，清楚形势，在人员管理上细致入微。他们对候见的来访者无所不知：谁该从这扇门或那扇门通过，谁该享受这样或那样的礼遇 —— 他们的警觉令我难忘。

上午 10 点，我一人独处——如同我这 5 年来常常经历的那样。事实上，这样的孤独源自体制：在责任序位方面，无人在我之上。那些争辩最为激烈的劝告、意见和建议，都要由国家元首做出最后的抉择。在涉及实施敏感改革、应对危机或拯救士兵性命等问题上，当研究、讨论之后，所有人都会转向我，想听到我说“是”或“不”。这 5 年中的一切决定都是由我做出的。成也好、败也罢，振兴也好、错失机遇也罢，重任都压在我身上。在这间装饰了过多金色、踢脚线已磨损的房间里，在这些装饰给人带来的虚假安全感之下，在花园里的树木轻轻摇曳之际，我最后一次直面自己。

也就是说，我要审视自己的行为。我没有宽容自己的习惯。我几乎从不沾沾自喜，有人也就此指责过我。然而，我知道要跟我的继任者说些什么。事实就摆在那儿，不言而喻。5 年前，法国遭遇投机和衰退危机，由于赤字和竞争力不足而在欧盟中落后。今天，振兴的基础已经巩固，法国再次受到了尊重。这是以放弃我们的利益为代价而获得的吗？绝对不是。我忠于自己毕生作为坚定的社会主义者的承诺，促进了法国社会现代化，改善了民主，并推行了多项社会改革。未来除非出现反动的诉讼，否则既得权益应当不会丧失；除非自由主义妄想泛滥，否则新的再分配机制也不会受到质疑。

我为之付出过如此大的政治代价的努力都是必要的。倘若没有这番努力，衰退是不可避免的。倘若没有这番努力，那我就是玩忽职守。正是因为这些努力，在天上没掉“馅饼”的 5 年任期结束时，在这个影响力按照市场份额和科技卓越程度衡量的全球化世界中，法国得以重新入局开牌。我并不指望还我以公道。政治生活就是这样的，即便你已离开它，它也不会对你宽容，或者说也不会真相大白。我只是希望法国人民理解，在我们国家面临多种考验时，在法国冒着风险、为保障自身及他国安全而多次对外采取军事干预行动时，我们做出的选择，以及我们行使权力的情况。

在我身后，端放在壁炉上的精美时钟微妙地向我提醒着日程，再过一刻钟，我就要下去迎接我的继任者了。于是我给自己布置了最后一项任务。在经历了苦难的 5 年以后，我积累了独特的经验。在法国这个既肩负着世界使命，又受到国内各种狂热支配的国家，总统意味着什么？如何使那些既想要权威又不想出让权利和自由的法国人达成妥协？如何按照职位要求的高度行使权力，同时又一如我心目中总统与公民的关系那样保持人道和质朴的特性？如何与民众建立适度的距离？奇闻八卦和“宫廷”流言带来了政治透明的错觉，人们以为了解权力的一切。小道消息满天飞，人们无法分辨重要消息。在事件接踵而至时，人们忘记了其中的利害、挑战和惨痛，而这些才是人民的政府关注的核心。

就在那天，在我离开这个重大决策场所之前所做的最后的独白中，我决定要为这 5 年任期做个见证。这不是为了给自己辩白，也不是为我的任职总结辩护。假以时日，功过自会昭然。这是做一件具有公民意义的工作。我曾经想做一个“平凡的总统”，以更好地承担一项不平凡的使命：在陷阱密布的危险世界中为法国引领方向，在岌岌可危之时做出决策。如今，我想要传承。我希望公民理解他们选择的、指引他们前行的这个人的成功和缺憾、欢乐和痛苦、抱负和失意。我希望为法国人民总结出“权力的教训”。

我也想为了未来而对左翼讲话。进步阵营不应在令人厌烦的治理挑战面前有所犹豫。除非是要隐遁在幻想中，或是满足于只说不做。毫无疑问，这是唯一不会被解职的差事。左派每次在以大局利益之名承担艰难选择时，应该摒弃颇受指责、反反复复的疑虑。左派不应在指责自己背叛的责问者面前低头。这些责问者借口称左派不应在执政的头几个月就把成果归还给金融资本。更有甚者指责左派以就业的名义寻求妥协，并做出退让。左派在其内部并非只有朋友，这是它的问题所在。它受到的指控总来自内部。这些人总以先知先觉的名义攻击左派，而不是与左派一道攀登险峰。这是致命的倾向。难道因为不能全面成功，就什么都不做了吗？倘若缺少“存在”这一首要属性，那么伟大的计划从何谈起？没有纲领的现实主义是一种放弃，但缺乏行动的理想则等同于把自己的位置拱手让人。

上午 11 点，我的思绪被打断了。听到有人宣布马克龙到达，我下楼在台阶上迎接他。他年轻、庄重、步伐缓慢，慢慢地穿过庭院，或许是为了更好地品味这一时刻。他快步登上分隔着我们的几步台阶，犹豫着要不要和我拥抱。他习惯于拥抱且做得熟练，但我总是感觉不安。我们热烈地握手，然后他随我来到他将使用 5 年的办公室。他因担任过我的顾问和部长而对这间办公室很熟悉。我还在我的位置时，他就已经进入他的位置了。我们平等相处，在这一个小时内，法国有两位总统。我相信自己没有弄错，或许可以说他体会到的快乐与感受到的尴尬同样多。他对什么事情有负疚感吗？犹如事物的秩序和人际关系已被颠覆。总之，无论是他还是我，5年前我们不会想到会在这样的情形下再共处一室。我尽力为他提供便利。毕竟我是离去者，而不是溃败者。我们没有在任何选举角逐和格斗中对立过，是我自己决定不竞选连任的。从政治角度看，我当时并不得势。但他凭着强大的勇气和更好的运气，势在必得。他抓住了这个机会！

老实说，我们在2017年5月7日之后就交谈过，外界无人知晓。权力的交接势必是短暂的，它持续了一个小时：在我们正式会晤之前，必须非正式地把小事处理完毕，以便把共和国传统规定的时间用于处理大事。于是，在第二轮投票后的第三天，我们在爱丽舍宫悄悄会面，以便讨论他当选后产生的政治形势。

那次会面并不是为了反思总统竞选，那个时段已成为过去。我们讨论的是下一步。下一项议程是立法选举。在马克龙面前开启了两条道路。他可以像大多数欧洲国家所做的那样，选择政治结盟，把不同政治力量团结在同一个政治纲领之上。依靠谈判达成的公约来进行联合，结盟的各党可以为政府提供一个更加广泛和更加牢固的基础。比如，联邦德国多年来就是这样治理的。长久以来，安格拉·默克尔以及德国人民对此从未抱怨过。我觉得这样的选择和马克龙本人在竞选中提出的理念相符合。由此看来，社会党对他而言是一个可能的盟友。随着交谈的深入，我明白他另有打算。共和国前进运动将在全国各地推出候选人参选。新总统指望借助总统选举效应来组建一个为自己效力的多数派，这个多数派将毫无阻力地支持他的改革。他不想同社会党和解，而想取而代之。在 2012 年进入爱丽舍宫加入我的工作班子之前，他曾是一名并购专家：他准备的行动不是联合，而是吞并。

他告诉我，他打算在马提尼翁府任命一位右派人士，并把一些杰出的反对派成员聚集在他身边：一个没有替代选择的政权。摆脱社会党之后，他想把最接近他的纲领的右派人士从其领导人那儿挖过来，从而解除右派“武装”。我提醒他注意：一个右派总理，即使再忠诚，也会不可避免地试图突出自己的存在，更何况根据体制建设习惯，总理是多数党的领袖。马克龙礼貌地表示，他收到了我友好的提醒。或许将来有一天，他会想起这次谈话。

但是其他问题才是重点，我们把这些重点列入权力转交的例行共和式会议中。重点当然是指法国的形势。马克龙最后一次坐在访客的扶手椅上，采取了克制姿态，甚至接近于谦逊。像所有前任一样，即将降临于其身的责任一定令他印象深刻。他认真倾听着我的分析。他了解这些，他曾是这段历史的参与者。2012 年，挑战首先是经济方面的。虚弱的法国必须恢复活力，以分阶段降低失业率，并重新引起欧洲的关注。2017 年，这项任务即将完成，只需继续跟进并扩大战果。再分配也是如此。我想表达的是，要向大多数人而不是少数拥有特权的人进行再分配。新的挑战是国际性的。世界因恐怖主义之恶持续存在而剧变，即使“伊斯兰国”组织在特定的领地上不复存在，世界也同样因唐纳德·特朗普执政而受到摆布和支配，特朗普行动的不可预测性与言语的挑衅性“相辅相成”。世界因英国脱欧而剧变，即使它首先给英国带来的是沉重的负担。世界因普京领导下的俄罗斯所取得的地位而剧变，俄罗斯闯入被美国的无常和西方的衰弱所打开的裂口中。世界因沙特阿拉伯和伊朗及其背后的逊尼派和什叶派之间的冲突恶化而剧变，这个冲突有可能演变为一场公开战争。世界因威权民主体制的强力崛起而剧变，这些体制为焦虑的人民提供了威权和民族主义荣耀的虚假保障。世界也因新的地缘政治格局、民粹主义在东方和西方取得的成果而剧变，它变得比任何时候都更加危险、动荡和分裂。

但与之相悖的是，法国重新处在一个更为有利的地位。在欧洲，德国也遇到了极端主义的冲击，它需要和法国一道重振欧盟，因为欧盟历来依赖于巴黎和柏林的良好协作。在世界上，人们期待着在世界舞台上举足轻重的法国继续坚持关于应对气候变化的承诺，继续同恐怖主义做斗争，继续实现非洲发展目标，维护非洲安全。这不仅仅依靠法国军队的勇气，法国重新找到了一边改革一边继续拓展的空间。在将它们置于保护和正义的特征之下的同时，法国也可以自我和解，击退民粹主义幽灵，重新开启进步征程，把各阶层人民再次联合起来。

新总统怎么会反驳这些分析呢？在法国重振的背景下问鼎总统宝座，这是莫大的责任，更是一次新的机遇。我感觉他相信自己的运气。他对自身能力充满信心，自信历来是一种强大的力量。勇气是珍贵的法宝，但它从来都不应脱离理性。我记得在希腊债务危机最严重的时候，他是法国经济部部长，他的同事米歇尔·萨潘在欧元集团会议中代表法国。马克龙给我打电话，自荐做调解人。他自认为能在德国和希腊之间达成协议，理由是他具备金融专业能力，并与希腊财政部部长亚尼斯·瓦鲁法基斯有良好的关系。我提醒他，即使私人关系在某些谈判中可以发挥作用，但如果涉及人民做出牺牲或者对债权人提出要求的议题，友情也只能让步。今天付诸实施的解决办法也是经过长达数月的努力才达成的。法国毫不松懈地为希腊辩护，这个友好但评价较差的国家在国际货币基金组织的苛求下，在欧盟委员提出的强硬条件的压力下，差点儿牺牲。同样，长时间和特朗普握手也不足以说服特朗普批准巴黎气候变化协议。在特朗普 2017 年 1 月就职美国总统的第二天，我就意识到美国不会为保护地球而做出努力。特朗普曾用其一向不假思索的话直截了当地告诉了我这一点。马克龙随后也会自认为能让美国改变立场。对他来说，只要有明确的意愿和足够的魅力，就可以成就一切。这是他的做事方式。他曾是我的顾问，可我不是他的顾问。

现在，他是总统，而我不是总统了。我只有一个愿望：看着他为国家建功立业。他想对特朗普、普京和我们的欧洲伙伴了解更多。我回答说，我很乐意告诉他，但不能再延长会见时间了：有人会猜测发生了什么意外情况，或是猜测我们正在进行可疑的谋划。于是我们终止了谈话。我下楼走到庭院里准备离开，我希望这是一个简朴、友好的离别。我挥手向聚集在一起的助手打招呼，我害怕被他们的激动情绪淹没。我亲热地向他们致意，就像向法国人民致意一样。

紧接着我前往索尔费里诺大街，带着密特朗在其任期结束后造访的记忆，去接受社会党人的道别。随后我接受了还将继续担任几天总理的贝尔纳·卡泽纳夫的邀请，一起去巴黎九区一家名叫“红球”的餐馆吃饭。他之前跟我说他已经包下了餐厅，但餐馆老板走漏了消息。此老板以调料放得重的“古斯古斯”饭以及热情洋溢的待客态度而闻名。一切顺利，我非常满意。正在邻桌吃午餐的恩里科·马西亚斯[1]——这里的常客——也走过来热情地向我们致意。2007年他在协和广场庆贺尼古拉·萨科齐当选总统。这次他又偶然地带着同样的微笑见证了我的离职。

这个巧合把我的思绪带回到5年前，即2012年。当时我和萨科齐就像我刚刚和马克龙那样进行了交流，当然角色与现在相反。离任总统在我当选的当晚打电话道贺，说的都是在那番情景下轻易说不出口的话。但他找到了得体的说辞，提醒我说等待着我的任务艰巨而伟大，并立即表态，他可随时向我提供我需要的信息。接着，他同样邀请我参加2012年5月8日的庆典。他向我透露了想要中止政治生涯的想法。我对他的关心表示感谢。更晚些时候，我认真听取了他为抚慰朋友的失望之情而在他们面前发表的得体讲话。但是我明白，对他而言，告别政治不是一个问题。毫无疑问，他忘记了他应说的台词。

2012年5月15日，我坐在他的面前。萨科齐一般在长沙发上接待访客，为对话者准备的是一张扶手椅。很快，在说了些客套话之后，离任总统提醒我注意无处不在的媒体，这些媒体随着社交网络的发展，可能会威胁到总统履职。他抱怨媒体对待他的一些细节，对他私人生活无休止的侵犯，对他家庭的攻击以及在他任期内

1 恩里科·马西亚斯是出生在阿尔及利亚的法国著名歌手、音乐家、作曲家。——译者注

表现出的无端的恶意。“这是一个可怕的、无休止的过程，”他说道，“有损共和国形象。”现在来看，我必须承认，尽管他粗暴的言语令我惊讶，但他说的没错。后来我也经历了许多不快。然后他向我谈及欧元区的情况。“尽管风暴最猛烈的阶段已经过去，”他说道，“但是我们还远未到安全的时候。市场仍然躁动，像西班牙和意大利这样的大国都陷入了困境。希腊已经无法达到要求。爱尔兰和葡萄牙也找不到新的融资。”我正在走入一片汹涌的大海。

5 年后的今天，没有人再质疑欧元的坚挺，汇率一直在上涨，也没有一个国家退出欧洲货币联盟，经济又开始增长。这个结果来之不易，如今它使我们继续前行。在金融危机最为严重的时候，萨科齐的敏捷反应在经济救援中发挥了重要作用。但正是得益于 2012 年尤其是欧洲银行业联盟做出的决定，也得益于确定建立公共账户的大方向，还有欧洲中央银行发挥的作用，今天才有可能深化欧元区改革。

与舆论想象的截然不同，卸任总统和其继任者之间的交谈几乎不涉及重大机密、核密码或敏感事务。我们的情报机构负责人几乎每天都会向总统做汇报，无须通过最高层秘密会议来获知他们的行动。至于核武器，它的使用需要遵从总统和军队负责人之间的一套规定流程。这个流程在新总统当选几天后就会被告知。萨科齐在这次交谈中，坚持向我说明被关押在萨赫勒地区法国人质的情况以及谈判的进展。我回答他：我的主张是竭尽全力挽救生命，但对于那些绑架者提出的会损害我们利益的要求，我们不能屈服。我坚持了这一点。在我离开总统府时，还有一名法国女性被囚禁，她的家庭对此难以承受。但我们还是向被解救的同胞展现了政府机构的效率。

我们这次交流为双方“比武”画上了句号，我们在“比武”中都有损伤。总统竞选过程艰难，我想我和他的对话也令人痛苦。40分钟后，我再次陪着卸任总统走到爱丽舍宫门前的台阶上，而瓦莱丽·特里耶韦莱则引导着身旁的卡拉·布吕尼走到那里。她俩在我们会面期间也进行了友好交谈。同样，出于缩短权力交接时间的考虑，在萨科齐和他的妻子坐进车子驶上另一条命运之路的同时，我转身返回楼里。人们错误地把这种克制解读为有失高雅，其实，这只是一种谨小慎微。如果我表现得过于兴奋，人们又会怎么说呢？

漫长的一天还在等待着我：爱丽舍宫节日大厅的就职仪式，赶赴香榭丽舍大街，与左翼历任总理共进午餐，出席巴黎市政厅招待会，开启此后法国总统5年任期的柏林之行。本届政府首任总理让-马克·艾罗就我们迫在眉睫的财政困难警示过我：平衡预算以及兑现对欧洲的承诺还有几十亿欧元的缺口。在这个分裂和不安的法国社会中，我接过了总统的职责。在总统竞选期间，穆罕默德·梅拉赫对无辜者的屠杀，使盘旋在我们头上的恐怖主义危险更加尖锐。我们的国家遭到打击，而这种打击还会再次发生。我们必须重建法国的地位，拯救欧元，恢复我们经济的活力，维护社会团结，坚持不懈地同失业这个毒瘤做斗争。在我作为总统候选人参选时，我对于等待着我、迫使我竭尽一切智慧和人格源泉的各种考验已经了然于心。淋着下个不停、迎接我任期第一天的雨，我明白：面对暴风雨，我是不会让大家失望的。

01
执政

毫无疑问，天气昭示着我的5年任期。我刚刚在前往拜访默克尔总理的总统专机座位上坐定，雷电就击中了飞机，机身前部火花四溅。这是天意吗？所幸我从不迷信。待惊愕平复后，我走进驾驶舱，要求飞行员继续航行。我不想让默克尔总理在我们首次会晤时就等候。“总统先生，”飞行员答道，“您的一切权力都在机舱之外。机舱内的事由我做主。我们将返回维拉库布莱空军基地，在那儿换乘另一架飞机。安全第一。”就这样，我们返航回了基地。

选举产生的君主制？

无论从哪方面看，这位飞行员都言之有理。幸运的是，共和国总统并不具备一切权力，但是他已然拥有很多。人们在调侃英国政体时说，威斯敏斯特议会“除了不能让男人变成女人之外，无所不能”。其实，在这一点上，事情有所改观。这与法国总统的情况有些许相似。他是一个民主大国的元首，承担的责任也是最多的。美国总统在这方面可以与他媲美，况且美国总统还得与难打交道的国会进行谈判。国会可以断然阻止总统的某项改革或者停发公务员薪酬，这已经发生过多次。这些在法国都是不可想象的：法国宪法第四十九条第三款允许政府不经议会投票就可以通过预算法或其关注的其他法案。

总统任命总理，并在认为必要时将其换掉。总统和总理一起组建政府，决定议程，并可以无条件行使解散权。总统颁布法律，且可以要求议会对某项法律进行重新审议。总统是军队的统帅，主导外交政策属于总统的传统权力。总之，总统一旦得到其多数派支持，就可以决定 5 年内应该遵循的政策。总统理所当然是主要负责人。

只有“共治”才会把总统的角色压缩成一名仲裁者，或者更糟糕，只是一个在岗的旁观者。从 1981 年至今，这种奇葩的体制状况出现过三次。随着总统 5 年任期制的确立,“共治”不可能再出现。自从立法选举被放在总统选举之后进行，法国人每次都会出于对总统和议会不和的担忧，赋予当选总统一个议会多数派作为支持。我觉得这种趋势越来越难以阻挡。

法国总统类似于一位选举产生的君主，被一套墨守成规的严格礼仪约束着。在他走进爱丽舍宫访客候见室之前，一名佩戴饰链的传令官走在前面，高声宣布：“共和国总统先生到！”军乐声中，他在身着隆重制服、步行或骑马的共和国卫队官兵的簇拥下，接待正式来访宾客。到法国大区视察，他在走下飞机或直升机时，同样受到身着制服并由一众宪兵和警察陪伴的大区行政长官的欢迎。

1981 年，作为密特朗总统年轻的顾问，我惊愕于这套浮华且过时的礼仪，甚至可以说受到了冲击。我问自己，为什么左派沉浸在这样的华而不实中，还继续把这种盛大仪式发扬光大呢？左派代表的是人民啊。它自称大革命的继承者，难道它不该树立简朴的、不讲排场的政权榜样吗？但是仔细想来，密特朗这么做是有道理的。在众目睽睽之下，这是确立国家最高层政权轮替、赋予左派合法性、维护共和国至上的一种方式。如今，这套礼仪依旧令人印象深刻，爱丽舍宫一直保持着这套制造神秘感的“魔法”。

我有幸熟识爱丽舍宫，并在担任不同职务时回到那里工作。我甚至很惊讶地在那里见到了 30 多年前一起工作的秘书。爱丽舍宫是座非凡的宫殿，是无可比拟的接待场所，也是令人羡慕的生活空间。但它与治理一个现代国家的需要不相适应。有人建议我把总统府各部门迁至更合适的场所，我没有采纳这些意见。因为我们有比搬迁更加紧迫的事务，总统府与爱丽舍宫密不可分。

平凡？

总统不仅是国家元首，还是国家的第一公民：他必须为国家效劳。他既是主人，又是人民这个真正主人的臣仆。如果他角色失衡，必会招致舆论反对。每位到任的总统对职责都有自己的见解。我的前任打的是“超级总统府”的牌：他决定一切，有时却又什么决定也不做；他喜欢热闹，害怕安静，“唯恐天下不乱”。他把 5 年总统任期理解为一场速度比赛，每天都要有一个事件、一次访问、一次演讲，或是一个金句。他甚至沾染有逾矩风险的领域。他到处“寻衅”，鲁莽地现身于大庭广众之中，招惹那些并不都是令人愉快的情感上身。偶尔当他觉得缺少敌人时，他又满心欢喜地“制造”出几个来。他不费吹灰之力就能做到，在任期结束时把敌人“收集齐全”了。

我在竞选期间，用了很长时间来定义我和法国人民之间应有的关系。我当时把自己称为“平凡”的候选人。我要以此表明，总统应该是这个样子：他从字面上和精神上尊重共和国的机构，他尽力而又简朴地履行自己的职责；他永远不能忘记，在任何情况下都不能置身于法律之外，他是一号公民，他要永远与公民为伍。

一种“平凡”的统治方式并不意味着就是一种平庸的统治方式。它要求总统在事态严重和时日艰难时，都要始终保持冷静、展现智慧和注意安抚民众，不惜一切代价维护国家的团结。统治法国是一项特殊的职责，这个职责建立在选举认可的基础上。履行这项职责的人应该始终明白，权力不是财产，不是附属品，也不是特权。

以这样的行为标准要求自己并不是为了贬低总统的作用，而是为了建立民主的尊严，为了呼唤榜样、理性和拥护。这并非向削弱——甚至更糟糕——矮化总统作用的意图让步，而是为了提升总统的影响力。我承认，我们的社会尚未完全为此改变做好准备。我们的社会呼吁权威，即使社会自身受到威权主义的挑战。但是，民主文化是一个应该从高层开始的学习过程。共和国拥有许多无须整天被神化的伟人。

今天，另一种做法已经确立。这个做法要求向第五共和国溯本求源。这就忘记了戴高乐将军的非凡人格和他在法国历史上的地位，甚至是在他主宰法国命运之前那段历史上的地位。他作为法国机构和制度的创建者，注意不把国家和他所属的政党混为一体，并为他选定的总理留出广阔的空间。我应该补充一点：曾有一段时期，被他象征化了的个人权力招致了激烈的批评，并引发了本应防范的反应。法国社会在21世纪初的公民诉求与20世纪60年代大不相同！

我认为，关于总统的正确概念是完全建立在尊重的基础上的。他要尊重与他没有直接隶属关系的权力机构：议会、司法机构、地方政府和社会合作伙伴。但更宽泛地说，他要尊重规则，尊重那些要求他在施政手段中秉持谦逊态度、能够缩小同法国人民距离的惯例。我想通过降低总统和政府成员30%的薪酬、削减共和国总统府近10%的预算并将其数额降至1亿欧元的象征性关口以下，从而做出表率。我认为，一旦这些节约目标得以实现，那些坚持质疑总统开支的行为就不再属于合理监督，而应属于不良戾气。

我有时痛心地注意到，透明远不能满足好奇心，反而会刺激它，并把它的底线推到我的私生活中。

真正的主人

法国的社会经历了一场自相矛盾的运动。一方面，民众参政的要求使国家治理不再只是纵向进行。另一方面，影响我们社会的焦虑和紧张情绪要求治理者“天神下凡”，并由其个人担负起责任。

因此，国家元首既要远民又要近人，既要无情又要仁慈，既要威严又要谦逊，既要神秘又要透明，既要谨言又要雄辩，既要冷漠又要可亲，既是君主又是公民。这是一个看似不能成立的方程式，但却是我们必须追求的一种平衡。我断言，这项莫大的权力应由一位既觉悟到自己的特殊使命，又能主宰自我的人来行使。法兰西第五共和国的体制并没有规定某种模式。这个体制提供了多种方式保持其自身活力。但有一件事在我眼中是确定的：总统的崇高地位无论如何都不容置疑。

总统一经由普选选出，便必然与法国人民产生直接关联。他不仅位居国家的巅峰，更是国家的元首。否则，就必须重新回归议会制，也就是说剥夺法国人直接选举未来统治者的权力。人们可以尽情拿着或多或少具有说服力的“第六共和国”计划来招摇，他们总是以此为先：取消总统普选制。可是没有其他选举方式具备这样的象征性价值，具有这样的动员力量，能够赋予胜选者以全民名义行事的能力。在动荡及对政治缺乏信任的时期，总统普选制给予国家持续性和恒常性，以此使我们国家有别于邻邦。这不是合法性的问题。欧洲国家政府首脑的合法性无可争辩。总统无须依赖议会的认同，这是保障一致性的问题。欧洲民主国家的政府首脑同样由普选产生，但他们受制于议会。法国总统依靠的是人民。

众圣之圣

如果存在一个总统行使职权的象征性场合，那就一定是部长会议。我没有脱离过它的精密运作。星期三早上8点30分，我会接见总理，就会议议程和日常事务交换意见。快到10点时，我们一起走下大阶梯。如果举行政府全体会议，我们就走进米拉厅；如果举行只有部长而没有国务秘书参加的会议，我们就走进更小的大使厅。

等传令官宣布后，我走进会议厅。部长先起立，然后在我的示意下落座。我坐在绿毯覆盖的会议桌右侧居中的扶手椅上。像其他人一样，我面前摆放着一小摞纸、一支总是削成同一个样式的铅笔、一页议程说明，以及一个曲形木柄吸墨器，这是使用羽毛笔时代的遗留物。

我习惯以情况介绍作为会议的开始。我回顾一周以来的重要新闻，陈述对形势的分析，指明下一步工作方向，以及用贴切论据对我们的举措进行辩护。我会鼓励在一周工作中表现出色的部长。总理有时会补充几句。接下来，我们就进入对法律草案的审议。

议程都是固定的。我们严格规定以“您”相称。同样，大家相互之间不能直呼其名，每个人跟他人说话时都要在一开始就称呼对方职务。共和国政府不是联谊会或者俱乐部，更不是某个政党的附属品。因此，我禁止部长随身携带手机，以免他们暗中查看。为避免干扰，他们把手机放在会议厅入口处的柜子里。后来，便携式电脑轻易地打破了这个举措。从前，部长用纸条沟通，并像保存历史资料一样保存着这些纸条。而今，科技抹消了纸条的魅力！

审议法律草案都是走形式：我们了解文本内容，在草案准备阶段已经进行过长时间的讨论。我们随后审议部长提议的国家最重要职位的任命问题。这同样是一项具有决定性意义的工作。总统负责配备中央行政机构司局级主官、地方行政长官、大学学区区长、驻外使节，以及国有企业领导人的职位。我拒绝实行“瓜分战利品”制度，即像美国那样，在每次政权轮替时更换高级行政机构组成人员。这不仅与法国的共和传统不相符，还会迫使公务员做出政治承诺。在我看来，这有悖于国家机构的公正原则。所以我倚重公务员队伍，他们的素质在我们的伙伴那里也引发了忌妒和敬意。只是他们太容易遭受诋毁。

我从未把行政机构当作“垫背”，以便解释在实现我的执政目标方面出现的迟滞问题。行政机构有时会抵触发生的变化，而一旦政治权力做出决定，行政机构就会准确而快捷地行动起来。我难以说服行政机构简化文书，也难以缩小其扩张幅度，就像规则的复杂与泛滥成为衡量效率的标准一样。但是，我对国家机构现代化充满信心。无论如何，法国都是行政程序信息化最发达的欧洲国家之一。

我也曾希望独立权力机构负责人的任命服从议会委员会的相应意见。我认为，这个程序应该扩大到所有中央行政机构司局级主官的任命上。在我看来，统治也是委托一些独立权力机构指定许多领导人，以便更好地巩固他们的合法性。公共部门各个广播电视机构总裁的任命就是这种情况。

萨科齐做出相反的选择。于是我把任命各个广播电视公司总裁的权力还给了最高视听委员会。他们自主任命，不受来自我的任何干扰，以至于我从未在法国国家广播公司总裁马蒂厄·加莱和法国电视集团总裁德尔菲娜·埃尔诺特任职之前见过他们。人们可以批评他们的管理水平，但至少不能把他们和当局的关系作为批评的借口。如今政府正在考虑修改这个程序。以各种方式回到先前的体制，无论是对公共视听机构的独立性，还是对其服务质量来说，都是退步。

最后，部长会议听取部长的发言。发言总是从外交部部长开始。洛朗·法比尤斯很欣赏这种做法。他的发言驾轻就熟，带着刻意展示的优雅和有意掩饰的愉悦。他讲话冗长，经常使用淡淡的幽默突出重点，自然地进入问题细节，细致准确地汇报各个国家直到他发言时的内部情况。我们对其毫不怀疑。他竟然能了解如此纷乱的政治生活内情。

很快，我要求在常规议程里增加一项内容——负责政府与议会关系的部长提交月度报告，以便对政府颁布的实施政令进行数目统计。很多时候，高调宣布的法律文本最后都成了沉睡的文字，等待政令颁布后生效。公民的感觉是：政府只满足于漂亮的说辞，没有实际行动。因此我们每个月都要听取拟采取措施落实法律的详细报告，并以百分比的形式对其进行评估。我觉得这项创新非常关键。在我 5 年任期中，有 400 多项法律被表决通过。数量太多了。当然数字不能说明政府行动的效率，也不能更多地说明变革的幅度，关键是必须以政令加以落实。我们就是这样做的。

我主持过 200 多次部长会议，只有一件事令我遗憾：我们没能摆脱会议框架的束缚，没能使它成为一个真正的讨论场所。参会人员很少能就重大问题各抒己见。其风险当然是会上的发言或争议可能会泄露给媒体，然后被渲染为“意见不合”。走漏风声是不可避免的。我多次要求部长：如果想要保证自由交换意见，就要保密。这真是无用的提醒——不久后连我警告的话也出现在了报纸上。

但是辩论的好处在于能打破缄默，乃至避免评判错误。我记得在讨论剥夺国籍的问题时，只有海外事务部部长乔治·波－朗之万发言警告我。当时她的许多同事并不比她的想法少。他们晚些时候在私下告诉了我，但这有点儿迟了。总统为政需要听到相互矛盾的声音。

面对奥巴马和卡梅伦

在对外政策方面，总统的权力为法国提供了珍贵的制胜法宝。当涉及管理某个重大危机时，这一优势尤为明显。在处理这类要求迅速决策、快速执行的事件时，总统的特权是关键利器，它使我在马里“圣战”分子发动攻击时第一时间做出反应。

这样的高效率不仅体现在和其他民主国家使用的决策方式的对比上，而且它在任何情况下都是十分显著的。2013 年夏天，来自我们情报机构的多份报告表明，叙利亚政权使用化学武器对付反对派并屠杀造反的人民。对难以自保的平民使用惨无人道、特别邪恶且致命的化学武器，这些做法自 20 世纪 30 年代以来在所有国际公约中都是被禁止的。

此刻，在驻外使节会议上，我指出，我们将毫不软弱地惩罚这种公然违犯国际法的行为。我同英国、美国当局进行了联系，他们保证将采取同样的立场。于是我们三国的军队首长制订了一个报复计划。我和贝拉克·奥巴马进行了多次交谈，以便制定军事干预的原则和方式。约定的那天，我在我的办公室里，助理们围着我；奥巴马也在他的办公室里，顾问们陪伴着他。我们用加密电话进行对话，各有一个翻译协助，这样我们可以各自讲自己的母语，以便用应有的准确度进行表达，避免误解。讨论完毕，我们感觉完全达成了一致。部署在叙利亚沿海的武装力量已经准备待命。打击目标已由两国军队参谋部选定，导弹将从巡游在本地区海域的军舰上发射。导弹应该摧毁远离城市的叙利亚军事设施，以避免伤及平民。日期最终确定为2013年9月1日，星期天。

但是，8月31日，星期六，奥巴马再次给我打电话。前一天，戴维·卡梅伦要求英国议员表决赞同军事干预原则时在议会遭遇失败。奥巴马向我保证：他没有改变关于这次行动合法性的意见，必须通过军事打击惩罚巴沙尔·阿萨德政权。尽管这样，他还是决定在给予最终同意的意见之前，首先咨询华盛顿国会的意见。我太清楚有可能会发生什么了。我们浪费的时间等于叙利亚政权争取到的时间。因卡梅伦的行为而产生动摇，美国总统更加慎重。他因承诺从伊拉克撤出美国军队、与其前任的外交政策划清界限而当选，他不想就该问题与舆论对立，而更愿意寻求国会授权，以表明政权不像人们普遍认为的那样独断。因此，法国总统是唯一无须事先征求议会意见而做决定的人。

奥巴马在卡梅伦失败后做出的决定，不可避免地使法国议会躁动起来。左派和右派都发声要求进行同样的程序。我拒绝了。我认为，我不仅有权力也有义务在我认为合适的时刻投入我们的武装力量。我知道：根据宪法，议会应在军事行动开始后最迟三天被告知相关情况；如果军事行动延长到四个月以上则须议会授权。我不想违反对我们基本法的这个解读。我把这些都告诉了反对派的主要领导人。我还记得我和弗朗索瓦·菲永就这个问题进行了电话沟通。他催促我征询议会意见。我请他注意：我之所以捍卫宪法的这个原则，并非寻求攫取决策自由，而只是为我继任者的利益而维护总统特权。因为，若向事先征询议会意见的做法让步，那就开创了未来剥夺总统在危险世界行动能力的先例，我们正在走向这个危险世界。

正如我所料，美国的逃避对叙利亚冲突造成了灾难性的影响。俄罗斯趁机完全跻身牌局。普京扮演了调解人角色，他得到了叙利亚政权销毁化学武器装置并清理库存的承诺。阿萨德假意服从，而随后的事情表明，他保留了一部分违禁武器，并将继续使用。一次军事干预原本可以改变事态进程。法国已经准备就绪，我可以借助于我们的体制自主做出决定。我们盟友的变节阻碍了我的计划。即使法国可以行动，它也不能单独行动，况且我们没有联合国的授权。

有影响力的法国

在任期之初，外交事务就压在了我身上。刚一当选，我就参加了我的首次欧洲理事会会议，参加了八国集团峰会、二十国集团峰会、北约峰会，外交活动频繁。平日里，外交会晤繁忙。平均来说，总统每个月有一周是在国外度过的。在总统的日程表中，接待国家元首和政府首脑的活动所占分量很重。这种履职情形与法国的作用是相符的。人们说外交是总统的“禁脔”。殊不知总理通过参加防务会议及出访扮演着自己的角色，外交部部长担任他的优质机构的首长，国防部部长也不是“朝廷”中的哑角。此外，我还注意让整个行政权力机构都参与决策。

法国国家元首同样拥有军事手段——法国军队，人们从来没有充分认识到其英勇和职业素养。法国人总是低估法国在世界上激荡出的回声，低估法国在那些具有明显影响力的国家发挥的杰出作用，不仅是欧洲，还有非洲。非洲政府期待着法国的支持、保护和尊重。几十年来巴黎在中东实行的平衡和相关政策保证了法国的威望。在远东，法国和中国缔结的悠久关系，持续体现出它的重要性。法国和俄罗斯建立了历史性关系。更不用说法国十分熟悉的加拿大了。最后，拉丁美洲凝望着欧洲，以避免和它那过于强大的邻国单挑。

国家元首要和世界主要领导人缔结密切关系，他们组成一个封闭的俱乐部。在这里，每个人和其他人分享情感。虽然表面上大家一团和气，但实力的较量一直在进行着。很快大家以“你”相称，轻松地交谈着机密，争端被刻意地掩盖在应景的姿态背后。特别是民主大国之间有一种归属感，因为俄罗斯越来越具冲突性的外交行为成为近年的主要事件。这些行为印证了从 2014 年起把俄罗斯排除在八国集团（变为七国集团）之外，并对其实施制裁的合理性。这些决定远没有使普京屈服，却导致他变换应对之策，甚至一边自荐充作调解人，一边毫无保留地支持他那些最不值得称道的盟友，阻挠联合国安理会的工作。与此同时，他与欧洲极右势力及保守派力量建立关系，也不忽略各种民粹主义者，以便在民主国家寻求政治支持。基于和他长期的对话，我早就得出结论：他只尊重实力。

扭转曲线

总统不会放任自流，甘心躲避在他游刃自如的世界舞台上，任由争议和争吵不断的国内政策日程进入倒计时。全球地缘战略牌局从未让我忘记：法国人选出总统，并非要他沉溺于国际活动的愉悦飘然状态，而是要他化解法国人遇到的具体问题。这就是为什么从2012 年 9 月起，我决定确立我工作的一个基本准则：扭转失业曲线。人们提到这个承诺时是怎么说的？什么？总统作茧自缚，把自己的命运寄托给一个既受制于欧洲形势又取决于他个人行动的统计数据？我犯了一个怎样的策略性错误啊！我披上了一件怎样的涅索斯[1]血衣啊！我冒了多么没有意义的风险啊！

尽管如此，我仍坚持把这个承诺当作无可争议的义务。失业是法国之痛，怎能想象不以就业问题作为评价自己的标准呢？任何政府，无论它谈论还是回避这个问题，都会被人们按照这个标准来评价。无论是继续模棱两可，长期躲在问题背后，还是在谈及未来时闪烁其词，都是骗人的说辞。如果公民把新的多数党送上政坛，那

1 涅索斯是古希腊神话人物，是半人半马的摆渡者。——译者注

一定会期待它的政策产生效果。如果没有看得见、摸得着的成果，那就无可救药了。20 年来，一届又一届多数党政府屡屡失败，最终都证明了这一点。

总之，我承载着这个目标：一旦账户再平衡，企业变强大，改革开好步，法国的能量、人才，再加上坚定意志，一定能改善我们的经济。剩下的只是时间问题。今天，增长已经恢复到危机前的水平，3 年来创造了 60 万个就业岗位，失业率降到劳动力人口的 9% 以下（2012 年是 10.5%），我更愿意这些成果出现得更早，更愿意失业曲线在 2014 年而非 2015 年末翻转。无论如何，我没有遗憾。如果不是我做出的选择，法国就出局了。必须决断——这是法国总统应该做的事。

第六共和国?

法国在两个世纪中已经更改过 12 次基本法。修法都是发生在危机之后。制度稳定百分之百是好事。在法国，政体是共和国的保障；在历史上，政体造就了法兰西。法国的政治、行政文化携带着不可磨灭的印记。忠诚于公共利益的体制是一件珍贵的法宝，我们必须保护而不是损害它。

从以往经验看，法兰西第五共和国宪法既有灵活性又有归属感，需要进行双重完善，一个是在微观上，另一个是在宏观上。微观上是指变革立法程序，它不再符合公民对快速行动的要求。法律草案经过各部之间的长时间工作和不可或缺的商讨后被起草完毕，提交至行政法院，列入议会审议日程，在议会相关委员会会议中进行辩论，然后按照艰难的节奏在议会两院之间穿梭。两院不惜延缓立法进程，只想给法案打上自己的印记。于是，从宣布改革到颁布实施政令，通常要花费一两年时间，有时需要3年。遇到紧急事务却看不到尽头。总统承诺要采取行动，宣布改革，但当法律开始实施时，人们已经忘记改革的决定从何而来，以及是谁、在什么时间做的决定。加快议会议程，明显缩短辩论时间，哪怕对预先协商的时间稍加延长，都比系统性地借助于政令来强行通过法律民主得多。如同前几个已故共和国时期以政令代法的做法一样，以政令强行通过法律的做法反映出议会的特权被剥夺了。

宏观上是指变革法国总理在行政权力中的地位。根据法国宪法，总理“确立和引领国家政治”。按照法国的做法，总理是议会多数派领袖，主持政府日常事务；法国总统则象征着国家，对外代表着国家，并确定大政方针。但在我的5年任期内，尽管有一个在总统选举之后建立的议会多数派，国家元首却总是冲在第一线。他不可能像7年任期制时的法国总统一样，超脱日常事务，仅限于裁决重大事务。选举产生的是法国总统，而不是法国政府首脑。理应由他来领导并进行阐释。

误解的风险依旧存在。如果总理忠心耿耿，满足于落实爱丽舍宫确定的政策，他便不成气候。很快，人们就会斥责他的清明，痛惜马提尼翁府淡出视线，批评爱丽舍宫集权。但如果总理争取到自主权，天马行空，标新立异，人们又会毫不迟疑地把他说成是总统的竞争对手，事实上导致国家最高层出现双头政治，最后以二人关系破裂而收场。

法国第五共和国最终必须实行“总统制”吗？这是 5 年任期制的逻辑和总统选举及立法选举的时间顺序使然的。我深知这一体制变革将会引发的疑问。根据乔治 · 蓬皮杜那句闪光的话语，那是因为总统能解开戈尔迪乌姆之结。自从总统由普选产生以来，根据宪法，我们不再实行议会制，但也不是总统制，而总理要对国民议会负责。如何理解除特殊情况外，总统作为真正的行政权力首脑却不能直接与国民议会进行交流？再也不能踌躇不前。这既无益于议会权力，也难使行政权力运作得更加高效。这是公民的迷惑之源，并不能给政府行为带来一丁点儿好处。如果要对宪法进行修改，那么要改的就是这个。

02
决策

军人讲究准确。在我办公桌上打开的地图上，他们请我看沙漠腹地的一个村庄，那儿藏匿着恐怖分子首领。多年来，他在这个残垣断壁的藏身处，领导着针对我们及我们的盟友的无名战争。他恣意妄为，自己杀戮或让人杀戮法国人。这次他被“挖”出来了。我们可以用 20 分钟消灭这个敌方指挥官，他以沙漠为战场，筹划着重复其恐怖行为。这是消灭他的一次机会。

释放雷霆

我们的对话短促而紧张。我问，那栋房子里是否只有他一人。他们肯定地说，是的。但他们也告诉我，旁边住着几户人家。他们向我保证，我们将对圈定的范围进行精确打击，但不排除伤及平民的可能。因此，我推迟了这次行动。

一周后，同一批负责人围在同一张地图前。我再次询问他们。他们回答，那个街区的居民已被撤离，并且在离开住处后受到照顾，因此我们手握最大的胜算。因此，我下达了打击的命令。20分钟后，他们向我请求最后的开火令，我予以同意。行动发起：那栋房子爆炸了，但无任何连带损伤。恐怖分子首领已经被消灭了吗？我们无法核实。不过从那天起，他再也没有出现过。

总统有时就是这样工作的——在安静的爱丽舍宫释放雷霆。这是其职责的精华：决策和担当。我们军人的职业素养又一次得到了展示。但是如果行动失败，如果炸弹摧毁了另一栋房子，而不幸有一家人在我们不知道的情况下回到了房子中，那么这就要由总统而不是他人来承担道义和政治责任。他守护着国家的生活，但死亡的信息日复一日地伴随着他。

决策的哲学

有些名声一经形成就会经久不衰。有时，这些名声只是阿谀奉承，并非名副其实。有些人有幸被传闻赋予先天的决策本能：他们的犹豫不决会被看作是工于心计的表现，他们的拖延则被视为至高智慧的明证。有时，有些名声颇受争议而得不到正确的评价。对于这些人，他们的思考即使再有道理，也会被盖上优柔寡断的戳记；他们的睿智会被视为困窘；他们要比别人更多地展现当机立断的能力。人们找借口说我作为一个政治领导人却长期寻求折中以实现团结，把喜欢平衡甚于大胆进取、喜欢对话甚于施展威权、喜欢谨慎甚于出其不意的习性归咎于我。

可是，我认为，在决策的艺术中，一切都取决于彼时的形势和背景。我总是怀疑一般法则，区别对待出现的各种情况。在使用武力以防留给敌人反扑机会时，出其不意就对我们十分有利。这就是我在介入马里和中东时的想法。而为了保证政策的公正性，磋商和评审则十分必要。我在实施经济战略时就特别注意这一点。当我急于求成的时候——如同处理劳动法改革那样，我便为此付出了代价。

另外，我从没和时间开过玩笑，也不能容忍时间白白流逝。我知道，5 年任期很短，实际上它比显示出来的持续时间还要短。所以在 2012 年 7 月，重新平衡公共账户的重大选择已经做出。同年 11 月，招标政策开始实施。同年 12 月，我们的工业战略已经确立。人们可以就我所做决策的合理性、内容及后果指责我，但不能怪罪为做决策而必需的期限。制定经济方针确实需要时间，在军事行动中更是这样。

危险的行动

2013 年 1 月 11 日，在紧挨着我的办公室的绿厅里，宽大的玻璃窗外树叶轻柔地沙沙作响，我需要同时对两起打击做出决策。在马里北部，一队装备着机枪和迫击炮的“圣战”分子在连接马里南北的主干道上行进。马里军队被包抄了。在占领了廷巴克图、加奥和沙漠中的其他城市后，这些宗教极端分子发动了闪电式攻击。他们几个小时就可抵达巴马科，驱赶正规军，把这座城市变成被恐怖笼罩的首都，并将威胁整个非洲西部。只有法国进行干预才能阻止他们。但是这次行动十分复杂且要求很高，于是我在防务会议上询问我们的军队将领。

“这支队伍多久能拿下巴马科？”

“三四天，或者更短。”

“你们多久可以到达那个区域？”

“空中行动需要 24 个小时，地面部署则需更长时间。”

“在损失方面有哪些风险？”

“在第一时间就会出现损失。”

因此，仅仅实施空中打击是不够的，我面临的问题会产生严重的后果。我们要派出军队进行地面干预，击退袭击者，把这些宗教极端分子赶回北部广袤的沙漠地区，然后围剿他们，以确保这个勇敢国家的民众和平。法国担负着保护人的角色。如果遇到挫折、困境，我们的部队就会陷入瘫痪，舆论会变得悲观。军队将领不做任何掩饰，他们提出困难，评估机会。我从他们的语气中察觉到，他们害怕出现人员伤亡。与许多成见相反，将军不是好战分子，他们最在乎的是士兵的生命，并且一直设法保护平民。虽然他们充满信心，但在这类对抗中，意外随时都会发生，并会挫败经过优化组合的计划。因此必须尽快决策——尽管现代情报手段难以完全穿透这片未知的面纱。

马里总统迪翁昆达·特拉奥雷已经向我们发出了震人心魄的呼吁。他是这个友好国家唯一的合法当权者。他是一位科学家，曾在尼斯学习，后来在马里开始政治生涯。他是一个勇敢的人。2012 年 5 月，一群敌对者闯进他的办公室殴打了他。他头部受到击打，被扔在那儿等死。在法国接受治疗后，他回到巴马科，并意识到威胁他的国家的那些危险。在电话中，他的声音沉重、急促。我们直奔主题。“如果您不出面干预，巴马科将会沦陷，整个西部非洲都会陷入动荡。”他清楚地指出，宗教极端分子的队伍前进速度很快，他们的意图非常明显。于是我和马里邻国的其他非洲领导人进行了交谈。所有领导人都确认，迫切需要我们的干预。

什么都不做，就等于牺牲了一片具有战略意义的地域，等于放弃了一个忠诚的盟友，等于放任宗教极端分子的“瘟疫”四处蔓延。但是，行动就意味着把法国卷进一场遥远的冲突中，该冲突与利比亚国家的崩溃不无关系。从长远看，这也决定了许多家庭的命运，他们将为自己的一位身着法国军装作战伤亡的亲人而悲伤。我只有几分钟的时间做出决断。若再多花一些时间，一切都将太迟了。恐怖分子将会猛攻巴马科，短时间内难以被赶走，而且必须投入大量的物力。我决定投入我们的部队。我再次给马里总统打电话。他颇感宽慰，向我保证他的军队会和我们合作。至于西非国家，他们也向我确认将与我们共同作战。没有他们的支持，我们什么都做不成。

夜间突击队

巧合的是，经过几个星期的工作，我们的情报机构于同一时间在索马里发现了一栋紧靠海边的独立住宅。数月来，我们的一位情报人员丹尼斯·阿莱（这是他的化名）被青年党这个反政府武装组织作为人质关押在那里。于是同样在 1 月 11 日，在同一张桌子旁，对外安全总局局长低声向我保证，他局里的一个小组可以在夜间上岸，隐蔽靠近并包围那栋房子，最后解救我们的人。

事情很复杂，我们也没把握。但是如果我们撒手不管，那么法国同胞无疑将被处决或被转移到其他地方。局长向我说明，他的同事一致同意完成这次“萃取”行动，他们已经为此做了精心准备。阿莱的家人也得到了通知，他们也希望尝试一切办法来解救他。与会的所有人都知道阿莱受到了虐待，他的磨难将没有尽头。

我想象了一下如果出现意外将会发生的情景：法国的情报人员将会被处决，他的尸体会被青年党分子当作战利品来展示。但是我克制住自己，丝毫未表露出内心因疑虑而遭受的折磨。我们的敌人是一群狂热分子，厚颜无耻是他们的天性。对于他们，法国不能表现出一丁点儿的软弱和犹豫。我坚信，在这次对抗中，我们应该表现出勇气：我们的士兵为保障安全而不懈训练所具备的体魄上的勇气，以及明白要承受肉体之苦的全民族精神上的勇气，还有政治领导人把这次行动上升到至关紧要高度的勇气。在这场与恐怖分子的持久战中，只有暂时的平静。我审阅了呈交给我的行动计划，同意行动。

傍晚，我在电视声明中宣布了对马里出兵的消息。当然，我对索马里行动只字未提。在那里，军人们正在执行任务。整个晚上我都关注着我们小分队的最新行动情况。回到住处后，我的私人参谋长普加将军继续向我报告细节。我知道，我的夜间休息将会被来自索马里的消息不停地打断。我们的人接近了海滩，开始朝拘押阿莱的地点开进。我想睡觉，但知道持续不了多久。我必须时刻保持清醒，以准备随机应变。

没过多久，普加将军拨通了我的手机。他声音沉重——索马里行动失败了。我立刻想到人质，心头一紧。原来，在非洲的夜幕中，我们的人在靠近关押阿莱的房子时，一名士兵的脚碰到了一个睡在地上的恐怖分子。一声枪响，恐怖分子都被惊醒并投入了战斗。出其不意的效果已经丧失。我们虽然占上风，但是一个绑匪在枪声响起时就处决了法国的情报员。令人悲伤的是，法国还损失了另外两名士兵。残酷的沮丧、无尽的悲伤……但是，很快又有消息传到了我这儿。

沙漠中的胜利

在马里，第一次空中打击获得了成功。恐怖分子的队伍停止了前进，元气大伤。敌人伤亡严重，眼看着就会被击溃。但当我们空运去的士兵正在孔纳着陆、准备占领阵地时，子弹击中了小羚羊直升机驾驶员达米安·布瓦特中尉的腹股沟，他的股动脉被切断了。几个小时后他在医院去世了。这位 41 岁的中尉一生都在为国家服务，最后战死前线。这是第一例死亡，是英勇的牺牲。后来，许多马里人给他们的孩子起名叫达米安·布瓦特。似乎是历史的嘲讽，从前第一个进入马里的法国军官也姓布瓦特。如此一来，这位前往进行殖民征服的人和今天前往保护马里的人拥有同一姓氏。当我向布瓦特中尉的母亲谈到他的儿子时，她庄重而痛苦地对我说：“达米安完成了他的工作。”

接下来的每天早上，普加将军都会来我的办公室，汇报法国士兵的推进情况。法国的部队在马里中部加强了地面防线的安全，随后又一个接一个地收复了被恐怖分子占领的北部城市，一直追击到恐怖分子藏匿的山区。围着那张防务会议研究的地图，我们讨论着下一步行动。每次我都要求加速向北方挺进，以象征性地展示胜利，尤其是为了避免廷巴克图和加奥这两座马里北部主要城市的平民遭受屠杀。我们的目的也是尽可能多地诱歼“圣战”分子，否则他们会藏匿于北部沙漠山区中，他们可以从那里筹划新的袭击。军人给我的急躁情绪刹了车。因为后勤方面困难太多。必须重新开放机场，排除地雷，加强已收复地区的安全。像往常一样，理所当然地，他们首先考虑的是控制风险。我们受到了邻国乍得和尼日尔军队的支援，他们熟悉沙漠战争，是沙漠作战的专家。我们谨慎且迅速地向前推进。

“我的政治生涯中最美好的一天”

几周以后，我乘飞机飞往廷巴克图这座传奇却因“圣战”分子占领而经受了磨难的城市。特拉奥雷总统愉快地陪伴着我。我们走在被树影覆盖、洒着斑驳阳光的街道上，朝着大部分已被恐怖分子摧毁的红石陵墓行进。有人向我们展示保存下来的古伊斯兰教手稿。这些独一无二的文物承载着被狂热分子憎恨的、宽容宗教所具有的智慧。在出口处，人群聚集在广场上。我的安保团队担心起来：恐怖分子可能在后方留下了一些杀手，也可能给一名妇女或一名儿童配备了炸弹背心。但是我们感觉到，这些人对我们只有善意和感激。他们忍受了一切：一双双手在他们的注目下被砍断、一次由简单手势而招致的鞭打、军刀斩头、无法逃避的监视、日常的恐怖。他们曾目睹了黑衣裹身的恐怖分子的逃离，现在又看到了远在天边却近在眼前的法兰西共和国总统。一位女士冲向我，久久地拥抱着我。人们唱着，笑着，舞着，高喊“感谢法国”。这样的喜悦富有感染性，以至于我忘记了最基本的安全规则，和他们一起沉浸在这纵情的欢乐中。法国以前被看作是一个高傲、父权主义的国家。而现在它成了救星。马里在我们的帮助下重新获得了完整性和尊严。特拉奥雷总统在这样的场合和我以“你”相称，他也对这份热情感到惊讶。

“你比我更得人心。”他笑着说。

“在马里是这样的。”我说。

一架军机随后把我们带往巴马科。我们从沙漠上低空飞过。这片赭色的广阔沙漠如大海般波动，动物在飞机下飞奔。沙漠里散布着星星点点的绿洲，有时能分辨出一支小小的驼队，时间好像在这里凝固至永恒。这里有给人错觉的画面：躲在附近裸露的山峰中的鬣狗和豺远远不是这幅画境中最危险的生物，这幅画可以和探险家勒内·卡耶及嘉禄·富高神父当年看到的相媲美。人类的疯狂把这片光秃秃的地区变成了战场。特拉奥雷总统扮演着能言善谈的导游角色，他倾身靠向舷窗，向我解释着马里政治的微妙之处。沙漠在这里是一切传统的发源地。马里人信奉和平的伊斯兰教，但他们受到那些秉持中世纪信仰的宗派困扰。宗教和政治上的统一并不能掩盖北方和南方的敌对。巴马科政权努力给每个部落留出席位，每个部落首领都荣膺一个行政头衔，但这不足以平复他们的情绪和诉求。

马里的剧烈动荡并没有结束，和平条约勉强生效，我们的士兵在巴尔赫内行动中继续遭到敌人攻击。但在这一天，嗜杀成性的宗教激进分子受到马里、乍得、尼日尔和法国士兵的追击，已被远远地驱赶到北部的山区。选举将很快赋予马里政府被 2012 年 5 月政变损害的民主合法性。

在巴马科，一个大型十字路口中央搭建起一个临时的台子供我们讲话。我走上台，却没找到讲稿支架。激动的人们从四周催促着我。于是，我把事先写好的讲稿留在口袋里。我应该讲发自内心的话。特拉奥雷总统首先以优雅的语调讲话。随后，在周围无限热情的带动下，我进行了即兴演讲。我向历史上曾两次救援法国的马里士兵致敬，他们在被称为“塞内加尔步兵”这一战绩辉煌的部队中作战。“我来这儿是为了偿付两次债务。”回忆直击这些马里人的心灵，他们的父亲或祖父曾前往旧欧洲的战场出生入死。随后我补充道：“这是我的政治生涯中最美好的一天。”这句话在法国引起了惊诧：人们认为法国国内事务或者我当选总统，都比其他事情更值得用自豪去标榜。但我还是坚持我的说法。法国表明，它能够采取行动，且不带私心、不容从属利益玷污它做出的姿态。它采取行动的唯一目的是保证地区安全、服务正义事业。一个在爱丽舍宫金色办公室里用几分钟做出的决定，正在改变这个国度中的人民的命运，标志着民主对野蛮的胜利。如果政治具有某种意义，那就应该在于此。

民众的欢迎是对我们最好的回报。那天更早一些时候，马里当局给我准备了一份意想不到的礼物：一匹骆驼。骆驼可以让他们穿越漫长的沙漠，这在政治上很有用。

几天后，气氛迥然不同。我去看望从索马里归来、沉浸在悲哀中的突击队。我试图安慰那些失去了亲人的家庭。那些倒下的士兵和他们的战友一样，在远离公众视线、远离荣誉的极度保密状态下工作。他们要完成那些让自己置身于危险甚至死亡中的任务。如果死亡突然来临，它也应该像交付的任务一样处于保密状态。这就是事实。没有人知道这些英勇情报员的真实身份。他们一生都将隐姓埋名。有时，他们的亲人只是在其遇难时才会发现他的真正角色。我也是在一个几近私密的场合看望他们的家人，这是我找到的披露这些选择了黑暗的英雄的方法，为了使他们做出的牺牲丝毫不被人们忘记。

人质的焦虑

在马里进攻期间，我一直担心几个月甚至几年来被囚禁在萨赫勒阴暗地牢的同胞的性命。在下达命令的第二天，我担心恐怖分子会转身对付他们。但什么也没发生。不是因为人性：在这些比人们想象的更精于算计的狂热分子眼中，人质是可兑换的货币，也是金钱和武器的来源。要通过谈判使他们得到解救吗？我并不认同。国家可以为某些接触提供便利，但是不可能同我们追剿的、向我们发动战争的敌人讨价还价。我希望我们能重新找到被掳走的人。此外，我还想象着我们的人在搜索沙漠群山的洞穴时曾从他们近处经过。

我向人质的家人多次说明情况。他们为得不到人质存活的证据，以及在恐惧和未知中等待着不断推后的归来而饱受折磨，他们一心要不惜任何代价来让他们挚爱的人重获自由。如果我是他们，我会做出其他选择吗？他们情绪激动地向我表达着不安，但是我肩负着整个国家，我不能逾越自己定下的底线。这些话很难说出口，对听者来说更是艰难甚至不堪忍受。我只能眼看着这些不堪重负的人质的家人离开爱丽舍宫，却无法减轻他们的焦灼，无法抚平他们的痛苦。

我应当竭尽全力来解救被关押的人质，于是我向非洲朋友寻求援助。尼日尔总统穆罕默杜·伊素福合理明智的调解为此做出了贡献，我们那些被囚禁在阿尔利特的同胞最终得救了，我在机场迎接了他们。对一个总统来说，没有比目睹那些不幸分离的家庭重逢更美好的时刻了。我有幸体验了几次这样的时刻。我想到了那四位被“伊斯兰国”组织在叙利亚绑架并囚禁的记者。此时此刻，这些人质看起来似乎忘掉了所有被囚禁的恐惧——所有可怕的会被处决的焦虑、所有的殴打、所有的辱骂、所有的被剥夺、所有的凌辱。他们紧紧抱着自己的亲人，和他们说着话，仿佛昨天刚刚和他们分别；仿佛仅用在法国士兵和情报官员陪伴下乘坐飞机的这段时间，刚刚经历过的噩梦就被驱散了。只是晚些时候，压力才重新出现，他们的后遗症与精神性创伤会共同发作。我们必须守护他们、陪伴他们，尽可能把他们托付给专业的团队。回归的喜悦暂时掩饰了他们心灵深处的巨大创伤。

我思绪万千。这些法国人冒着危险前往战争触手可及的地区。在危险当头之际，他们继续留在那儿工作的意志诠释了他们不可否认的勇气。但这也迫使国家、他们的亲人、特别机构及他们所属的公司，动用了相当大的力量抢救他们。有时我们无法成功。我记得一些家庭，我们的士兵找到他们亲人的遗体之后，我不得不向他们宣布人质的死讯。在所有情况下，不予理解就会带来更多痛苦。在苦难面前，国家利益显得轻微。我的义务就是兼顾国家利益与尊重个体情感。

工业大变动

除了主权事务之外，在许多领域，总统做出的决定同样备受期待。每当一个企业正在经历可能会影响一个领域、一个地区、一个战略行动的困难时，人们就会找到总统。同样，总统必须在进退两难中做出决断。

在这些艰难且意义深重的选择中，最具象征性的例子就是弗洛朗热钢铁厂的命运问题。作为钢铁生产领域中举足轻重的角色之一的安赛乐米塔尔集团，决定关闭有着悠久工业传统的洛林市的所有高炉。这个决定引发了全国的共振性冲击。毫无疑问，有相关企业的员工，还有大部分公众舆论，他们绝望地看着我们的生产手段在国际竞争毫不留情的打击下受到威胁、削弱，甚至拆解。在总统竞选期间，我曾给予那些抗争中的工人以支持。我登上一辆小型卡车宣布，如果我当选，我将通过一项法律，强制公司集团把要放弃的工厂再出售给任何一个准备接手的买家。这个承诺广受欢迎，尽管它不是如人所言，承诺要使高炉重新投入生产。我从未想过国家可以突然变为钢铁制造商。《弗洛朗热法案》确实表决通过了，它向所有员工提供了在受到人为停止生产影响时解决问题的法律手段。

剩下的是关系弗洛朗热未来的问题。2012 年秋，我在爱丽舍宫接见了安赛乐米塔尔集团的创始人拉克希米·米塔尔。他是一个衣着考究、很理性的人。他用柔和的声音谈论着严峻的事情。我观察到，他很注重自己的形象，即一位成功地成为世界钢铁业巨头之一的印度工业家的形象。他不想成为众矢之的。他向我解释，钢材的行情跌到最低，他不能维持集团所有高炉的运转。他向我确认：弗洛朗热那些与他的生产线融合不洽的高炉应该彻底关闭。

我认为有必要和他建立一种严肃的关系。我要求他找一个接盘的人。我让他明白，如果失败，国家就准备把弗洛朗热的工厂国有化，同时强制安赛乐米塔尔集团与工厂分离。米塔尔用他那鹅绒般柔和的声音回答我说，在这种情况下，国家也应该把安赛乐米塔尔集团在法国的所有工厂都接下来，这些工厂雇用了两万多名员工。因为他要从法国退出。如此走向极端的升级是有限度的。我们真的能像阿尔诺·蒙特伯格[1]坚持建议的那样包揽这么庞大的生产体系吗？这些工厂已经融入了一个国际集团，它们的市场和运营都依附

1　阿尔诺·蒙特伯格时任经济、生产振兴和数字工业部部长。——译者注

于这个集团。威胁应该祭出，我是自愿这样做的。但我也清楚，我们的目标是保持就业岗位。我觉得用其他方式也有可能达到目标。

我在 11 月再次会见了米塔尔，达成协议的条件随即就绪。然后马上准备谈判，最后由总理艾罗予以公布。米塔尔承诺完整保留工作岗位，取消社会计划，并预计投资 1.8 亿欧元用于生产设备现代化。但在工厂现场，确认关停高炉的消息还是令人心痛。法国民主劳动联合会成员爱德华·马丁面对记者镜头脱口说出了“背信弃义”一词。而此时政府已经赢得了妥协，挽救了钢铁企业的全部就业岗位，保证了弗洛朗热的未来。我确信我的决定基础是端正的。应由我承担和安赛乐米塔尔集团通过谈判达成协议的责任，也应该由我来对弗洛朗热工厂的员工负责。

这就是为什么我两次前往弗洛朗热，查看承诺是否得到了遵守。承诺得到了履行，甚至超出了协议初始条款，因为投资很快就超过了宣布的 1.8 亿欧元，他们又进行了新的就业招聘。今天，生产再次起步，钢铁市场再次复兴，而安赛乐米塔尔集团则加强了在法国的地位。专注于未来钢铁工业的研究中心在于康日成立，它建在一座高炉内，成为钢铁工业转型的象征。在此期间成为欧洲议员的爱德华·马丁说出了恰如其分的话：“最后，斗争得到了回报。”而弗洛朗热与人们错误嫁接的印象相反，它得到了拯救。

关闭费森海姆核电站

总统做出决策，等于国家做出长期承诺，在能源领域尤其是这样。展望 2025 年，我制定了将核电在电力生产中所占份额减少至 50% 的目标。我也宣布要关闭我们在 40 年前最早投入运营的费森海姆核电站。

国民会猜测，如果总统承诺了关闭核电站，那么就可以马上付诸实施。实际上事情要复杂得多。为了达到这个目标，需要经过许多阶段。首先要在 2015 年表决通过关于能源转型的法律。然后要和法国电力集团谈判，以确定关闭核电站造成损失的补偿金额。能源部部长塞格林·罗雅尔会尽可能地保障国家利益。最后——还不是最容易的阶段——说服法国电力集团董事会提交一份废除开发费森海姆核电站授权的申请。这个步骤将使关闭核电站的决定不可逆转。我经过权衡，认为应在 2017 年 4 月 8 日，也就是我离任前一个月，颁布政令将这件事确定下来。

如果说法国电力集团是一家国有企业，其大部分资本由国家持有，那么它的董事会则不服从法国总统的命令。我不能强迫公司董事会进行这样的审议。我应该说服由我任命的法国电力公司总裁让－贝尔纳·莱维。不过这家大型企业懂得利用自己的分量施加影响，以获得对它而言应属于自己利益的认可。但它有时忘了，能源战略方针是由国家掌控的。我提醒过他们许多次，特别是像这种情况。

要等到弗拉芒维尔 EPR 三代核电站投入运营，才能严格落实我做出的关闭费森海姆核电站的承诺，这个双重行动的期限已推迟到了 2019 年。因此，从宣布决定到付诸实施，时间要跨过一个 5 年任期。这并不是懦弱和推诿责任，也不是行政效率低下或者受到政治阻碍，而是为了遵循常规程序。而这种悖论导致费森海姆核电站两个反应堆的其中一个已经停止运行近两年了！

我意识到，期限难以压缩会伤害政治言论的可信度。这会使各种各样的蛊惑人心者，包括一些生态主义者，指责政府无能甚至“说谎”。现在的政府通过尼古拉・于洛[1]宣布，把核电在电力生产中的份额减少至50%的期限推迟到2030年或2035年，或者更晚。我很遗憾，这样的决定事先没有经过议会辩论，也未就这样的辩论做任何时间安排。我能理解这样做对于公共权力产生的好处。这个好处真不小：不必明确哪些是下一批要关停的核电站，哪些是要延期关停的核电站。但是应该告诉企业员工和相关民意代表真相，这一天会来的。

从这次经历中，我总结出一条教训，它对其他人也有用：对于决策，重要的不是落实决策所花费的时间，而是决策的不可逆转性。面对民用核能和能源转型这样的挑战，更替上台的政府只能质疑那些已做选择之外的事项。政治决策者有义务保持政策的一致性和延续性，否则会给国家带来无益的财政负担，还要搭上损害国家可信度的政治代价。

拯救核工业

做出决策，也意味着承担过去的错误。我和我的几届政府准备

1　尼古拉・于洛曾任政府国务部部长兼团结与生态转型部部长。——译者注

拯救核工业。法国对自己的核工业和先进的核技术引以为豪，这是合情合理的。但在我们开始执政时，阿海珐集团显示严重亏损，2014 年亏损额高达 50 亿欧元。由于缺少救助，情况将进一步加重。无论是对法国的能源独立，还是对顺利执行同外国合作伙伴签署的合同来说，这些都是不可接受的。

于是，我决定进一步加强阿海珐集团和法国电力集团的关系，对集团进行资本重组。同时，我同意法国电力集团签署一份在英国欣克利角兴建一座核电站的重要合同，合同额为 22 亿欧元。尽管国内市场收缩，但这份合同将保证法国电力集团在国外销售的发展。

这些问题非常复杂。法国人对此了解不多，这些问题决定着我们的能源供应和核电站的安全。这些问题本质上取决于总统的决策，因为国家是这些相关企业（法国电力和阿海珐等）的大股东，也因为核能的民用和军用双重用途的重要性。

我常常回想起蓬皮杜在 1973 年做出的决定，他要求法国电力集团建设一批核电站，以使法国减少对石油的依赖并拥有以更低廉的价格发电的手段。我的意愿是加速可再生能源发展，保持我们在核领域的领先地位。我希望我的政策也能带来像蓬皮杜总统带来的那些繁荣。

标致雪铁龙：从垂死到辉煌

另外，我也要就那些定位和声誉一直备受政治关注的企业做出决策。

2012 年，标致雪铁龙集团濒临破产。集团领导人菲利普·瓦兰在总统竞选期间通过电话向我做了预告。

我在那天明白，由于某些很容易猜到的原因，他推迟了就业保护计划的公布。等到了 7 月，他已没有顾忌。他宣布将取消 8 000 个工作岗位，并关闭欧奈苏布瓦工厂。位于雷恩的工厂也同样受到了威胁。我在夏天前往工厂，并在那儿会见了一个员工代表团，他们向我诉说了要为这个在法国汽车史上如此具有象征意义的品牌而抗争的意愿。我还记得那位女士向我哭诉的样子，她说，她从未给标致雪铁龙以外的雇主工作过。这是她的一生啊！

之后，我了解到，在前一年，标致雪铁龙集团就进行了一些与企业财务状况无关的高额分红。9 月，标致雪铁龙集团退出巴黎券商公会指数 CAC40，其股票跌至 5 欧元以下。如果不采取行动，该企业很快就会破产。为了避免最坏的结果，政府及财政部部长皮埃尔·莫斯科维奇出面为标致雪铁龙融资银行的信用做担保。2014 年，我认为必须改变集团的管理方式。我同意国家以 7.5 亿欧元参股，以及中国投资者以等额注资。但还需要说服标致家族。一天晚上，我在爱丽舍宫接待了这个家族的人，要求他们把所占股份降到 14%。他们极不情愿地接受了，但是无可抱怨。如今，标致雪铁龙集团投资，雇用新员工，出口产品，创造利润，并在筹划未来的汽车。更为可嘉的是，集团使其产品多样化，逐渐减少柴油燃料车生产，并收购了竞争对手欧宝和沃克斯豪尔。这真是卓越的成就。这些成就归功于集团优秀的领导者及甘愿为企业做出牺牲的员工，他们自豪地见证了就业岗位增多、订单蜂拥而至的情景。2017 年，国家把它持有的集团股份重新出售给公共投资银行，这些股份资本收益将近 10 亿欧元。公共利益得到了挽救。5 年间，标致雪铁龙这家在我任期之初困难十分显著而且即将垂死的企业，现在则成了我们工业旗舰中的一员。这一次，我的 5 年任期总算“够用”了。

转让阿尔斯通

最受争议的，当属我在 2014 年夏天做出的关于阿尔斯通集团的决策。阿尔斯通的股东布依格集团（受我的前任邀请成为阿尔斯通的股东）决定退出资本，以便把业务集中到电话通信上。几个星期以来，布依格与美国通用电气秘密接触，准备向其出售阿尔斯通的能源部门。这事非同小可，而国家并不知情。摆在我们面前的是一个无法容忍的既成事实。

于是我把企业领导者及布依格集团总裁马丁·布依格召集在一起。我们寻求在就业和工厂方面的保障。而在同时，西门子公司也表达了对阿尔斯通的兴趣。这样的竞争有利于我们，我们可以提高要价。阿尔诺·蒙特伯格果断介入。他在马克龙的协助下，对各方投出的标书进行评审。美国通用电气的标书比较合拍，因为它已经在法国落户，特别是已在贝尔福特设厂。而西门子则具备建立法-德一体化集团的便利条件，但西门子须拥有企业领导权。

尽管涉及的是私人股东，但应由国家做出裁决。国家不是代替企业做决定，也不是直接裁决，而是明确指出它反对什么。我告诉他们，我赞同通用电气。美方的标书预计新创造 1 000 个就业岗位，并且承诺保护我们的战略利益。自签字以来，通用电气损失惨重，与我谈判过的通用电气首席执行官杰夫·伊梅尔特也被换掉了。我当时留心锁定协议，并对违反承诺设定惩罚条件。国家有责任让这些拯救性质的条款发挥作用。新总统也应该延续其前任做出的决定。更重要的是，马克龙在担任我的顾问时是鼓励我做出这些决定的。

鉴于我在5年任期中做出的重大决定，其中有许多确定了我们的安全或未来，并多次改写了我们同胞的命运，我从这些经验中总结出两条教训。

第一条对国家元首有价值。如果他想达到其责任要求的高度，就不应该被呈递给他的材料淹没。这些材料侵蚀了他的时间，分散了他的注意力，误导了他对事物本质的看法。列入总统日程的并非都是重要事项，例如人事任命、对外行动、预算分配或确立战略方针，以及宣布和实施一项改革等。如果什么都想干预，那他对任何事情都产生不了影响。

第二条对历史有价值。逸事取代了真正有意义的事件，浮在表面的泡沫被当成大海。然而对一个行动来说，它的深度要根据它留下的痕迹判断。做决定花了多少时间并不重要，重要的是它影响公共利益的持续性。

03
旅行

甫一当选，总统就“飞”起来了。这不是说如同民意调查中观察到的那种支持率的飞升，而是在空中飞行。我刚刚就职，就被旋风般的会见及国际会议裹挟着走到了很远的地方。我在5年任期中，进行过100多次官方旅行。在任职初期，我要求尽可能乘火车出行。比如，我曾坐火车前往布鲁塞尔。但很快，安全保卫方面就不允许我这么做了。因为保障一架飞机的安全要比保障一列火车容易。于是，在5年任职期间，我在空中航道上奔波了数万公里。

爱丽舍航空公司

总统有两架大小不同的飞机用于出行。一架经过特别布置，用于长途飞行，可以容纳一支庞大的代表团。另一架是十座的喷气式飞机，用于短途飞行。萨科齐为总统府配置了一架量身定制的飞机，造价约1.8亿欧元。反对派曾批评这笔开销。在对事件的争论中，也掺杂了一些带有恶意的论点，甚至有传言说飞机上装备着一个比萨烤炉和一个浴缸，这纯粹是无稽之谈。由于缺乏透明度，爱丽舍宫任由这些没有根据的谣言四处传播。萨科齐为此怒火中烧完全可以理解。每次在我们会面时，他都不忘用戏谑的语气提醒我，说我给他的飞机派上了好用场。我既轻松又坦然地承认，我接受它是因为工作需要。

这是一架空客 A330，续航能力为 7 300 公里，因此可以避免经停的不便。飞机分为三个机舱，一个舱是为部长及代表团准备的；中舱是一间可以容纳约 12 人的餐厅；另一个舱由一间小办公室和一间卧室组成，卧室内有一张大床和一间浴室。这样的布置，可以让总统一上飞机就开始办公，也可以和代表团成员安静地用餐，并和巴黎时刻保持联系，因为总统可以在航行全程拨打电话。因此，他从旅行伊始就投入工作了。

明斯克之夜

在任职期间，我见过全世界许多领导人，并了解他们的个性。普京是个浑身肌肉、充满神秘感的人，既热情专注又冷静坦率，总是用蓝色的眸子迎视对话者，时而迷人，时而令人不安。他在迸发的笑声中情感外露，他慢条斯理又带着玩世不恭。

怎么能不回想起 2015 年 2 月 11 日在白罗斯首都明斯克的独立宫——一个毫无生气的大厅里——度过的漫漫长夜呢？那时我们正处在乌克兰危机最紧张的时刻，亲俄罗斯的乌克兰总统维克多·亚努科维奇因拒绝签署同欧盟的一项联系国协议导致动乱而被解职，从而引发危机。

2014 年 6 月，在盟军 1944 年欧洲登陆纪念日仪式之余，我安排了一场四方会晤：我和默克尔、普京及乌克兰新总统彼得·波罗申科。这次会集了欧盟国家两位领导人及冲突主角双方领导人的“诺曼底模式”，将成为解决冲突的有效框架。在独立广场革命中发迹的乌克兰总统打算在全国施展权威。与此同时，东部受到俄罗斯支持的两个地区顿巴斯和卢甘斯克则进入分离状态。受到乌克兰的克里米亚分离并选择加入俄罗斯的冒犯，欧洲不能接受这样的分裂行为。

普京的意图很明确。他想保持在这些俄语地区的影响力，并尽可能地削弱基辅的亲欧政权。在第一次停火失败后，乌克兰军队和分离主义民兵之间的战斗重新爆发了。

这天，在明斯克，要紧的事务是签署结束敌对行为的协议，并达成一项能够维持乌克兰统一的体制性妥协。在独立宫二楼举行的会议拖延着，始终没有结果。我和默克尔提议用一种更精简的方式进行谈判，跳过晚餐，迅速开始工作。

默克尔对普京十分了解，知道如何与他谈话。她耐心十足，又有长期的谈判经验。此外，她还有一项出色的能力：从来不会困倦。

“我们不吃饭。”默克尔说道。我觉得这是一个不太令人愉快的牺牲，但是很有必要。有人为我们端上来卖相很差的三明治，我们环坐在一张不太方便的矮桌周围。默克尔拿起一张纸和一支笔。波罗申科在乌克兰主权的问题上丝毫不让步，而普京为两个州必要的自治进行辩护，并寻求将停战时间推迟三周。他坚持否认自己和分裂势力领导人有直接联系，借口称他不能代替分裂分子做决定，要求在达成协议之前询问分裂分子的意见。这一切都发生在人道主义悲剧的背景下：这场冲突已经导致 1 万人死亡。数月前，即 2014 年 7 月，一枚由亲俄民兵发射的导弹，在顿涅茨克误击一架马来西亚航空公司的客机，造成包括 80 名儿童在内的 298 名乘客死亡。

在争论的过程中，默克尔不让任何人甚至包括她的顾问来起草协议条款，这是她的性格和严肃、专心、谨慎的做事方法。波罗申科和普京有几次提高了语调，普京突然发火，并威胁要干净利落地碾碎他的对话者的军队。这等于承认俄罗斯在乌克兰东部有军队。但是他马上改口了。

普京的剧目

我们重新回到了对协议文本的讨论上。默克尔伏在那张纸上，而我不停地辩护着，努力争取两位当事人的支持意见。他们一边逐渐接受，一边提出无数的反对意见。夜深了，我们进展缓慢。早上 7 点，在不情愿地接受了许多条款后，普京始终坚持推迟停战。我们请他注意，俄罗斯正受到欧洲制裁，如果我们失败，欧盟将采取新一轮报复措施。他做出不在乎的样子。在执拗地坚持了一晚后，他终于在最后一刻接受了安排。我们同意在停止敌对之前留出 4 天的期限。我们决定撤除重型武器，随后交换战俘。那些州的自治也得到承认，基辅将修改宪法，并通过选举法。乌克兰将与俄罗斯一道恢复边境控制，并在边境建立一个非军事区。

但就在要签署协议的时候，普京突然宣布，必须咨询民兵领导人的意见。他的一个特使将前去找他们收集意见。他们在哪儿呢？如他所说在明斯克的一家旅馆？还是就在我们旁边的一间办公室里？不管怎样，我们从未见过他们……

在普京离场时，我们瘫坐在扶手椅上，睡意袭来。时间在流逝，什么消息都没有。随后我们得知，分裂分子拒绝达成协议，并附加了各种细节和保证条件。此时是早上 9 点，默克尔和我应该前往布鲁塞尔，欧洲理事会要在那里召开会议。这次我们失去了耐心。谈判失败是不能接受的。我们要求找到俄罗斯总统，进行最后一次会谈。当我们在休息室打盹时，他却把自己安顿在一间配床的大办公室里，床好像也很舒适……很明显，在这等候消息的两小时间歇中，他在那里休息。他再次出现时，比我们精神得多。

我和默克尔言谈一致。尽管疲惫，但在那个早晨，我在这场博弈中看到，谈判中不仅有法德两国，还有欧洲——团结、坚定的欧洲。我直截了当地说："我们做了这些工作，并不是为了止步于此。它关系到乌克兰东部几十万人的命运，他们流离失所，被寒冷和饥饿折磨得奄奄一息。必须现在签署协议。"默克尔用强硬的语气警告普京，俄罗斯将长期被孤立。普京本人也不作答。他还想争取时间。但无疑他也想到，这份协议可以使他在大国中恢复自己的地位，并给俄罗斯喘息的机会。几个月以来，借助于战事升级，他已经改变了克里米亚的命运，他的效忠者也在乌克兰东部扎营。刚才在讨论的间隙，普京向我透露，他不想肢解乌克兰，只是想保护那些讲俄语的人。实际上，他的目的是削弱基辅政权，以期不久后一个更亲俄远欧的新班子上台。他尤其希望阻止乌克兰加入北大西洋公约组织，并获得可以改变力量对比的武器。

之后，普京决定加快步伐。俄罗斯总统和乌克兰总统在我们的见证下举行了最后一次会谈。我建议就实施停火的日期达成妥协。默克尔则强调只对我们在夜间耐心制订的协议文本做些微小改动。普京避开我们去打电话。几分钟后，他向我们确认，分裂势力领导人同意达成协议。

这份名叫“明斯克Ⅱ”的协议一直有效。各方以或多或少的意愿在落实它，尽管新的更加零星的冲突还在让这个地区“流血”。协议恢复了表面上的和平，维持着乌克兰原则上的统一。最糟糕的事情被避免了。

有人把这些紧张局势看作俄罗斯和西方新“冷战”的前奏。这种说法并不准确。诚然，普京寻求重建过去苏联的势力范围。但这不再是两种尖锐对立的社会制度之间的对抗，这是国家利益的斗争。普京想在他的国家周边建立一个缓冲地带，策略是鼓励其朋友和其对手发生冲突，并让冲突处于僵持状态。一个灰色地带在乌克兰、格鲁吉亚、摩尔多瓦和阿塞拜疆的边境地区形成，这些国家虽然保持独立，但它们已经遭到了削弱，被俄罗斯吸附为附庸。

换句话说，及时达成妥协是必要的，但它不能解决根本问题：脆弱的和平建立起来，俄罗斯强加的既成事实逐渐成为准则。人们避免了战争，却承认了俄罗斯的统治。如果普京发出威胁，也是为了更好地谈判。他不是征服，而是蚕食。叙利亚的悲剧为这个结论提供了补充性证明。

中东的油桶

同样的手法、模棱两可的态度、阴谋、或多或少的主动进攻，使普京在中东重建了俄罗斯的地位。在叙利亚政权实施“化学武器”打击时，奥巴马的不作为，被普京理解为美国人放弃对中东地区承诺的一个信号。在乔治·沃克·布什时期，美国人在该地区造成了许多损失。普京评估了奥巴马的决定对该地区带来的影响：海湾国家开始怀疑它们的主要盟友；伊朗人无所畏惧地直接开始行动，而不担心未来核协议谈判可能会破裂；叙利亚政权感觉在继续实施镇压上受到了鼓励；温和的反对派被突然抛弃后变得更加激进。俄罗斯恢复和各方接触的路径被打开，决定对该地区进行干预，这在 1979 年侵略阿富汗的黑暗经历之后还是头一次。

俄罗斯总统趁热打铁地扮演调停者角色，装作销毁了叙利亚化学武器库。事实上，叙利亚政权保留了大部分化学武器，它在越来越远的地区使用化学武器。在这个过程的最后，阿萨德借助于亲伊朗民兵和俄罗斯空军东山再起。“伊斯兰国”组织垮台了，但这是国际联盟支持下的阿拉伯 – 库尔德联盟的功劳。因此，如果缺少与其军事承诺相符的、强有力的外交行动，西方国家就会任由俄罗斯在这个复杂局势中独揽政治利益。俄罗斯召集了叙利亚反对派或其他剩余派别，尝试和叙利亚政权达成和解；俄罗斯和土耳其结盟，任由本应是战胜“伊斯兰国”组织的库尔德人遭受蹂躏；俄罗斯冻结了全面解决中东危机的方案，以证明其重返中东的合理性。

这一系列事件对民主国家来说都是沉痛的教训。民主国家面对的是，紧盯自身长远利益、手段上少有道德约束、不顾舆论反响、集中精力实现战略目标的领导人。普京是带着好奇的心态来看待他的同行的。他内心思忖：他们只是过客，他们屈服于媒体和政治摆布，这使他们变得脆弱。他视他们为懦夫，毫无同情之心。他受益于年轻时得到的政治培训和在苏联锻造的思辨能力，对美国带有沿袭于“冷战”时期的厌恶。面对伊斯兰极端主义的威胁，他充当基督教捍卫者角色，以及受到西方品行混乱威胁的道德价值观布道者角色；当面对西方道德混乱的冲击时，他又充当起本国精神价值的卫道士。

2013 年 2 月底，我访问俄罗斯，普京在克里姆林宫接待我，我被一个庞大的部长代表团陪同着。到了午饭时间，我发现端上来的菜肴都很有分寸地遵循了法国美食的传统。普京的欣喜之情溢于言表，他很高兴能在这个混合着沙皇和斯大林时期的记忆、房顶高耸、墙壁敦厚而陈旧的宏伟宫殿内接待我们。我们谈论了很多话题。谈到叙利亚时，我毫不讳言，指责叙利亚政权的过度行为。我批评俄罗斯向叙利亚政权提供支持从而造成僵局。我还指责俄罗斯在联合国安理会对所有迫切需要通过的决议投反对票，从而导致事情停滞不前。他一言不发。突然，他开始猛烈抨击假想的、西方国家面对伊斯兰极端主义的麻木不仁。“但终究，”他对我说，“你们法国人都经历过这一切了。阿尔及利亚战争没有给你们带来教训吗？”我用同样的语气反驳他说，阿尔及利亚战争首先是一场独立战争，其中没有任何宗教因素。法国当时是殖民主义强国，面对的是民族起义。他带着怀疑的神情笑了，意识到自己为了辩护对车臣及其他少数民族的政策而跑题太远。

吃了两次晚餐

一年后，2014 年 6 月 5 日，轮到我在法国接待他了。当时是诺曼底登陆 70 周年纪念仪式的前一天，西方同俄罗斯的紧张关系加剧。原本应在索契举行的八国集团峰会被取消了。俄罗斯在吞并克里米亚后，被冻结了八国集团成员资格。然而我还是决定邀请俄罗斯总统参加预定在诺曼底举行的纪念仪式。尽管当时关系紧张，但数百万红军做出的牺牲怎么能被忘记呢？他们通过把德军牵制在东方战线，在斯大林格勒英勇抵抗，给纳粹造成了沉重打击，使登陆诺曼底和解放我们的国家成为可能。这也是一个让普京坐在乌克兰新总统身边、承认新总统合法性的机会。我计划和默克尔一起，把俄、乌总统召集在贝努维尔城堡一间客厅里会面，这间客厅将招待 20 多位出席仪式的国家元首和政府首脑共进午餐。如此，诺曼底登陆在 70 年后再一次服务于和平事业。

在诺曼底登陆纪念仪式前不久，我在巴黎一家大餐厅宴请了奥巴马总统。有时美食与政治互不兼容，有时又如外交家夏尔·塔列朗在维也纳大会议上说的那句名言：“厨师来为外交官救场。”对那一天来说，这句话得到了双重证实。因为当晚我也想同俄罗斯总统会晤。现在只剩一种可能性，那就是再吃一顿晚饭，在爱丽舍宫吃。我真的这么做了。晚上 7 点，在各自的外交部部长法比尤斯和约翰·克里的陪同下，我和奥巴马品尝着由名厨居伊·萨瓦烹调的菜肴，开始对 2014 年夏天的全球局势进行深入的研究。法方这边，我们控制着自己的胃口，因为过一会儿还要同普京一起品尝爱丽舍宫大厨的美味佳肴。

奥巴马总统对自己的魅力毫不怀疑。如同我的一个顾问私底下告诉我的那样，他首先是"贝拉克·奥巴马"，一个大人物，一个偶像，一页历史，美国的首位黑人总统。他是一位杰出的演说家，懂得通过语言的魔力来激发情感；他也是一位能够进行最严谨、最丰富思辨的智者。但他和人们分享的热情、他通过一种罕见的天赋表现出的微笑着的质朴，以及长期积淀的交流能力，在更加密切的会议和个人接触中消失殆尽。他不怎么喜欢吐露心声，更不喜欢流露真情实感。他是一位友善的客人，但有所保留。他吃得很少，注意保持身材。他从不吃完甜点。当我让人端上一盘奶酪时，他小心翼翼地切下一小角山羊奶酪，随后便放在了他的餐盘边上。就像他害怕在欧洲和美国关于农产品贸易谈判中会给我们让利一样……尽管奥巴马也是一位普世主义者，但却永不忘记为美国利益服务。

普京的保温袋

一小时后，场景、对话者和气氛都变了。法比尤斯和我在爱丽舍宫等待着普京及其外交部部长谢尔盖·拉夫罗夫。为了打破交换意见时的冷场，俄罗斯总统不吝使用各种手段。我不是说他已经准备好在一些棘手的问题上对进展表示赞同，而是说他想要表现出的对我们的关心。我的目光落在了他拿在手中的一个保温袋上，我发现里面装着一瓶他想和我们分享的伏特加，他用保温袋来让酒保持最合适的温度。他胃口很好，而且什么都影响不了他的好心情。他为了法俄友谊的荣耀、为了战胜纳粹，甚至为了美国人频频举杯，他把美国人叫作“扬基人”，带着难掩的讥讽。

拿破仑来救场

普京既喜欢吃又有韧性。那天晚上，他想表现出可爱的一面。毫无疑问，他做到了。在需要的时候，他表现得恰如其分，并收敛他的那些出其不意。还有另一个例子，可以说明他这一套熟练的套路。我回想起 2014 年 12 月 6 日在哈萨克斯坦进行的那次访问。密特朗总统在哈萨克斯坦宣布独立的第二天就对其进行了正式访问。自那时起，这个国家的总统就一直是法国的朋友。他想为我寻求调解乌克兰问题的使命提供便利。他建议我和俄罗斯总统进行一次约见，他自信能够说服普京软化立场。他还建议我在莫斯科安排这次约见。我回答说，我不是会谈的请求者，应该由普京做出姿态。只有他向我提交一个缓解危机的建议，会谈才有意义。努尔苏丹·纳扎尔巴耶夫总统同意进行斡旋，并相信能取得进展。

在我离开时，他要求我穿戴上他们国家的传统服饰——一件米色的外套和一顶带有漂亮装饰的棉帽 ——来表明两国的友好关系。我高兴地接受了，但穿上这身衣服显得有些滑稽。一张照片把这个时刻永远记录了下来，并使我在社交网络“声名远扬”。外交需要这种不得体的优雅。

我有意识地就同普京会晤提出了条件。会谈应该在非正式场合举行，而不是在克里姆林宫，最终选定在我经停机场的一个会客厅里。我们降落在莫斯科，普京在舷梯下迎接我，并引导我和我的代表团走进一间临时准备的、装饰简陋的会客厅里。我们开始了讨论，没想到讨论进行了两个多小时，并拖延许久。我们认为，对乌克兰提出倡议是必要的，但倡议须取得具体成果。普京提醒我应该吃点儿什么。他邀请我走到另一个更为舒适的客厅，那儿精心布置了一张桌子。时间慢慢地过去了，于是我们又从小吃直接进入晚餐。晚餐什么都有，特别是没有“多余”的东西。在分别时，俄罗斯总统想赠予我一份礼物，意在肯定我们的和解。于是他的一位助手拿来了一瓶俄罗斯最好的葡萄酒。普京十分放松，开起了玩笑。他做出一副感觉到我失望的样子，好像我本能地鄙视这种不是产自法国的葡萄酒。礼貌的交谈在继续着。普京还给我准备了另一个惊喜，他把控着节奏。一个神秘的盒子放到了他身边，他突然从中拿出一份用繁复装饰的信封装着的文件。我打开了它，这是拿破仑在俄罗斯战场上写的一封信，这样的手稿实属罕见。普京对我说，这是他自己从一个收藏者那里买来的。这封信很久以来就存在他的档案里吗？还是他为了我们的会面才拿到手的？无论如何，他是希望通过对法国的这番好意来表达他对我们的共同历史怀有的尊重。

这就是俄罗斯领导人，冷静、坚定、难以捉摸而又细致入微。每当俄罗斯变得衰弱和分裂时，他就顺从欧洲。他利用经济和资源武器同一些国家进行博弈，又陈兵边境和另一些国家针锋相对。他尊重实力，包括美国的实力，但他又表现出不惜使用所有手段——包括那些难以启齿的手段——来制造混乱，甚至是在美国民主中制造混乱。

在白宫

法国和美国有特殊关系，两国的历史可以追溯到各自的革命时期。这两个民族都有雄心在全世界推进自由的事业，我们谨记两国通过互相帮助实现了各自的独立。

自从美国成为世界第一大强国后，法国就一直是它忠实的盟友而非附庸。当美国在 2001 年 9 月 11 日为了自己捍卫的价值观而经受考验时，法国与它站在了一起；当美国以集体正当防卫的名义在阿富汗追剿曾经攻击它的恐怖团伙时，法国也参加了行动。但当违犯国际法和违反事实的决定导致美国第二次出兵干预伊拉克而造成了尽人皆知的后果时，法国对它持保留甚至是批评的态度。

除了政权交替之外，法国始终认为自己有时可以和美国表现得不一样，即便所有世界性问题都不能缺少美国的方案。这就是我在任职期间，为时代的两大挑战——核扩散和气候变暖——寻找解决办法时遇到的情况。

2012 年 5 月 8 日，第一次会见奥巴马总统时，我就意识到了这样的沿袭和挑战。我带着对富兰克林 · 罗斯福的回忆进入白宫。他是新政的开创者，是盟军取得胜利的决定性角色。我也带着对约翰·肯尼迪的回忆。我记得十几岁时在电视上看到了肯尼迪被刺杀的镜头。今天，是奥巴马在椭圆形办公室接待我。他的相貌和我想象的一样：个子很高，敏捷强化了他的优雅，微笑散发着亲和力。

奥巴马在讨论任何问题之前，都会先花很长时间进行解释，这限制了交流，甚至让人觉得讨论在还没开始时就已经结束了。我告诉他，依照我在竞选时做出的承诺，我决定将法国军队撤离阿富汗。他对这个决定有所准备，表示理解。他自己也兑现承诺把美国士兵从伊拉克撤出了，于是我们制订了一个行动日程表。法国军队将一直驻守至年底，之后，在完全撤离阿富汗之前，它将只保护喀布尔机场的安全。

我们谈到了两人共同关注的经济增长问题。他提及欧元区爆发危机和由此带来的货币失序的风险。他是真心担忧的，但随着谈话的进行，我也觉察到他关注中国比关注欧洲更多一些。他把欧洲看作一个缺乏有效治理的大陆。我努力把他当作国际合作中的盟友。我们可以共同确立一些金融调控机制，同时也提醒他，我们遭受的金融危机源自美国银行体系失调。我们承诺就气候问题采取行动，并合力说服伊朗放弃核武器。然后，他陪着我走到了白宫门口。

我们和法比尤斯一起从另一侧的大道走了出来，那里坐落着当时由希拉里·克林顿领导的国务院大楼。希拉里是一位坚毅、直率的女性，她十分了解法国。她多次访问法国，先是以“第一夫人”的身份，后来是以国务卿的身份。即使奥巴马在总统选举党内初选中击败了她，她仍对他保持忠诚。她比奥巴马更坚持在恐怖主义势力落脚叙利亚之前采取行动。她在近 3 年跑遍了世界，毫不掩饰将停下工作准备参选总统。在 2012 年 5 月，人们还想象不到，总统选举会以特朗普获胜而告终。

默克尔、奥巴马、蒙蒂和我

几天之后，我到达了戴维营，这是美国总统的夏季住地，将作为八国集团峰会的场所。在这个宽阔的园林中，散布着许多保持原色的小别墅，受邀参会的外国代表团在那里下榻。晚上，我们在中央的亭子里见面。奥巴马看见我到达后，拿我戴着的领带开起玩笑，当时其他国家元首穿着不那么正式的服装。我总是身着正式的服装以便讨论世界上最棘手的问题。就好像我的诚意能够通过服饰体现出来一样，也好像和睦的气氛取决于着装的属性一样，我不会因此得罪别人，因此套上了当地的服装。入乡随俗。

八国集团峰会遵循着一套不变的流程。我们首先让我们的特别代表（他们被称为夏尔巴人）工作，他们达成供国家元首在必要情况下予以修改的文本。每个字词都要经过掂量：记者会对字词的细微差别进行剖析，由此来判断在重大问题上是否有了真正的推进，或只是含混不清的妥协。对话议题都具有普遍意义，特别是为了以此表明，世界上八个最富有的国家在重大问题上具有共识。在 2012 年 5 月的峰会上，代表俄罗斯出席会议的是梅德韦杰夫总统。他现在结束了长达 5 年的“临时总统”任期，当时是为了使普京遵守俄罗斯宪法，宪法禁止总统连任两届以上，由此他可以准备之后新的连续两届任期。我感觉到，梅德韦杰夫的权力空间有限，他不做任何承诺，以便为普京留有余地。奥巴马如同期待梅德韦杰夫仍能发挥作用那样对待他。卡梅伦随着对欧盟质疑的加深，同美国总统形影不离。意大利总理马里奥·蒙蒂期待得到奥巴马的支持。加拿大方面是由总理史蒂芬·哈珀作为代表出席会议的，他对于自己在场感到喜悦。

晚餐后，奥巴马、蒙蒂、默克尔和我再次碰面讨论欧元区形势。蒙蒂和奥巴马希望看到欧洲走出“昏睡”状态。我指出德国在放宽预算限制方面可以发挥的决定性作用。在一阵激烈言辞的刺激下，德国总理明显有些懊恼，她不喜欢这种在欧盟之外的一位裁判者面前被迫表态的方式。我对于美国将刺激增长财政重于紧缩的做法没有怨言。这句话值得被听到，包括在德国被听到！同德国总理一样，我想我们最终应该在欧洲人之间做出决定。那天夜里，美国无意之中帮助欧洲把自己的命运掌握在了手中。

法美关系在我任职期间一直比较平静，这种关系的特征是连接我们的价值观相同。但只有一点遗憾：尽管这种历史性默契不可中断，而且我们欣然地对其予以强化，但这并没有促使两国在叙利亚采取更加协调一致的行动。法国关于叙利亚问题的公正立场，在关键时刻没有得到美国的支持。

我们看到了由此带来的后果。诚然，奥巴马可以借口称化学武器已经被摧毁，国际法得到了遵守，他关于美国不介入外部乱局的承诺得到了遵守。尽管如此，面对野蛮行径，干涉行动是合法的，不作为就是犯罪。这个道理直到今天仍是正确的。

我和奥巴马多次谈到这些问题，特别是在他告别白宫时的最后一次电话交谈中，我们曾一起成功地同伊朗达成了一项协议，这项协议被顺利执行至今。我们曾一起组成国际联盟，它在把“伊斯兰国”组织赶离藏身之处方面具有决定性意义。我们曾一起在巴黎气候变化大会期间共同致力于达成关于气候变化的总协议，没有奥巴马总统的支持，这项协议不可能达成。只差在叙利亚问题上给出一个共同方案，我们各自的任期，就可以成为两国近代以来外交关系史上成果最为丰硕的时期之一了。

电话里的特朗普

我没有时间和特朗普共事。从他当选到我离职只有六个月时间。我们有过两次电话交流。在第一次通话时，他向我表达了对法国的喜爱，即使他曾在法国遭遇恐怖袭击时口无遮拦地说“法国不再是法国”“巴黎不再是巴黎”。他跟我谈论了我们的美食、葡萄酒和文物，但不曾提及法国其他瑰宝。当被问及气候问题时，他告诉我，他是美国人选出的总统，他不想为一项自己不支持的事业而让美国人付出任何代价；应该由中国人和欧洲人做出表率。他把所有的话题都拉回到金钱上，我被他希望要节省的“数万亿”美元弄得晕头转向。

在我们第二次也是最后一次电话交流中，他表现得更加随和，以便更好地表达他对我的信任。他问我，是否认识一些可以加入他的总统团队的顾问。我承认，他的问题让我困惑不已，甚至目瞪口呆！如何回答呢？我先笑了笑，悄悄压住了笑声，然后用和他那可爱的挑衅相称的、表面上的严肃来回答他。在思考之后，我冷静地向他说出了亨利·基辛格的名字，这位在1973—1977年理查德·尼克松及杰拉尔德·福特时代任职的前国务卿，尽管已经有94岁高龄，却仍然充满睿智。我刚刚会见过他。在我的建议之后是一段长时间的沉默。他知道我理解他的用意了。我们没有再说下去。今天我想，他的问题不仅限于选择他的侧近人士。

在罗马教会

我和教皇方济各的第一次会面仍然历历在目。当时的背景是，梵蒂冈和法国的关系因为法国颁布同性婚姻法而变得紧张。尽管如此，教皇还是同意会见我。于是我前往罗马教会。在庄重的、被千年历史强化的装饰中，我们都靠在一张简朴的木质办公桌旁。教皇方济各十分小心地切入让人不悦的话题，尽管天主教统治阶层在反对我们改革的示威中扮演了某种角色。我们在人类尊严问题上寻找共识，这是一切精神承诺的终极目标。在我眼里，正是这些目标证明了以自由平等之名扩大个人权利的正确性。同样，教皇把消灭贫困的斗争列为其履职的首要目标，这也是我们的共同目标。除此之外，纠正过度的全球化、同不平等势头上升做斗争、气候异常、移民问题等都要求我们有所觉悟。令人高兴的是，教皇方济各决定在这些问题上扮演重要角色。我邀请他在方便的时候来法国访问。他礼貌地接受了我的提议，但向我说明，他最近的行程将会把他带往危机最严重的地方。他要去古巴、中东和非洲，向无尽的人群发挥他在和平意义上的影响力。在任命法国驻梵蒂冈大使风波之后，有些相关信息披露这位大使是同性恋，我同教皇的关系又热络起来。

2016 年 7 月，当阿梅尔神父在圣艾蒂安－迪鲁夫赖的教堂遇害后，我打电话给教皇方济各。他表达了对法国的同情和支持。他对有关词句加以强调，好像是为了让我明白：这位神父做出的牺牲应该使我们团结而不是分裂。他呼吁缓和事态，呼吁对话，呼吁协作。他想在这个一切都会互相诋毁的时代推动全体教会一起行动。我们两人都同意进行更长时间的交谈，于是他邀请我在月底前去看望他。他在一间比上一次朴素得多的办公室里接待我，身边只有一名翻译。他向我重申对法国的热爱：这是一个“精神的”国度，那里产生的思想具有普世作用。他对法国人民以冷静和勇气应对恐怖袭击表示敬意。然后，他向我谈到东方基督教信徒的流亡、穆斯林遭遇的屠杀，他们都是恐怖主义的首要受害者。他还谈到我们的全球责任。相信上天或是相信人间生活，这都是相信人类。我们都远离外交话题，但法国作为世俗国家，在这场对话中拥有其地位。

在丛林深处

最奇特的会见是我在哥伦比亚森林中经历的。我在哥伦比亚总统桑托斯的陪伴下，同哥伦比亚革命武装力量的代表会面。那些人曾把英格丽德·贝当古[1]囚禁了6年多，并针对他们国家当局开展了40多年伤亡严重的游击战。哥伦比亚总统坚持让我出席，以便法国为与这个武装运动达成的和平协议做担保。在参天的大树、高深的草丛和多彩的花朵中间，搭建了许多简易的房屋，用于接待前来送交武器、准备回归社会生活的革命武装力量战士。在一个临时搭建的帐篷里，革命武装力量的三名主要领导人坐在我们对面。哥伦比亚总统在讨论中首先讲话，他重申双方做出的承诺。和平进程似乎不可逆转。

独特的一幕出现在我眼前。在联合国的帮助下，哥伦比亚军队的士兵和革命武装力量的战士，在这个几个月前还在进行战斗的地区组织着解除武装的活动。在一位革命武装力量领导人讲话时，哥伦比亚总统在我耳边透露说，这位曾是最强硬的战斗人员之一。不久之前，总统的士兵把他逼在枪口下，但始终没能消灭他。而今天，他就在那儿，和我们同坐一桌，就和平、和解和民主程序进行谈判。法国是这次活动积极和享有特权的见证者。

菲德尔的花园

我同样希望，法国通过我的出访提出具有象征意义的倡议。以下就是这种情况：在阿尔及利亚、突尼斯、塞内加尔和马达加斯加

1 英格丽德·贝当古是哥伦比亚法裔政治家，曾作为候选人竞选哥伦比亚总统。——译者注

承认我们在殖民时期的责任；2015 年 4 月 24 日，在亚美尼亚首都埃里温纪念亚美尼亚大屠杀 100 周年；在智利前总统萨尔瓦多 · 阿连德的墓前进行悼念；在海地回顾奴隶制的责任；最后，在古巴呼吁结束美国禁运，这些措施阻止了这个国家享有对国际开放承诺的所有权益。我作为首个西方国家元首前往哈瓦那，感受到古巴人民对打破代价高昂的孤立状态的期待，也感受到他们想摆脱与美国冲突的愿望，这种冲突在苏联解体以后仍在持续。

劳尔 · 卡斯特罗总统满怀敬意地接待了我。我们不避讳任何话题，包括人权问题。他们为我做了额外的安排以表达对我的感谢：劳尔 · 卡斯特罗向我提议与菲德尔 · 卡斯特罗会面，那时菲德尔 · 卡斯特罗已经退休在家，住在哈瓦那的一个居民区内。这位“最高领袖”在他的妻子和儿子的陪同下接见了我。他不再有昔日的辉煌，身受病痛的折磨，虽然他并没有因此改变口若悬河的习惯，但音量比以前小了一些。会面中，他依然滔滔不绝。他更加平和了，好像已经远离了这个被他撕裂、在 1962 年导弹危机时被带到悬崖边缘的世界。他追忆了历史，不仅是古巴革命，还有几个世纪以前古巴为了捍卫独立进行的战役。令我惊讶的是，比起回忆他在马德雷山脉进行的战斗，或是在他漫长的执政期间和美国的对抗，他更喜欢和我谈论法国植物学家在古巴发展中扮演的角色。尤其是莱昂修士，他发掘了古巴植物多样性的宝库，之后许多年，古巴政府依靠这些植物资源对抗美国的全面禁运，为古巴人民提供了被剥夺的、必不可少的食品。就这样，卡斯特罗和我谈论着蔬菜种植而非革命的学问，以此来强调法国在古巴解放中发挥的关键作用。我刚刚离开这场不可思议的会见，法国右派就发表了多个声明，批评这次访问的安排。几个月后，奥巴马对古巴进行了历史性访问，让人隐约看到了美国停止制裁的苗头。如今，特朗普又开始重新质疑解除制裁问题。这是一次值得尽早进行的访问。

遥远的法国

那些海外省和海外领地，使法国在五大洲都体现出它的存在和影响力，从而使我们的外交始终能从中受益。得益于历史沿袭下来的地理分布，法国拥有位居世界第二的领海面积，因此也肩负着重大的环境责任，并拥有利用其海洋资源推动“蓝色发展”的能力。

因此，我从未把法国这些遥远的领地看成是单纯的历史遗赠，或是人类非凡冒险的额外收获，更没有把它当作负担。海外省和海外领地，比居住在那儿的 270 万人口显示的分量还重，其中有数十万人生活在法国本土，他们为我们的经济、文化和体育成就做出了巨大贡献。

在这幅令人骄傲的画卷背后，也存在着更加灰暗的现实，那就是落后、不平等、各种歧视、历史后遗症。在任职期间，我致力于遍访法国，包括所有的海外省和海外领地，甚至是瓦利斯和富图纳群岛。在戴高乐将军之后，没有任何法国总统去过那个群岛，当地出产的饮料卡瓦酒有健身强体的功效，人们称之为“世界平衡的象征”。我真该尝尝这种饮料。

它们中的每个地区都很独特。法属波利尼西亚所占的面积和整个欧洲一样大；新喀里多尼亚有世界上最大的潟湖；法属安的列斯群岛的总人口数超过 100 万；留尼汪岛这一个岛就有 90 万人；而圣皮埃尔和密克隆群岛（6 500 名居民），这块在 7 年战争时期失去的“新法兰西”唯一遗留土地，是第二次世界大战时第一个与自由法国运动结盟的法国海外领地。人们都知道这些吗？

圭亚那和马约特：受到危害的地区

海外省和海外领地都对法国本土有所期待，但我看到，有两个地区需要特别关注：圭亚那和马约特，它们都面临着威胁社会平衡的大量移民潮。圭亚那以库鲁为中心，为法国现代化做出了贡献。但它的渔业资源和黄金也成为被掠夺的对象。源自苏里南、巴西和海地的非法移民到达那里，导致公共秩序混乱。当地人的失业率比法国本土高出两倍多，青年失业率超过 45%。2017 年 5 月发生的社会动荡，就是由此导致的。在马约特，形势更加逼人：与来自近邻科摩罗的年轻移民相关的不安全状态越发严重。他们被父母送到马约特，因为他们的父母想：自己的孩子在法国要比留在自己家里过得好。那些年轻人在悲惨的条件下勉强度日，他们组成了许多帮派，抢掠成为唯一的生存手段。马约特有一半人口不足 20 岁，就学问题十分棘手。在人口压力下，小学和中学不堪重负。2017 年选举时，国民阵线在马约特的得票率比在法国本土高出 10 个百分点，这不令人吃惊，但会令人不快。

我们必须从中吸取教训。在圭亚那和马约特，必须加强边境防护，非法移民遣送要系统化，现场安保力量要进一步加强。否则，暴力行为在未来几年恐怕将一发不可收拾，届时只能用镇压予以回应。这些海外地区属于共和国，共和国应该坚定地展示在领土上的存在。

通过走遍世界的旅行，通过与全球主要领导人的会见，我悟出一个至简的真理：历史和地理支配着外交。每个国家都在找寻失去的黄金岁月，使用的手段或多或少与其野心相当。由此产生过高的抱负，或是危险的沮丧。

正是在这样的背景下，国家元首之间的关系有了自己的定位。幸好还有那些懂得掌控其人民归属需求带来的烦恼的人，他们把自己提升到与应对和平、稳定、保护地球等挑战相符的高度。也有其他人，他们冒着进一步加重世界不平衡的风险，玩世不恭地利用人民归属需求带来的烦恼，他们只被追求即时成就和舆论效果驱动。我把这些领导人分为两类：一类领导人，我可以读懂他们的战略，他们不必总是一再向我做出保证；另一类领导人，无论是因为性情还是因为算计，他们的反应都无法让人预料，这会更加令人担忧。

同情、友好、理解，在外交上都很有用，但它们不应该给人造成错觉。必须始终明白，我们应该和谁打交道。人们在这方面容易犯的错误是，相信个人品质甚于相信力量对比。傲慢从未远离幼稚。

法国在国际舞台上处于优势地位，因为它不仅以自己的名义发声，而且以一种理念的名义发声；因为它以自己的独立性为手段。法国应该不惜一切代价维护这些手段。

04
直面

帕特里克·佩卢[1]拨通了我的手机。他的声音因为恐惧而变了调：“这是一场屠杀！他们把那些人都杀了！”我惊骇不已地说：“谁被杀了？在哪儿？”我想知道更多，但是佩卢几乎说不出话来，他呜咽得快要窒息了。他说的是凶手在《查理周刊》杂志社进行了一场杀戮。当时我正在办公室与道达尔公司的首席执行官帕特里克·普亚纳讨论能源问题。我立即停止了和他的谈话，并表示要马上赶往现场。安全部门试图说服我不要去，但我还是出发了，并试着想象可能发生的事情。警官为我开路，我在人群中到达里夏尔·勒努瓦大道。佩卢惊恐地冲出来，哭着倒在了我怀里。凶手已经跑了，他们残忍地把一名警察当街杀死。死者艾哈迈德·梅拉贝特是伊斯兰教信徒。

在楼上编辑室里，几具尸体躺在血泊中。抢救正在进行，有许多伤员。我担心妨碍疏散工作，于是待在外面。生还者一个接一个

1　帕特里克·佩卢是一名专栏作家，在《查理周刊》工作。——译者注

地走了出来，目光空洞。人群肃穆，他们想弄明白刚才发生的一切。治安部队保持警戒状态。那里可能还藏匿着恐怖分子。我对着被隔离在街道尽头的媒体摄像机讲话，我说到这次恐袭的严重性及它产生的影响。《查理周刊》代表着自由、不羁的言论，以及善意的讥笑。我提及的《查理周刊》的这些工作人员，他们都是我们钦佩的人，他们已经不在了。于是，我召开了第一次危机会议。

《查理周刊》的朋友

我评估着这场悲剧将给法国和世界带来的冲击。《查理周刊》不仅是一份杂志，它还是一个象征。从 20 世纪 60 年代开始，这些漫画作者陪伴了一代又一代的读者，那时他们讽刺的是戴高乐将军的偏见与权势。年复一年，他们立足于讥讽类作品及傲视强权文化的核心。除却他们的见解和读者不说，他们成了法国某种精神的象征——讽刺、寻衅、独立而宽宏大量。

我跟《查理周刊》的编辑很熟。几个星期以前，《查理周刊》编辑部的人来见我，讨论财务困难问题。我和漫画家沙布以及他的同伴一起研究了帮助他们的方式，主要是完善支持媒体的举措。我和他们中的许多人保持着朋友关系。

2007 年，巴黎大清真寺和法国伊斯兰组织联盟起诉《查理周刊》发表讽刺伊斯兰教先知的漫画，我曾在诉讼中做证。漫画家卡布及其团队向我征询过有关他们就此事件拍摄电影的意见，这个电影后来在戛纳电影节获奖了。我又想到他那支永不离手、在任何时候都可以为他所用的画笔。面对凶手，他没能来得及挥舞他的画笔。他本应让那些凶手蒙羞。

我很快回到了爱丽舍宫，总理曼努埃尔·瓦尔斯、内政部部长卡泽纳夫、司法部部长克里斯蒂亚娜·托比拉，还有对内安全总局和对外安全总局的负责人、三军参谋长、警察及宪兵负责人都在等候着我。凶手乘车逃往巴黎北部。在一辆发生故障的车中，他们留下了护照：显然，他们决定赴死，所以未做任何防范。他们还有可能袭击其他目标，甚至是盲目地向人群扫射。凶手的名字已向媒体公布，这将更加妨碍对此案相关人员的调查。

凶手是一对兄弟，生活经历复杂，童年时受过创伤，曾被安置在科雷兹的收容中心。我很熟悉那个地方，因为我曾作为地方议员参观那里。后来，一人因为犯罪坐牢，另一人多次前往中东，这也证明他有一个逐渐极端化的过程。他们是“独狼”吗？我始终怀疑这个说法。这对兄弟继承了哈立德·凯勒加勒团伙的衣钵。后者是 20 世纪 90 年代一名血腥的恐怖分子，是当时席卷阿尔及利亚内乱初期一系列伊斯兰极端恐怖袭击的始作俑者。他们和也门的“基地”组织有联系。大家分析着能够解释他们行为的因素。有人提到扩及世界范围的宗教极端主义影响；其他人则更突出社会排斥以及在伊斯兰教中寻求逃避的因素，如同要与并不认同他们的法国最终决裂。在我看来，事情非常明确：社会因素和个人困境在他们的人生道路上起了一定的作用，但宗教狂热开启了他们的暴力行为。

极端化过程不会持久。它可以进展得很快，就像尼斯恐袭凶手的情况一样，没有人会把他同伊斯兰极端主义团伙联系起来，在他实施恐怖行动之前也未发现任何可疑行为。但他通常有积累渐进的过程：借助于参加萨拉菲派的活动，经常接触长期致力于在社区、清真寺和监狱传播伊斯兰主义的头面人物。我当选总统后，有关数量不多但令人吃惊的年轻人前往叙利亚的报告会定期送到我的办公室。这些年轻人随后被灌输思想，练习使用武器和进行最极端的暴力活动。《查理周刊》恐袭案的凶手库阿奇兄弟就属于这种情况，这使我们更加警惕。在他们身后，可能还有其他同伙及暗中操纵者。这是在一个团伙支持下进行的一次恐怖行动，两名凶手是这个阶段出面行动的人。

恐怖主义的一代

迈拉赫事件之后，恐袭呈现停顿状态。但我们都清楚，那只是暂时的平静。我们在马里的军事干预、对叙利亚的介入，以及法国在广义上具有的象征意义，都加大了恐怖威胁。恐怖主义由来已久。我们的祖辈、父辈都经历过战争，我们则与恐怖暴力活动共存。在我求学期间，极“左”的恐怖主义分布各地。意大利布满“铅灰色年代”的血腥。德国“巴德尔团伙”横行。在法国，“直接行动”成员谋杀了许多代表权势的人物。一些巴勒斯坦派别，或者由伊朗、叙利亚、土耳其资助的活动分子也进行了致命的袭击。20 世纪 90 年代，恐怖主义随着一系列血腥行动重新浮出水面。一个小分队甚至想在“9 · 11”事件之前在巴黎策划飞机坠毁事件，这个阴谋被勇敢的法国宪兵制止了，他们袭击了停放着那架飞机的马里尼亚纳机场。

必须提到的是，这些恐怖行为都没有达到其政治目的。人民在猝然的恐慌之后保持冷静，没有向那些企图用暴行征服他们的人做出实质性让步。同样，发生在法国的恐怖主义行为也是一样的下场。国家按照法律行事，它比那些挑战它的团伙要强大得多。法国的安全部队和情报机构有效地进行着监控，法国的军队给境外那些向我们宣战的人以毫不留情的打击。追溯法国最近的历史，尽管发生了那些不可名状的悲剧，但民主国家在20世纪仍然战胜了纳粹和法西斯主义，击败了专制政权和大多数威权主义政权。有时，人们会批评民主国家懦弱，批评它们面对侵犯时的迟缓反应。这是由它们的抗击能力和反击能力决定的。在热爱自由的人民支持下，民主国家赢得了战争。这是20世纪的教训，也是21世纪的教训。

萨科齐在爱丽舍宫

防务会议准时开始，它决定采取一切必要措施抓捕两个在逃恐怖分子。我接到奥巴马的电话，他向我表达了支持，并向我确认我们获得的情报：恐怖袭击的策划者躲在也门。

我随后赶往主宫医院，到病榻旁探望恐袭时正在《查理周刊》编辑部的女士。她们不停地问自己究竟是怎么活下来的，并打起精神讲述在遇袭时与库阿奇兄弟的对话。她们害怕《查理周刊》将不复存在，担心它的历险生涯将止步于此。我被她们的这番证言打动，安慰她们并向她们承诺：杂志不会终结。

当晚，我在电视上呼吁法国人民团结一致，并宣布：我将和所有政党领袖进行磋商。人们提议进行一次团结大游行，我对此予以鼓励。当天夜里，我得到消息称，警察正在兰斯市围捕两名凶手，但搜查一无所获。人们随时向我通报消息，但始终无果。

第二天，我在爱丽舍宫接待了萨科齐，这是他在2012年落选后第一次回到这里。他要求政府在反击恐袭问题上坚定立场，拒绝任何让步。这一点无须由他来说服我。然后，他也指责一些人的放任态度，旁敲侧击地批评托比拉，还提及马克龙关于“法国年轻人要有成为亿万富翁的愿望”的宣言。我感觉跑题了。他关切地询问示威游行的组织情况，并表示他也想参与其中。我回答说：“很显然，你将和我并肩走在游行方阵前列，这一切都是为了维护全国人民团结一致。”更晚些时候，在同一间办公室，国民阵线（现改名为国民联盟）主席玛丽娜·勒庞向我抱怨说她不受欢迎，并且表达了对敌对性反应的担心。我向她保证，她的安全将得到保障，所有想参加示威游行的知名人士都可以参加。她最后决定在别处——南方一个乡村参加游行。她是唯一采取这种做法的人。

随着事态的进展，我和瓦尔斯、卡泽纳夫、托比拉常常会面，因此组成了接下来将要做出关键性决定的团队。瓦尔斯聚精会神。他熟识博沃广场[1]的机构设置，这使他和卡泽纳夫的关系变得非常简单，后者接替了瓦尔斯的内政部部长职务。卡泽纳夫只用了几个月的时间就熟悉了情况，这一点给人们留下了深刻的印象。同时他以

1 博沃广场是内政部所在地，代指内政部。——译者注

表面上的幽默掩盖着感情，以便舒缓紧张的气氛。托比拉懂得控制住自己暴风雨般的激情，冷静地分析着我们做出的决定在司法层面的影响。我们在这场悲剧中缔结的关系再也没有被打破过，不管我们为各自的承诺做了什么。

朋友默克尔

2015 年 1 月 8 日星期四早晨，我得到了一位女警官遇害的消息。她叫克拉丽莎·让-菲利普，在蒙鲁日大街上被一个持有一把卡拉什尼科夫自动步枪及一把手枪的蒙面人杀害了。该市路政局的一位职员也被击中了。防务委员会很快把这起杀人事件定性为恐怖活动。凶手在离一所犹太小学仅两步之遥的地方对那位女警官下手，可以推想她就是凶手的目标。我们加速搜寻凶手。在一次突击行动中，警察差一点儿抓获被我们有关机构指认为嫌犯的阿梅迪·库利巴利，但他已离开了藏身地点。当天接近晚上 9 点 30 分，在维利埃-科特雷周边一处加油站发现了库阿奇兄弟。1 月 7 日恐袭发生后，我们在巴黎发出的“恐袭警报”也延伸到皮卡第地区，当地也在展开对凶手的追捕。他们设置路障，在森林里巡逻，检查两名逃亡者可能藏身的地方。

同时，世界上主要国家的元首和政府首脑通过电话向我表示支持。默克尔第一个打来电话。我们用英语交谈，她语气沉重，尽管她的声音充满母性的温和。我们本该过几天在斯特拉斯堡见面。“这样最好，”她突然说，“我去参加游行。”她这个姿态是自发的甚至是不假思索的，这对她来说十分罕见。这个姿态是真诚的、大度的，同时具有政治意义，因为它将发起一个独特的国际性动员。她挂断电话后，我明白我们的关系将永远不再像从前那样了。这是对法国表达的敬意，是一份纯粹友谊的标志。随后的时间，所有国家元首或政府首脑都告知我，他们也要来巴黎参加游行。一场不可抑制的运动形成了：马里总统易卜拉欣·凯塔，还有许多非洲国家领导人，宣布要来巴黎。所有欧洲国家领导人将全部到场，还有许多阿拉伯国家领导人。在这种情况下，他们的出席将很重要。1月10日星期六晚上，以色列总理本雅明·内塔尼亚胡也提出要来巴黎。我回答说，巴勒斯坦权力机构主席马哈茂德·阿巴斯提出了同样的请求，他们二人的出席将是面对宗教狂热展示的一个美好和平象征。他对此表示赞同。我在那个时刻想到，在这场悲剧中，我们的国家在世人眼中始终是代表着自由的国度。奥巴马因事务缠身将无法响应呼吁。他对此表示遗憾，但既会说法语也喜欢法国的美国国务卿约翰·克里将会到场。

突 击

1月9日星期五，我们成功地锁定了库阿奇兄弟二人。接近早晨8点，他们从一片树林里走出来，在南特伊－奥杜安劫持了一名汽车司机，并向巴黎驶去。在达马尔丁－格莱，他们迎面碰上了一支宪兵巡逻队。凶手向巡逻队开火，巡逻队予以反击。两名恐怖分子中有一人脖子被打伤。他们很快便躲入一家印刷厂，并劫持了企业主。企业主是个勇气和人品俱佳的人，他成功地和库阿奇兄弟进行了对话，并为受伤的人进行了包扎。在此期间，两名在场的雇员一人已经逃脱，另一人则躲在一个房间的水池下面。有人不小心走漏了消息，这使我们更担忧。然而，勇敢的企业主被释放了。宪兵队和国家宪兵干预部队包围了印刷厂。

下午 1 点，内政部部长通知我，有一个疑似库利巴利的恐怖分子，进入了巴黎万塞纳门一家名为“超隐”的超市，里面传出几声枪响，近 40 名顾客和雇员可能被劫持为人质。我把这事和同时发生在达马尔丁的事情联系在一起。我把瓦尔斯、卡泽纳夫和托比拉召集到我的办公室。爱丽舍宫秘书长让 - 皮埃尔 · 儒耶及普加将军协助我们。在此期间，警察正在万塞纳门和恐怖分子进行一场艰难的谈判。于是我们要处理两桩不同却又彼此关联的事件，两桩事件的凶手或许可以互相交流信息。如果库利巴利知道我们正在达马尔丁发动攻击，他可能会处决万塞纳门的所有人质。电视上滚动播放着两个事发现场的影像，并播出各种信息。为了打发看似没有尽头的时间，我看着电视屏幕里的专家，他们相继给我们提出建议，其中大部分建议我不会采用。但是如何控制这一波又一波的电视影像呢？媒体是自由的，只是他们应该意识到自己的责任。此事过后我会提醒他们。我特别害怕许多顾客躲在“超隐”超市地下室的消息被透露出去。

必须进行谈判吗？我同意使用一切办法解救人质，但我不希望等待的时间过长。我们面对的是一心寻死的凶手。就像梅拉赫经历的一样，他是在一次耗时极长的包围之后被击毙的，他那时还在寻机再次射杀警察。没有什么办法让这些亡命之徒疲惫，更不用提说服他们投降了。至于考虑妥协、讨价还价，则是根本不可能的事。面对这些狂热分子，谈判纯属无用之举。而法国在其生存利益受到挑战时，更不应流露出任何迟疑。我下令准备同时发起两场突击，避免给予“超隐”超市人质劫持者一丁点儿主动权。

在达马尔丁，将近下午 5 点 30 分，库阿奇兄弟把印刷厂的大门打开了一条缝，向宪兵射击。宪兵用手榴弹还击，但没能立即让恐怖分子停火。几秒后，两名全副武装的恐怖分子被击毙了。而在“超隐”超市，当商店的铁制卷帘门刚被打开时，一名警察以令人钦佩的勇气冲进商店，他的同事在后面掩护他。人质得救了，恐怖分子也被打死了。在这两个场合，警察和宪兵都展现出忠诚和高超的职业素养，他们中有两人负伤。我特别想到第一个冲入超市、迎战凶手的警察，面对持有自动步枪的恐怖分子，他的生存机会十分渺茫，但他丝毫没有犹豫。

在爱丽舍宫，我们焦急地等待着开展行动的结果。第一个从达马尔丁反馈的消息很快就到了我们这里，还必须再等几分钟才能了解第二个反馈消息。对我们而言，这几分钟像几个小时那么长。卡泽纳夫与行动负责人保持联系。他配备了一部小型电话机，电话提供的消息让我们解脱了。我们站在那间庄严的办公室中央，长久地互相拥抱。

在这份纯粹的情感里不掺杂任何得意扬扬的成分，我们四人都评估着我们刚才面对的是怎样的深渊。晚些时候，当我到达“超隐”超市时，我看到，狭小的现场空间令人恐惧，人质和他们的刽子手之间距离很近。紧张一点点地缓解下来。我们仍须注意人质的撤离，并关心伤员的境遇，尤其要保证任何其他的安全力量无须再开展第三次行动。

从蒙彼利埃传来的一个警报令我们担心，但未被证实。我们要避免产生不可接受的欣喜，这种欣喜会令人忘却四名无辜者在万塞纳门丧生的消息。

法国的奋起

第二天，我给遇难者家庭挨个打电话。他们的悲痛令人心碎。每个家庭都向我倾诉，他们难以理解发生的不幸，担心不再能像从前那样生活在这个令其爱之胜过一切的国家。

1 月 11 日星期日，在犹太大教堂举行的仪式上，我和他们交谈。一个年轻男子泪流不止，他是被库利巴利杀害的一名犹太人的儿子。我拥抱他，并对他说："你应该好好地活着，实现自己的人生价值，让你父亲获得永生。"

也是在那个星期日，一片寂静无声的、团结坚定的人海涌入巴黎，淹没了法国。人群不计其数，他们的庄重令人肃然起敬，他们的力量令人始料未及，他们的肃穆动人心弦。在伏尔泰大道上，我和来自世界各地的领导人走在游行队伍的前端。我们集合起来从爱丽舍宫出发登上把我们运往游行地点的汽车。内塔尼亚胡在西装下穿了一件防弹背心，他问我："汽车是否防弹？""沿途的公寓楼房是否经过搜查？""警察部队的人数是否足够？"……我对他所有的问题都以“是”回答，以便让他及其警卫人员放心。因为这次游行是特殊的、史无前例的。若以最严格的安全要求衡量，它压根儿就不应该举行。这相当于把联合国大会参会国聚集在巴黎的一条大街上，这是一次前所未有的成功。必须以团结来抗衡恐袭，才能让全世界的人赶来，在我们的大街上游行！

我一生中多次在这条大街上示威，它从共和国广场通向民族广场，但我从没想过会挎着默克尔和凯塔的胳膊游行，身后还跟随着国家元首和政府首脑的队列，他们同意以兄弟般的开阔旷达打破国家之间冷酷的关系，以自由之名相互携起手来。当我抬起头来，看着远处快速聚集起来的法国人民以同样的姿态拒绝向恐怖主义做出妥协、拒绝一切偏执言论时，我感到激动和自豪。有这种信念的人民，不管狂热主义强加给他们的考验有多么艰难，他们都能够克服。

必须行动起来。迫切的任务摆在我们面前：在不损害自由的同时加强国家的防范手段。我们正在准备一项情报法案，这是我们的主要武器。该法案主要是为监视那些可能转向暴力活动的人提供便利。为消除人们对该法案是否符合宪法的质疑，我决定把法案提交给宪法委员会，以对法案内容加以核准。法案内容涉及监视社交网络的交流内容，并借助复杂的算法定位查找能暴露恐怖活动计划的单词和短语。

有些人认为，对所有公民不加区别地实施这种情报搜查，加上反恐斗争，将自动导致（法国）发展成能在任何时间、任何地点、对任何人进行间谍活动的“监护国家”。这是大错特错的，相关机构并未要求变成这样。如果这样做，除了大规模监视需要动员一支公务员队伍之外，还会阻塞我们的信息渠道，这将使国家行为信誉扫地，同时也不能有效保护国家安全。相反，对于有些人要求我们关押所有S档案[1]人员，我以同样的自信回答他们：这将有悖于我们的权利原则，因为只有法官有权决定剥夺他人的自由。特别是这种预防性拘押会妨碍有关机构开展有可能捣毁犯罪网络的调查。更不用说，当美国不知如何处理关塔那摩监狱的时候，法国如果开设涉嫌者拘留营，将给自己的形象带来灾难性影响。

至于在政治生活中引发如此多想象的监听工作，它要服从详细的规则，这些规则今后将杜绝权力部门对监听工作直接下达指令的情况。或者由"相关机构"就监听提出申请，总理在听取国家安全信息拦截控制委员会的意见后做出决定，委员会的独立性由其人员构成得以保障；或者由法官根据其调查需要做出监听决定。只有满足各种具体而明确的条件，才能更新监听授权。

我可以证明，在法国的民主政体中，总统不会监听任何人，任何监视记录也不会送交总统。围绕如此敏感问题展开的争论往往会反转，把矛头对准争论的始作俑者。我的前任萨科齐曾相信：一个意欲伤害他的阴谋已经形成，一些为权力服务的法官——我想是因为这些法官属于某个工会组织——迫切寻找他的把柄；监听设备直通司法部的办公室。这实在荒谬至极。这些猜想给阴谋论者提供了原材料，他们把这些原材料放到了最坏的用途上。而事实更为简

1 S档案指警方掌握的涉嫌危害国家安全、涉嫌恐怖活动或具有宗教极端化倾向的人员档案。——译者注

单。相关法律在 2015 年投票通过后，事情就简单多了。

宣　战

我们获得消息：我们将迎来新一轮恐怖袭击。借助于多次突击搜查，有几个恐怖行动在比利时韦尔维耶被挫败了。我们加强了和盟友尤其是和欧洲其他国家的合作。面临难民潮，我们知道，在这些被战争驱离家园的不幸者中，混杂着“伊斯兰国”组织派遣人员，他们将对我们发动袭击。我们要加倍警惕，要求调阅难民接待国或中转国的登记卡，以便侦查这些人借机结成的关系。但是威胁就在那儿，而且达到了最高级别。我们知道，“伊斯兰国”组织已经瞄准了法国。2015 年 6 月，在圣康坦 – 法拉维耶市，一名狂热分子砍下了其雇主的脑袋，并试图炸毁一座工厂。8 月，三名美国青年在“大力士”高速列车上制服了一个试图进行一场屠杀的恐怖分子。

2015 年 11 月 13 日晚，我正在法兰西体育场观看一场法德足球友谊赛。尽管无关输赢，但这次比赛还是受到了有关 1982 年塞维利亚法德球赛记忆的支配。那时，在经过极其激烈的比赛后，法国队争夺决赛权以失败而告终。我邀请我的朋友弗兰克 – 瓦尔特·施泰因迈尔一起分享这一美好的时光，那时他是德国外交部部长，如今已成为德国总统。这一天本来应该是个节日，但却变成了一场噩梦。

开球后不久，爆炸声引起了我们的注意。爆炸好像发生在体育场外面。得到球的那位球员迟疑了一会儿。没有任何爆炸的迹象，也没有烟雾冒出，于是球赛继续进行。我宁可相信这只是爆竹声。过了片刻，传来了第二声爆炸，但球迷没有受到惊扰。对我来说，这不用怀疑。法国总统府安全卫队——由60多名保护我安全的警察和宪兵组成——警官索菲·哈特证实了我的疑惑。两个装置在体育场边上爆炸，有两人死亡，其中一人穿着炸弹背心。这不是一起事故。我离开座位，登上法兰西体育场的安全指挥台，在那儿聚集着警察、消防员和民防组织人员。瓦尔斯给我打来电话，他在家里，刚刚得知巴黎正在发生袭击。我要求卡泽纳夫立即到圣丹尼跟我会合。

如果消息在体育场传开，那么全场的恐慌将会导致混乱，结果将是灾难性的。这是恐怖分子的意图吗？恐怖分子有可能混杂在观众中，等待球赛结束再开始袭击吗？在球赛半场休息时，我要求在场的官员，以及国民议会议长克洛德·巴尔托洛内和德国的部长留在座位上。如果他们匆忙离开，就会向观众传递出突发严重事态的信号。在断定体育场内的情况得到控制之后，趁着比赛重新开始，我和卡泽纳夫悄悄离开了。我们火速赶往巴黎。当听到广播里说我已经安全撤离时，我怒骂起来——这会让观众担忧。幸运的是，当比赛结束的哨声吹响时，巴黎发生恐袭的消息才开始传播，人群自发地聚集在草坪上，他们表现出非凡的冷静。

我抵达博沃广场的行动室。这是一个位于内政部地下室、四壁光秃的小房间，我们坐在摆放在屋子中间的一张简陋桌子旁。瓦尔斯在那儿，他周围是正在工作的警察局、宪兵总局、对内安全总局、巴黎消防队等机构的人员和医院的急救人员代表。人们互相拥挤着，一个又一个的伤亡报告令他们震惊。他们冷静地向我汇报掌握的信息，等待我们下达指令，以便立即执行。令人难以置信的是，各个医院曾在当天上午组织过假定首都遭遇灾难的演习。医生、护士、急救人员都被召集了起来。这种反应能力具有决定性意义：被撤离到医院的伤员几乎全部得救。

在救护工作展开时，治安部队安抚着遇袭街区的民众。我们了解到，一小时前，一组恐怖分子进入巴塔克兰剧院并大开杀戒。他们把大约 15 个人劫持在一个小房间里，威胁要把他们炸死。我立即发出攻击的命令，搜查和干预大队被紧急派往现场。接近目标非常困难，顺利展开行动需要时间。对我们来说，等待的时间过于漫长，我们希望完成攻击。这对那些两个多小时以来一直面对恐怖分子的人质来说很不人道。搜查和干预大队晚些时候向我透露，两名狂热分子向人质宣称，他们是来找人质的总统复仇的，还问人质把选票投给了哪位候选人。那是我唯一不希望自己拥有选民的一天。恐怖分子的数量和他们的决心、他们使用的武器，所有的一切让我们想到：我们面对的是一起规模很大、蓄谋已久、同谋众多的恐怖行动。不做出反应是不可能的。

总理建议我宣布进入紧急状态，以此授权安全力量立即展开搜查，并对涉嫌者实行软禁。针对如此规模的恐袭，我同意采取上述措施。此举需要召开部长会议做出决定，然后需要议会对采取这些措施及其延长实施予以确认。另外，我决定关闭国家边境，以防凶手逃往国外，实际情况确实如此。这些安排都是在一片沉重的寂静中做出的，只有人们向我做汇报时才会打断这种寂静。我从未在如此狭小的房间内体会过如此大的压力。人们很少说话，表情严肃，眼神模糊，不提任何不会立等可用的建议。

我在午夜召开了部长会议，当时搜查和干预大队已经终结了巴塔克兰剧院的磨难，击毙了最后几个在那里猖狂行凶的恐怖分子。巴黎警察局局长一直向我们通报事态进展。这个身躯伟岸的人是一位出色的国家公仆，我对他充满信任。我 40 年前在国家行政学院上学时结识了米歇尔·卡多，他以恰当方式领导着警察的行动。我和瓦尔斯、卡泽纳夫从博沃广场步行走到爱丽舍宫。部长同我们会合后就开始开会，会议只持续了一刻钟。许多与会者了解到这次悲剧的严重程度。会后，我发表讲话，把刚刚发生的恐怖袭击告知法国人民。我表达了对恐怖袭击的憎恨。这些狂热分子滥杀无辜。这些残忍的人攻击那些生活快乐、洋溢着人性的地方，他们想分裂、折磨我们。我呼吁法国人民保持团结，我补充道："法国将毫不留情地追捕和惩处凶手。"无论如何，它都会去勇敢地面对。我非常激动。我收到许多来自亲人及政治领导人的手机短信。所有人都理解，国家在此刻风雨飘摇。他们向我们宣战：数十人身亡，数百人受伤。

地狱探访

作为一名父亲，我想到即将降临在那么多家庭中的不幸，这些年轻人被扫射的子弹击倒在地，被残忍地杀害。他们和我的孩子们年龄一样大，我的孩子们住在恐袭目标街区，也常去这样的露天咖啡厅和演出场所。我给他们一个接一个地打电话。同时，我想到了那些电话拨出后铃声空响的父母。

巴塔克兰剧院的行动已经结束。我赶往现场。

在我周围，有许多警车和救护车。现场搭建了一个临时的场地。到处都是搬运流血伤员的担架员，法国急救中心主任带领医护人员照料着这些伤员，对他们进行先期处理。心理干预小组正忙着接待从巴塔克兰剧院逃出、心灵深受创伤的人。这真是一支战斗部队，不是为了战争，而是为了生命。夜间，戴着闪亮头盔的警察保护着周边的安全。我从一对对的人身边经过，他们密不可分地靠在一起，不知道自己活在哪个世界，甚至不知道自己是否还活着。我从奥伯坎普夫街走向巴塔克兰剧院，一个人通过他家窗户看见我和陪同我的一群人经过，责问我道："为什么您不采取措施来阻止这一切？"我理解他的痛苦。面对肆虐的恐怖主义，他的问题也是我的问题。什么都做了也无济于事。被挫败的恐怖袭击数量展现了我们有关机构的效率。但是，因缺乏及时获得情报或因外国情报机构监视缺失，恐怖袭击没能被制止。面对这些，上述回答无足轻重。

我到达巴塔克兰剧院前，一股股人流还在从里往外涌。这些人在地狱里活了下来。我跟他们说着话，他们少有回答。民防人员负责照顾他们，在他们重新找回真正的宁静之前还有很长的路要走。后来我在会见受害者协会成员时，又见到了他们中的一些人。心理创伤需要更长的时间来治愈，而记忆的伤口还在继续流血。

然后，我原路返回，去会见被挡在远处的媒体。我讲述着我看到的一切：死亡、痛苦、惊骇、救援机构的出色行动、警察的效率和勇气，以及遇难者的尊严。我重申，法国知道如何回应这次前所未有的恐袭。从生命损失看，这是第二次世界大战以来，我们为之叹惋的、后果最为惨重的一次恐袭。我也对各种复仇思想、各种混淆是非、各种盲目承诺保持警惕。我想到我们的穆斯林同胞，他们也被这出惨剧惊吓，但那些怀有恶意和有害想法的人企图通过混淆伊斯兰教和伊斯兰极端主义来连累他们。我宣布，我们的军队将加强在叙利亚和伊拉克的打击力度，以惩罚那些凶手背后的主谋。

巴塔克兰事件之后

《查理周刊》恐袭事件发生后，人们的心态发生了变化。不再有自发的一致性，没人再要求进行示威，政治力量几乎无法围绕悲剧事件达成团结。社会共识出现了裂痕，政治分野重新出现，社会情绪正在上升。一旦不堪重负的状态超过极限，就有可能出现动荡。诚然，法国民众比那些代表着他们的人更有韧性。但是民众经受的重击是严酷的，它撼动了法国的民主大厦。法国的生活方式受到了侵袭。法国的年轻人也被触及了。一些用于社交和文化活动的街区场所被恐怖分子选中。最后，巴黎作为法国的首都和人权之城，被选为恐袭目标。我意识到那些即将产生的危险：国家出现分裂并分崩离析，各宗教之间发生冲突。这就是恐怖分子想要的。我应该以坚定的态度加上信念的力量予以回应。我决定下个星期一以最隆重的形式在凡尔赛宫召集议会全体大会。

我提出了有益的举措，并获得了议员的全体赞同。接下来的几周，我把精力集中在对恐袭实施者的调查上。线索指向恐怖势力在比利时的分支。总而言之，凭借法国和比利时警察的职业素质，那些恐怖分子后来或被击毙或被逮捕。至于“伊斯兰国”组织，它在叙利亚和伊拉克的老巢受到追剿，那些加入“伊斯兰国”组织的法国圣战分子也将受到惩罚，正义终将得到伸张。

向警察致敬

我同恐怖主义祸患的斗争并未结束。几个月之后，我们的敌人又开始行动了。2016 年 6 月 13 日，在巴黎附近的马尼昂维尔，一个恐怖分子尾随警官让－巴蒂斯特·萨尔万直至其家中。他先割断了警官的喉咙，然后割断了警官伴侣的喉咙，任她在 5 岁的儿子面前奄奄一息。每当提起这些野蛮行径，人们就会提出下列问题：在我们共和国学校里培养出来的这些人，怎能放任自己如此残暴的行径，怎能在这对夫妇的孩子面前杀害他们？怎能一边向真主祈祷，一边伤害一个幼小无辜的儿童脆弱的心灵呢？要做到这些，需要心怀无边的仇恨、受过狂热的灌输、绝对盲目地颠倒黑白。他们不停地赞美真主的仁慈，却又时刻剥夺受害者享受仁慈的权利。人们没想到，被丢弃在两次世界大战混乱中的野蛮、残忍，今天会以另一种形式重新出现。这简直是网络时代的中世纪：砍下的头颅被展示在社交网络上。我们的村庄及街区的年轻人，被招募去参加本不属于他们的争斗。是的，必须试着去破解这些，以便更好地根除这种现象；是的，只要是必要，就必须进行教育和再教育。但是我们不能逃避战斗，也就是说要使用武力，这是合法且必不可少的。

凶手和他可能的同伙是怎么认识萨尔万警官的？他们怎么会有警官家的地址？这名警察不是在执行公务时而是在下班后遇害的。这些被我们托付了安全和生命的警察，竟然在自己家里受到了威胁。我理解困扰着那些警官的不安，我们指令他们在危险中执勤以保护我们，他们也希望自身得到保护。于是，我决定让参加办案的警察都实行匿名制，以避免被他们逮捕的罪犯有一天找到他们。同样，我们更改了正当防卫条例，这用不着发放所谓的“杀人许可”。

在那两位可敬的警官的追悼会上，我和萨尔万警官的家人交谈了很久。他的父母保持着非凡的庄重神情。同样，萨尔万警官的孩子表现出的勇气和对生活的渴望令我赞叹。其中，他的大孩子陪我观看了法国队在2016年欧洲足球锦标赛中的所有比赛。听说这个小伙子在场，球员送了他一个写满球队成员签名的足球。

在我接见出席追悼会的警察时，我同他们握手致意，其中一人两只胳膊紧贴身体不动。我没说什么就转向下一个人致意。这个人后来解释道，他当时情绪太激动，以至没能向我伸出手来。这个无言的姿态表明：治安部队的情绪临近爆发，他们已准备好投入行动。我和卡泽纳夫决定，增强警察和宪兵的物资和人员配备。我的前任一门心思地过度紧缩开支，整天把“安全”一词挂在嘴边，却危险地削减了这方面的支出。

我欣赏卡泽纳夫同治安力量打交道时既有人情味又不失威严的做法。我还记得他对一位在塞纳－圣丹尼省行动中身中数弹的警察身体状况的关心，一个危险的惯犯近距离向那位警察开枪。警察在巴黎一家医院陷入深度昏迷，并危及生命。卡泽纳夫经常去探视，但他没向别人提过此事。

一天深夜，我同卡泽纳夫一起前往医院。伤员没有知觉，一动不动地躺在床上。他父亲也是一位老警察，陪在他身边。就像他的每位家人那样，我向警察说着得不到回应的话，拉起他的手并按压着掌心以示安慰，就像命令他要活下去一样。幸运的是，医学为此做出了巨大的贡献。过了几个星期，警察恢复了意识。经过数月的康复训练，他基本恢复了生活能力。有时，是这些简单的关心而非那些高谈阔论让部长赢得了敬意。卡泽纳夫说话声音很低，但他的形象很高大。

我无法接受的是，我们国家的一些人攻讦警察。实际上，警察忠诚于国家事业和法国价值观，领取微薄的工资，却从事危险的职业。“所有的人都憎恶警察”，我们会在一些示威中听到这种说法，但没有比这更愚蠢、更危险的口号了。这样说并非要宽恕警察无视法律和荣誉、在未受威胁的情况下使用暴力，或是在进行安全检查时因行为过激导致越权。我要求，每次出现这些问题时都要厘清责任，诉诸法律。与其设置回执制度从而约束警察查验身份的效率，我更倾向于为警察配备小型摄录机，来保存发生事故的影像，因为我认为：警民关系的质量是尊重法律和公共生活的前提之一。

信任不仅对经济具有价值，它更是开启一切的钥匙。信任国家，信任法律，信任司法，信任治安力量。当信任在无正当理由的情况下出现问题时，法国的民主制度就会发生动摇，人民就会产生普遍的疑惑。

血染的“7·14”

2016 年 7 月 14 日晚，在协和广场主持了阅兵仪式后，我到阿维尼翁市观看伊沃·冯·霍夫在教皇宫的庭院里导演的剧目。我们的军队在阅兵仪式上的严谨态度和职业素养无可指摘，他们的表演每次都令外国宾客赞叹不已。然后，我和几位剧院负责人共进晚餐，其中包括文化部部长奥德蕾·阿祖莱。将近晚上 10 点 30 分，我接到消息：一辆卡车以疯狂的速度碾轧了聚集在尼斯市英国人漫步大道上的数十人。这是事故还是恐袭？遇难者的数量每分钟都在增长，毫无疑问：这又是一次恐怖袭击。我和尼斯市市长克里斯蒂安·埃斯特罗西进行了电话交谈，他在事件的打击下，声音无力。卡泽纳夫立即前往现场。我回到巴黎主持博沃广场的危机小组。这是法国大型城市首次发生如此程度的恐袭，方式十分狠毒。同样的恐袭方式将在其他地方被仿效，比如在伦敦和柏林。卡车司机已被击毙，没有发现其他同谋及其他正在实施的行动。经查明：该人是单独行动，事先也没有暴露出任何极端化征兆。

随后几天，围绕施放焰火时的安保问题展开了一场糟糕的争论，然而国家并没有任何失职。我们怎能预料到 7 月 14 日晚发生在所有城市人群聚集时的恐袭呢？我们无法预见恐怖分子的犯罪计划。应尼斯市要求在秋天举行的遇难者追悼仪式上，朱利安·克雷演唱了一首他创作的《有用》。面对如此多的不幸，怎么做才真正有用呢？我和遇难者家属在刚刚举行过仪式的广场附近的花园里交谈了很久。他们要求的比权益或者赔偿还要多。他们需要得到陪伴、善后和关心，而不只是有人承担责任。这促使我创立了遇难者事务国务秘书处，目的是协调国家的工作，联结欧盟内部相关权益，简化程序。这个秘书处后来被撤销了。尽管它被一个部际代表团取代，但我还是对这个选择感到惋惜。因为在我看来，遇难者的权益问题应该得到政治性体现。

阿梅尔神父的胜利

恐怖主义势力不给我们喘息的机会。尼斯事件之后，在圣艾蒂安－迪鲁夫赖再次发生了野蛮行径。当人们通知我那边教堂发生了劫持人质事件时，我正在爱丽舍宫。我了解到，一位备受堂区教民及普通民众尊敬的神父被杀害了。圣艾蒂安－迪鲁弗雷是鲁昂附近的一个城市。我出生在鲁昂，对那里很熟悉。我在离那儿不远的瓦塞勒服过兵役。

那是一座工业城镇，生活着许多曾受雇于弗林斯工厂的移民工人后代。该市市长是共产党员，他以现实主义态度和牺牲精神竭力守护着它，他在酷热中穿着T恤衫接待我，站在被发生在教堂的惨剧吓呆了的“子民”中间。两名恐怖分子已被警察击毙。其中一人为人们熟知，住在城里，是个极端化的轻罪罪犯。另一人名列S档案，住在几百公里以外的地方。他们通过网络相识，阴险地勾结起来实施犯罪。市长把我带到一家食品店里，那里聚集着教堂谋杀案发生时在场的人。她们都是女性，其中有几位是教职人员，她们当时像平时一样去教堂祈祷。她们向我解释，她们曾试图说服两个凶手放弃行动，但一切都是徒劳的。恐怖分子声明，他们不伤害女性，但是要杀死男性。现场只有两位男性：神父和其中一位女性的丈夫。一切都进行得很快。她们虽震惊但却没有仇恨。她们为被杀害的神父祈祷，为另一个受伤的男人祈祷——由于年事已高，他的妻子不知道他是否还能活下去。后来，我和伤者交谈过一次。他透露说，他之所以能够摆脱死亡，是因为他想继续讲述阿梅尔神父原本想说的话。面对歪曲真主本意、传播死亡的宗教狂热，这些修女的善意让人听到了慈悲和宽恕的呼唤。她们也为宗教狂热分子祈祷。这种虔诚之举令我激动，却无法让我安心。对这位平和神父犯下的可憎罪行也会激起偏狭和复仇之心，可是这有什么用呢。城里的教堂和清真寺统一举行悼念仪式，信徒不加区别地受到了邀请。鲁昂的主教做了令人心碎的布道。我在当晚宣布，杀害神父的行径是打击保护信仰自由的法国。借助于所有人——无论是民意代表还是各教派代表的努力，我担心的冲突并没有发生。

肉体受到伤害的法国人民既没有向恐惧也没有向仇恨屈服，国家的各级负责人都完成了自己的使命。对和平生活的愿望战胜了他们的恐惧感。力量与法国同在，恐怖分子的图谋终将失败。

新的悲剧还将出现，这场战争还未完结。但我对我们的胜利充满信心。面对一再发生的罪恶，我在国家最高层获得的经验赋予了我这份信念。

05
生存

我是内敛的，这是我的性格，也是我的原则。我在年轻的时候就学着把感情放在心里。无奈的是，我的感情有时也会流露出来。但是，这些情感被掩饰在真诚的和蔼与幽默保护的矜持之下。在我看来，幽默令生活更愉快，使人免于苦恼和沉重，减轻人类生存的悲剧属性。对我而言，这是一种正确的伦理道德：避免他人受到自己的忧伤或愤怒、自己的心态及不幸的影响——他们的不幸已经足够多。

人们谈论关于我的所谓谜团，其实并没有什么谜团。我常被人们碰运气刺探谜团的尝试逗乐。说实话，我和其他人一样，有自己的欢乐、幸福、苦恼和疑惑。我只是避免把这些强加于人，而更愿意把它们发泄在自己身上。我喜欢人，喜欢倾听他们，听他们倾诉，理解他们，鼓励或安慰他们，但不要求他们以相同的方式对待我。实际上，我认为我对生活没什么可抱怨的，生活已经给予我太多。我有一个儿女双全的家庭，孩子走向成年并未改变他们与父母之间的温馨关系。我的政治生涯与我从事政治的梦想相符，也与我年少时的志向相符。当其他人有着很好的理由袒露心迹时，我却感觉像违心表露心态一般。当你的交谈对象比你更有权抱怨时，你出于礼貌就不应抱怨。

这也是一个原则。政治，是奉献和雄心与共的事业。如果你当选，那是因为公民的信任，是因为他们赞同你的纲领、你的方向、你的举措，他们不会因为你对私人生活的选择而选举你。我一直厌恶利用感情来博取同情，我从来都认为我有义务使自己的亲人远离公众的好奇心。聚光灯下的生活，已不算是私生活。暴露无遗会伤害、触犯和扭曲挚爱亲情关系。

当选总统后，我从不接受也不允许我在这个世上挚爱的孩子向公众曝光。他们没有要求过，而且除了爱，他们也没得到过什么。他们独立地从事着各自的职业。我的地位，使他们的付出要多于任何时候的受益。他们的成功，都是通过自己的工作和能力取得的。我对家庭生活的设计，就是把它遮挡起来，让我的亲人可以自由地行动，自由地做出选择。

在这种关系下，我的 5 年任期却是一个残酷的悖论。我讨厌炫耀自己的私生活，但却被迫面向全国进行解释、辩护，遭受来不及眨眼就被曝光的痛苦。的确，这是我的过错，但这也是体制的错误，它使侵犯（隐私）成为手段，使好奇成为陋习。

布雷冈松堡的靠垫

我在任期的第一个夏天，就有过一次苦涩的体验。正如所有总统一直以来做的那样，在确定了重大方针、做出了第一批决定、议会表决通过了财政修正法案之后，我会按照传统，在每年夏天的 8 月中旬给政府放几天假。假期颇受欢迎。总统竞选活动持续了一年多，又在立法选举中投入了新的努力，新政府成立后的最初几周工作繁忙。也算是临时起意，我说服自己去布雷冈松堡住十几天。这是自戴高乐时期以来确定的总统休假场所。但据说，戴高乐只去过一次。

布雷冈松堡是一处被灰色高墙围绕的军事堡垒，俯视着地中海的蔚蓝。它外表庄严，内部简朴，有几间被（透过城堡的）枪眼（的光线）照亮的房间。内饰都是 20 世纪 70 年代的，自蓬皮杜后就鲜有改动。后来，吉斯卡尔·德斯坦和雅克·希拉克多次在那里小住。密特朗和萨科齐去的次数更少一些。那个地方一直有人维护，但数年无人居住。瓦莱丽·特里耶韦莱在我到达之前去看了一下。她观察到，室外家具的靠垫已经明显陈旧且褪色了，因此建议更换这些靠垫。这是我们为准备此次出行带来的唯一开支——数百欧元。但是由于媒体的轻率，这么微不足道的开销竟引发了一场论战。这将不是最后一次论战。一位宣称要节约开支的“平凡”总统怎么能有这样的开销呢？这场论战让人们以为我的靠垫都是用金线镶边的。人们非议着在国家需要勤俭时发生的这一不恰当的任性行为……我几乎没有关注这件事在各处激起的回声。我错了——绝不能在对一件事做出回应之前就将其搁置一边，尤其是平淡的小事——人们丝毫不会放过这些事，而且会把它闹大。

在城堡脚下，宽广的沙滩铺展开来，公众可以自由进入，正在享受海水浴的人发出的欢快的喧闹声一直传到了城堡里。为了显示总统未把自己关在城堡里，瓦莱丽和我一边散步，一边向走到我们跟前的度假者打招呼。人们拍了很多照片。我把我的威严遗弃在了那片沙滩上，把自己泡在不属于自己的水坑里。比起共和国的宫殿，我更喜欢沙子堆成的城堡。至于我那些前任是否有相同的喜好，这并不重要。这也成了“平凡的总统”达不到神圣职责高度的证据。

根据这种不合理的指责，有人影射说，总统休假是不可思议的事。在我的记忆中，我所有的前任总统，包括在任期的第一年，都休过假，有时还去国外，甚至假期长达几周。我不记得他们的日程表中占用的自由时间曾引起相同批评者的不快。何况，在 8 月的头两周暂停部长会议已经形成传统了。

我想说，在我们的欧洲邻国，政府首脑到离首都很远的住处休假，并未引起过任何指责。默克尔有自己的习惯，她常到山里徒步。她向我透露说，她强制性规定：助手只在某些时段去找她。至于美国总统，他差不多休息三周，最常去的是戴维营，只有发生重大事件才能让他中断度假返回工作。那些指责毫无根据。总统出行时，总有一名侍从官、一名医生伴随，还有一名配备发报机的报务员来保证其秘密通信，外加一组人数根据场地情况确定的警卫人员。在布雷冈松堡，所有的安排都是为了让总统放松，并能像在爱丽舍宫办公室里那样工作。他的助手随时可以找他，他也可能和部长举行电话会议，或者与外国同行通电话。

同样是在 2012 年夏天，我与黎巴嫩总理就叙利亚危机、与约旦国王就涌向难民营的难民接待问题，进行过频繁联系。只要萨科齐——可能他带着建设性想法——让大家知道他和叙利亚反对派进行了会谈，我的反对派就敦促我在月底前解决这个重大危机。因为应该说明且写明，总统——尤其是社会党的总统——不应该去度假。无论如何，不应该在任期之初去度假。

“醒来吧！”

我们执政后，媒体、杂志形成了一种编辑倾向，指责我们是所谓的“保守主义”。其中，最诚实的媒体承认这是一笔财富——把我放在“头条”，可以增加报刊销售量。那时，我没有向追溯既往的自恋情结让步。我保持着头脑清醒。因为媒体的胜利，意味着把我塑造成手表戴反、头发凌乱、眼神迷茫或者领带歪斜的形象。一本以严谨著称的周刊在 7 月 5 日以“停止犯蠢吧”的大标题发行——无论人们怎么看待我们的政策，这些政策都还未实行，因为立法选举刚刚结束。当月，另一本周刊奉劝我们“振作起来”——我们才刚刚工作一个月。第三本周刊的大标题则是“醒来吧！”——可是我们感觉都没有合过眼。如何理解这种超越商业利益的盲从热情和先入为主呢？对一些人来说，这是因为他们后悔对我的前任批评得过多，所以值得“赞许”地想要获得批评的“再平衡”。当然是要让左派和右派一样，都吃不了兜着走！

其他人的批评，则意识形态色彩更加浓厚。我们没有进行他们期待的改革——那些会造成伤害的改革。请相信大多数改革是有伤害性的。他们说我们没有触动那些“享有特权者”、那些领取最低工资者、那些具有失业者身份并要求得到一份工作的人的利益，而是打击了“穷人”——请理解为“财富持有者”。最后，还有人要求我们在几天之内完成我的前任在5年内都不想做的事——瞬间重建被他们持续破坏的账户平衡。我们罪该处以绞刑，因为我们拒绝了让法国人民遭受紧缩政策的洗礼。我们必须痛饮不得人心的苦酒。他们就是朝这个方向努力的。至于左派的媒体，因为害怕失去独立性，它们也不想袖手旁观。这些恒久的指责一直刺激着我。直到有一天，这些过分的夸大其词只能让我付诸一笑。我从中得出另一个教训：在我的5年任期中，每年我只给自己放一个星期的假。而那些同样批评过我的人，却假装对我强加给自己的约束感到惊讶。这种约束不是一种惩罚，而是5年任期制的后果，5年的时间太紧迫。

不可能的自由

人们猜想：爱丽舍宫里的生活，很少给私人活动留出时间。私人时间是短暂且罕见的，通常都会被不停发生的事件打断。我一开始曾经想象，要把公事和私事区分开。就像我的前任一样，我决定每晚回家，时不时地出门在巴黎走一走，或者去剧院。这纯属幻想。总统不能——或者说不再能——离开岗位或者离它很远。我们面临的威胁，要求总统有一个庞大的警卫机构。就连一个简单的街头散步，都必须提前告知警卫部门。为避免引起注意，需要安插很多人。总之，这样一种前后左右被许多警察监视着的步行，就像一次可笑的逃亡——尽管警察都很审慎。我还记得总统卫队的一男一女两名宪兵，为了不引起别人注意，他们扮作一对恋人，手牵手紧跟在我身后。警察的计策，也有大显身手的时候。我去一个剧场或一家电影院，就意味着要进行长时间的准备，需要预先侦察场地，排爆，在观众中布置警员，在一些地方放置好武器，并随时准备投入使用。很快，我便不愿意在需要如此多预防措施的官方旅行之外，再添加耗费共和国资源的外出娱乐活动。我的私生活很快就被禁锢在公共建筑物之内。

爱丽舍宫的单元房位于大楼西侧二层，舒适、实用、典雅且朴素。有一个昏暗的客厅、一间小办公室、两间窗户高大而朴实无华的卧室。通过一条长长的、装点着借自国家博物馆的画作的走廊，总统可在一分钟之内到达工作场所。总统每天下午 1 点到 2 点进入那里。一位忠诚且具有长期工作经验的人员，负责组织日常生活顺利、高效地进行，确保总统的每一分钟都得到最佳利用。爱丽舍宫面朝一个种植着多种树木的华贵公园，我让人在里面放置了一些蜂箱，以保护巴黎市中心的物种多样性。我很喜欢在那儿散步，并遵从米歇尔·西姆医生的建议，每天走 6 000 步来保持健康。最后还是菲莱陪着我散步。

依照传统，每位法国总统每次访问完美丽的魁北克省后，加拿大老兵都会赠给他一只拉布拉多犬。因此，有一天，一位年轻的女士出现在爱丽舍宫门口，向我递交这份珍贵的礼物：这是一只几个星期大的小母狗，我给它取名为菲莱，这是一个埃及岛屿的名字，也是欧洲航天局在一个行星表面着陆的技术程序的名字。于是，菲莱在爱丽舍宫“着陆”，它被全体工作人员收养。

过了一段时间，它生了十只小狗，它们被一只接一只地送给了我的助手或者富有爱心的朋友。在它们离开爱丽舍宫的几个月前，新闻处建议让媒体给这一窝让人疼惜的小狗及其母亲拍张照片。我感觉法国人对家养动物有一种特别的喜爱，但我拒绝了这个建议。对我来说，狗也有生活隐私权。

在爱丽舍宫，有一间向所有助手开放的健身室——它没有因为我的到来而变得拥挤；有一间可以容纳 40 多人的电影室；还有一个向所有工作人员开放的托儿所，他们白天把孩子放在那儿，这为我们的工作氛围增添了一丝天真气息。我有时从托儿所经过，会有些伤感地回想起罗雅尔把我们年幼的孩子送往那里的日子，那时她是密特朗总统的顾问。我承认，在那个年代，按今天的说法，家庭角色的分配是“性别化”的。罗雅尔是一位了不起的母亲，她比自身的角色承担得更多。

总统在爱丽舍宫并非在自己家里。他是法国的客人，是过客——为期 5 年的房客，除非续租，因此我拒绝了一切价格高昂的房间改造计划。蓬皮杜、德斯坦曾经改变爱丽舍宫的内饰，以使其符合各自的品位。那是另一个时代。现在，爱丽舍宫竣工的工程总金额要公之于众，审计法院每年都会对此进行认真查验。这种透明化做法经常使修缮工程被推迟，尽管因时间造成的磨损使这些工程非常必要。有一天，历史建筑部门告诉我，被称作“金色大厅”的总统办公室需要进行一次深度翻新。我了解了一下工程估价——恢复房间原貌及枝形吊灯需要花费 100 万欧元以上——于是谢绝了这个提议。我承诺削减爱丽舍宫的运行开支，不能实施这些花费巨大的工程。其他人因花费巨额布置远不及爱丽舍宫引人入胜的办公室而受到过猛烈批评，我记得很清楚。我也可以宣称，不是我而是那个地方本身需要这笔投资。但这样的话，人们很快就会提醒我许下的“平凡的总统”承诺。

对面的邻居

总统站在面朝爱丽舍宫庭院的台阶上接待每位贵宾。他要静立一两分钟，注视着圣奥诺雷大街一侧的大门打开，车队驶进总统府，随后向下车的宾客致意。他时刻都不能松懈。无论是他抬头凝视天空，还是扫一眼脚下的地面，或者露出一个笑容，或者把一只手放在口袋里，或是用一个悄悄的小动作理顺一绺被风吹乱的头发，都会立即被等待在小石子广场四周的摄影师收入镜头，并不可避免地被传播出去——这是他们的职业。

道路另一侧耸立着圣奥诺雷大街的奥斯曼式建筑。爱丽舍宫入口对面有一家漂亮的店铺。那里很长一段时间曾是内衣商店，那时橱窗里展示的女式内衣总是引起路人的好奇。我觉得这种邻里关系很奇怪。这家商店生意不好，现在已经停业。“出租”的牌子在店铺门面上挂了好几个月，让人不禁心生疑惑：到底是哪栋房子要出租呢？是店铺本身，还是它对面的爱丽舍宫？

爱丽舍宫所处的位置使对面的楼房都尽收眼底，我和对面公寓——阳台正对爱丽舍宫庭院——的住户结下了友好的关系。在三楼有一对迷人的夫妇，他们显而易见的年龄让我想到，他们一定见证过所有最著名的来访。他们养成了做手势鼓励我的令人愉快的习惯。我不能像礼节要求的那样每次都回应他们，否则会让我的那些官方客人感到诧异——除非让客人以为我在向布置在房顶的精英狙击手做出热情的手势。为了得到谅解，我邀请这家人参加了爱丽舍宫的一个仪式。那时我才明白，这对夫妇从戴高乐将军时期开始就一直拥有向我所有的前任打招呼的殊荣，但他们从未披露过任何秘密。尽其记忆所及，他们对奥巴马的到访印象深刻——那次访问吸引了众多人群，人们被立在人行道上的路障阻挡住了。

但是，没有哪次访问比英国女王的到访更让人好奇。伊丽莎白二世在全程洋溢着欢快、热忱的嘈杂声中进入了爱丽舍宫。她说法语时带有轻微的口音，这使她显得更加优雅。她了解近 60 多年来我们的政治生活，这为我们的对话加入了一些有趣的逸事。爱丽舍宫礼宾官预备展示一套接待过她的历任总统同她合影的照片。她悄悄地告诉我，让她最为感动并一直保存在记忆中的是樊尚·奥里奥尔，因为他是第一位接待她的法国总统，那时她正年轻。她是否知道奥里奥尔曾在人民阵线时期担任过财政部部长呢？她知道，所以并不惊讶。

流水的总统，铁打的女王。

灯笼别墅的总统

这是法国为它的房客提供的难得休息片刻的场所——位于辽阔的凡尔赛宫公园的灯笼别墅。那里以前长期供总理支配，但在 2007

年，萨科齐决定将它拨给总统府使用。我应该承认，这是我前任做出的得到我完全支持的决定之一。别墅里的房间极富魅力：三个卧室、一个餐厅和一个客厅，呈马蹄铁状环绕在一个井井有条的花园周边。人们从一扇不引人注意的、位于国道旁的钢制门进入，那里远离好奇者。灯笼别墅配备了一个网球场、一个温水游泳池。游泳池在冬天有几个月是关闭的，维护起来很困难，因为它有点儿陈旧。只要我的日程允许，我就会去那儿，进入相对隔绝的状态，只是远远地被所谓的“尽职尽责”的摄影师骚扰。他们成功地爬到树梢上，努力找一个取景角度，但安全部门人员常常让他们爬下来。

重返科雷兹

我没有如愿常去我曾担任市长的蒂勒，也没有如愿常去我曾担任省议会主席的科雷兹。一直到当选总统前，我都习惯在每星期六去那里逛一次集市，特别是我从那儿带走了遇见的熟人的思考、情绪和抱怨。我常常从他们脸上阅读他们的思想，通过他们的日常用词破解他们的见解。我有自己的密码。他们甚至有些激烈的诘问同样是真诚的鼓励，他们的抱怨同样是对行动的呼唤。如果当天都是坏消息，他们就会喋喋不休地说着巧妙的遁词，从而回避那些让人不快的评论。或热情或紧张，我们的对话是一种重新建立相互联系的方式，以使我们永不迷失方向。

我担心的是他们的沉默。当他们装作没有看见我，或者买东西时好像家里有急事要赶回去一样，我就明白他们传递出的信息了。

我从不需要用学究式的调查问卷来感知民意，也不用通过民意测评来评估民众情绪。当上总统后，我很遗憾在我散步以感受昨日情怀并以今天的感情去面对这份情怀时，记者——即使这是他们的职业——仍然不放过我。他们阻碍了我对这种眼神的寻觅，阻碍了我潜入内心。因为我那些永恒的选民有话对我说，他们不希望其他人听见。我们有我们的秘密。

有时，那些被亲吻过多次的脸庞、那些被慷慨握过的手突然消失了。我了解他们消失的原因——是时光最终带走了他们。我想到那位用方言给我讲浅薄故事来逗我笑（我只是一知半解）的朋友，她甚至一声不响地走了。我想起那位抵抗运动的老战士，他曾自豪地向我回忆他的功绩。他亲眼看到被“帝国”师于1944年6月绞死的99名战友悬挂在蒂勒市的阳台上，他始终对此感到愤慨。我特别留心在每年的6月9日回到那里参加缅怀烈士的仪式。索菲·德叙——一位忠诚的朋友——也走了。我当选后，她代替了我在国民议会里的位置。为了她，希拉克在摄像镜头前表达漫溢的友情，法国人对此发出微笑。她是被肿瘤吞噬的，肿瘤占据了她那么有条理的头脑。往往是我们远在千里之外时，我们最亲近的人却走了，好像他们无法承受这种分离一样。

就这样，我用生命的30年穿越同样的风景，品尝同样的饭菜，走遍同样的街巷，呼吸同样的味道。我成为总统后，并没有中断这些温馨的习惯，但改变了它的进程。没有什么能像从前一样了——和总统在一起时，人们的关系变得僵硬，手势更加节制，界限出现却无法消失，即使在他离开爱丽舍宫之后也是如此。

希拉克的秘密

我猜想，希拉克也经历了同样的失落。他毫无保留地为科雷兹倾注了情感，并从他的忠实支持者那里获得了无数爱戴。他也一样，关系的断裂肯定令他心碎。我是在他离开爱丽舍宫返回自己的选举省时做出这些判断的。他找寻自己的坐标，找寻熟悉的面孔，找寻作古的朋友。我们结成了一种奇特又互相敬重的关系。我 26 岁时，在 1981 年立法选举中成为他不幸的竞争对手。他担任总统时，我也不曾对他手下留情。后来，随着他远离权力，而我准备走向权力时，我们却逐渐相互走近。他向我倾吐他的思考，叙述他的旅行，为我描述政治生活肖像的长廊。最有趣的画像是关于意大利总理西尔维奥·贝卢斯科尼的。参观贝卢斯科尼的豪华家居，尤其是他那奇特的浴室令希拉克惊诧不已。顾及情面，我不能对希拉克所做的评价说得更多。

有一天，希拉克邀请我去他的碧蒂城堡。在蓬皮杜时期，那座城堡甚至为他招来了一场争论，不过他最后顺利地度过了。当时人们称之为“希拉克堡”。那是一个又阴又冷的住所，面朝山谷和秋日非常美丽的森林，在第二次世界大战前为一名英国前上校所有。希拉克向我保证，这位上校曾是秘密机构成员，在 1933 年接待过列夫·托洛茨基数月。这次庇护为这个住所增添了一丝革命的气息，我们为此痛快地笑着。在 5 年任期中，我经常从贝尔纳黛特·希拉克和希拉克的女儿克洛德那里得到希拉克的消息。面对疾病，他表现出令人钦佩的抗争精神。希拉克是一名斗士，他至死都将是一名斗士。我多次和他相互坦露心迹。我从他的眼睛里看到，他理解我的艰难，而这也曾是他的艰难。

所有人的婚姻，除我之外

到那时为止，擅闯我个人隐私的秘密花园的行为，应当说被遏制住了。我和罗雅尔的共同生活尽人皆知。我们在国家行政学院相遇，一同进军政治，都曾在爱丽舍宫工作，并在同年当选国民议会议员。我们尽可能避免展示我们的关系，仅仅说我们的风格不尽相同是不够的。我凭借更为传统的风格，作为党派领导人和集会的发言者，以我的雄辩和对经济问题的偏好应对媒体。我以理智的性情，按照自己的步调往前走着。而罗雅尔欣赏引人注目的行动和大胆的创意，在她周围凝聚起一种舆论氛围，使她成为参加 2007 年总统选举的社会党候选人，因此挫败了那些预言。而她对其反对者有时带有伤害性的评论也毫不在意。

我们没有结婚，但有四个孩子，这种家庭承诺比那一纸文件更有价值。作为想要树立榜样的女权主义者，她希望人们了解她母性的一面。她想表达的是，一名部长可以把她的家庭生活和杰出的履职完美地结合在一起。她曾让人发表了她在妇产科怀抱我们女儿弗洛拉的一张照片，我毫无保留地支持她。她勇气可嘉，这个行为在今天会被评论为近乎庸俗。她是第一个在任职期间生孩子的女性政府成员。此后，许多人都仿效她。

“第一夫人”综合征

我们于 2007 年突然分手，这与政治毫无关联。出于让事情更加清晰的考虑，她在立法选举第二轮投票当晚宣布了我们的分手。对于我，对于她，这都是令人痛苦和心碎的，特别是我们的结合曾经那么长久，那么热烈。

2011 年，我们两人都成了社会党内部初选的候选人。人们对这种情况闻所未闻。她为支持我进入初选第二轮投票而放弃参选，表现出非凡的正直，并以此表明：国家利益高于一切。即使我们分开了，但我们仍能为了共同利益团结在一起。她就是凭借这种精神及其独立性，在 2014 年 3 月进入政府担任生态事务部长的。她筹划了第 21 届联合国气候变化大会，成功地完成了这个艰巨的使命，并促使表决通过了多项法律，为改善我们的环境做出了长久的贡献。

从 5 年前开始，我和瓦莱丽重新建立了生活。因此，我是和她一起进行竞选活动并入主爱丽舍宫的。法国没有为总统的配偶预设一个身份，没有任何文件做出规定。礼宾上可以做出安排，但总统配偶应有的待遇却未被提及。根据一些知名人士的说法，夫妻状况及风尚的演进、第一夫人的角色和地位，随着第五共和国的发展也发生了变化。对我来说，我一直认为法国人选出的是一个总统，而不是一对伴侣或是一个家庭，写在选票上的只有一个姓氏、一个名字。只有国家元首才具备普选赋予的合法性，他的女伴——或以后她的男伴——会看到生活被强行改变。但除了她愿意承担的之外，她接不到其他的任务。

瓦莱丽的痛苦

瓦莱丽是一位以职业素质著称的记者。作为《巴黎竞赛画报》杂志的大牌记者，她做的人物专访和调查证明了她的天赋。由于我的承诺，她从杂志的政治部门退出，去负责一个文学时事专栏。另外，她从几年前开始，在地面数字电视台（TNT）的一个频道主持一档辩论节目。她应该以我当选为由，放弃她的职业，进而放弃她的收入吗？这意味着她暂停记者生涯，并丧失独立性吗？我理解她的这些疑问。她认为，把这一切都结合在一起是可能的。她试图让人相信，她捍卫的不是自己的立场，而是一个观念——关于女性独立的观念——可这都是徒劳的。她遭受着由自己造成的、大家对她的不理解带来的痛苦。尽管她在倡议中证明了自己的真诚，但她还是难以找到自己的位置。我承认，我们没有结婚这件事增加了她工作的难度。更何况，那些指责同性婚姻的保守派阵营，在这方面又找到了一个额外可以进行论战的主题。

在2012年立法选举时，她发了一篇支持罗雅尔竞争对手的推文，引发了一场骚动。我一直想禁止这种角色混乱，但它以不恰当的方式突然出现了——她把政治和感情相混淆了。我在私人生活和公共生活之间画了一条分界线，而她在瞬间就把这条线抹消了。瓦莱丽很快就感觉到介入政治辩论的后果，以及给我们的关系造成的混乱。某种东西在那天被破坏了。我希望随着时间的流逝息事宁人，同时期盼着重新找回过去的宁静。

几个月之后，朱莉·加耶走进了我的生活，我们的关系是在我个人和工作最糟糕的情况下被披露的。尽管我永远都不知道，这家毫无顾忌的媒体是怎样以及由谁如此导向和引领的，但我还是要为此事承担责任。我没想通过法律方式打击这份侵犯隐私的报纸。我自己受到总统豁免权保护，我告诉过大家，我不会因为私人纠纷起诉任何人。总之，发生的这一切是一种不可容忍的侵犯。这件事打破了我们尊重私人生活的传统，树立了不良的先例。

冲击是残酷的，瓦莱丽深受伤害。我们的分手，以及宣布分手的条件——她不想接受这些，都让情况更加糟糕。之后，她在一本引起很大反响的书中披露了她的伤痛，并用自己的语言表达了一切体会。这些内容让我感到痛心——这无疑是她的初衷。我们过了一段时间才重新交谈。但我对她在我任期最后一天发给我的体贴的用词，还是很感动的。

斗士朱莉

朱莉是制片人、演员，是一名很早就开始参与政治活动的女性。她从不遮掩自己的信仰，支持过许多正义的事业。只要有要求，她就表达对社会党的支持。因此，她在 2011 年从内部初选开始就投身到我的竞选活动中，这是非常自然的事情。她的身边聚集了许多艺术家——通常都是电影界人士——以便讨论或者丰富我们纲领中的文化内容。我就是这样遇见她的，我们的关系并未超越互相之间的好感。

在我们共同生活在爱丽舍宫的日子里，她特别留意继续她的工作，不让自己对总统府的事务有半点儿涉足。她身居爱丽舍宫的私人寓所，克制自己不出一点儿差错。她甚至从未参加过爱丽舍宫的电影放映活动——她的出席本来是合情合理的——而是让我当时的顾问阿祖莱去接待那些她其实非常熟悉的客人。她从未以任何方式参与过决策，也不参与对工作人员的选拔。

除了一则广告[1]给她带来的窘迫（她本不应遭受这些窘迫）外，朱莉继续专注于表演和电影制作。我们一致同意，并商定把我们的关系从秘密状态转向低调，永远不炫耀，但也永远不接受被侵犯隐私。然而，这种事情已经发生了很多次，甚至发展到有人在爱丽舍宫里拍摄我们，或者夜以继日地在她家门口窥探。今天，我可以说：在过去的 3 年中，朱莉温柔、体贴的挚爱，对我而言是极其珍贵的支持。她和公共舞台相互依赖，她存在于公共舞台，却又与它保持着足够的距离，她就是这样保持着自我。不必饰演任何角色，她就在那儿，带着对幸福的向往。这种向往让生活更加甜美，即使是在爱丽舍宫内。

1 此广告指在作者与朱莉·加耶约会被披露后，有广告商以此为噱头，制作广告片在电视上播放。——译者注

06
谈判

2012 年 5 月 23 日，我坐在开往布鲁塞尔的列车上，奔赴我首次参加的欧洲理事会会议，心怀一个简单的想法：重新确定欧洲政策方向。也就是说，将增长放在首位，同时提振信心，整顿法国的财政秩序。许多国家处在崩溃的边缘，紧缩政策窒息了活力，却没有减少赤字。情况迫在眉睫。

布鲁塞尔的惯例

在举行理事会非正式会议的大厅里，我坐在用写有我名字的小卡片标识出的位置上。召开这次会议是为了了解我的首要政策主张。这是一个用玻璃和钢材装饰的宽敞的圆形会议厅，地上铺着一张五颜六色的化纤地毯，上面以大小不一的长方形展示着 28 国的国旗，国旗颜色鲜艳，像星星一样排列着。国家元首和政府首脑在摄像机和摄影师的注视下，热情地相互致意，然后围着一张米色木制弧形办公桌就座，桌子上麦克风林立，记者不能破解与会者交头接耳的意义。这些与会者的目的，是使他们之间营造出来的氛围让人们放心。如果与会者面无表情，那就意味着讨论进入了艰难时刻。媒体无法知晓更多，在会场外面等候。

我听着理事会主席赫尔曼·范龙佩的开场白，他祝贺我当选。他交替使用英语和法语发言，强调达成共识以消除人们和市场疑虑的必要性。但他认为，（这次会议上）不会做出任何决定，必须等待6月28日的理事会会议，以确定应对危机的新举措。这真是奇特的议程。银行正在窒息，市场心存疑虑，经济滑向衰退，我们却没有做好立即行动的准备！有人用肯定的语气对我说，用一个月的工作时间来分析那些建议和得出结论，并不算太久。

每人发言时间应是5分钟左右。我按照28人计算了一下，这个开场白要持续两个半小时以上。事实上，我搞错了。很少有与会者遵守发言时长。由于他们没有被会议主席打断，开场白远远超过了3个小时。那晚，葡萄牙总理佩德罗·帕索斯·科埃略一定是想表现得像个好学生，发言超过了半小时，却丝毫没有讲到关键，而他的国家正在经受着暴风雨的煎熬。

共识的束缚

如果说有一个象征谈判的场所，那就是欧洲理事会了。在那里，所有的决定都要达成共识才能做出——实际上就是要一致通过。根据最初的设计，欧洲理事会开会是为了制定大政方针。随着时间的流逝，越来越多的部长无法处理的技术性问题，也成为理事会讨论的内容。随着危机的相继出现，理事会召开会议的频率越来越低，而讨论问题的时间却被延长到两天一夜。和欧洲议会及欧盟委员会相比，理事会逐渐成为主要决策机构。与此同时，它的组织、方法和程序的烦琐，把一切节奏都放慢了。在我看来，这足以解释欧洲在应对近几年遭遇的严重涡流时为何行动迟缓。

我发言时只讲要点。我建议欧盟利用现有的很少使用或未被使用的融资约 1 000 亿欧元，来制订一项投资计划。我补充说，欧洲可以通过欧洲投资银行发行债券，以改善企业的竞争力。最后，我发表了一个观点——我知道它不会被德国总理接受——那就是未来债务互助化，以使那些最困难的国家能够进入比它们根据一纸协议被迫接受的利息更低的借贷市场。大家礼貌地听着。我在估算我和许多领导人之间的差距——如果不叫鸿沟的话。不是因为他们不理解我，而是他们刚刚通过了在各自国家受到诟病的欧洲预算公约。出于对各自国内政治平衡复杂化的担心，他们不想给欧洲预算公约制造麻烦。辩论在继续，无休无止。马上就到午夜了，大家都站起身来。关于投资计划的建议得以保留，并于 2013 年实施。成果是微薄的，但我的棋子向前推进了。

我过分审慎了吗？我应该威胁、打断、搅乱那场讨论吗？我应该离席吗？这不是我的行事方式。最好是谈判，因为离去或躲避并非解决方案。确实，我应该先说服德国，这样其他国家就会紧随其后。尽管和德国总理有分歧，但我们仍然需要彼此。我们必须找到应对银行困难的答案，以避开各国承受的风险。因此，我应该建立一种力量对比关系，哪怕以法国议会将否决欧洲预算条约的假设相威胁——即使我估计设计这个威慑武器并不是为了使用它：因为它会导致欧元区爆炸。我必须寻找一些盟友，以便在接下来达成妥协。

超级蒙蒂

因此，欧洲的未来被交到了 6 月 28 日欧洲理事会会议上。这个会议，在墨西哥洛斯卡沃斯的二十国集团峰会后召开。在此期间，我将和西班牙首相马里亚诺·拉霍伊、意大利总理蒙蒂进行会谈。除了政治上的分歧，他们与我的立场相差不远。他们一人是保守派，另一人是自由派，但都面临着无法摆脱的财政困境。

这就是 2012 年的欧洲。那时，最糟糕的情况都会成为可能。但程序的缓慢迫使我们进行着无休止的讨论，并达成脆弱的妥协。说到底，这是不幸吗？在成立欧盟之前，各国都花费了大量时间来密谋军事计划，并寻找同盟以对抗邻国。人们用在布鲁塞尔无休止的、艰难的磋商，取代了那种进攻性外交。和平使欧洲政治变得平淡乏味，酿造出厌倦，这是事实。除非厌倦本身能够保障和平。

6 月底，我在相同的会议厅里重复了相同的礼仪。下午 4 点，会议以欧洲议会议长的报告开始。会议更像是一场绝望的决战，因为当议长一讲完其睿智的结束语，其他人就消失了。下午 5 点，大家一起拍摄被称为“全家福”的照片：二十八国领导人登上一个台子，双脚站在用白色胶布标出的各自的位置上，面向频频操作照相机的摄影师微笑着。在记忆中，我甚至从未见过一张报纸登载过这样的照片。下午 6 点，严肃的事情开始了——人们再次围绕着上一次的桌子坐下来，（讨论）同样无休无止。

就在这时，发生了一件事。蒙蒂开始发言，与那些我在重申支持一项自愿政策之后发表的抚慰性讲话形成了鲜明的对比。这位意大利总理是一位严肃的、令人尊敬的人。他曾在1995—2004年担任欧盟委员，因为大力推行竞争规则而让人生畏。他于2011年11月被任命为意大利政府首脑，那时贝鲁斯科尼的信誉已经丧失殆尽。他以严厉和平静著称，他用一种坚定的声音强调："所有这一切都是不可持续的！"那种让在场的人变得迟钝的麻木感顿时消失了。蒙蒂使用富有戏剧腔调的话解释道，他的国家和其他许多国家一样处于停滞状态，一些百年银行受到破产的威胁，主权债务利率造成过度负担，经济因缺乏流动性而面临崩溃的危险。他要求理事会通过这些会议宣布一些强有力的举措。他的讲话立刻得到了许多南欧国家领导人的支持，甚至从会议伊始就像鲤鱼一样缄默的欧洲中央银行行长马里奥·德拉吉也谨慎地点了点头。我想，这无疑是事情将要改变的最具戏剧性的迹象。

总是保持着冷静的默克尔明白她该弃卒保车了，当然她还没有表明要在正统预算规则上让步。看到力量对比关系发生了变化，我要求把晚餐时间用于制定可能在欧元区重建信任的举措，主要是采取措施监控私营银行，以便使欧洲中央银行适时、独立地放宽货币政策。我们进入了谈判的核心部分，并持续了大半夜，没有遗漏任何细节。蒙蒂和我以不同的声音，把这次会议说成是最后的机遇。策略成功了，这次我们达成了重要的决定，奠定了银行联盟的基础。未来将由金融机构本身而不是纳税人来填补银行的亏空。金融机构将成为持续评估和永久监督的对象，以此防范一切脆弱性。我们创建了一个旨在为困难国家提供支持的共同基金，这就是欧洲稳定机制（ESM）。最后，在评判成员国遵守削减赤字目标方面，赋予了欧盟委员会极大的灵活性。会议最后的公报均衡地反映了这些进展，让各方都保全了颜面。减少失业被提到了与实施体制改革相同的高度。在引进复杂机制和健全的金融技术背后，是欧元区内建立的新的团结互助关系。当时取得的成果没有给市场留下深刻的印象，也没能说服人民，人们只记得法、意、西结盟克服了德国的不妥协。这并不准确：默克尔遵守了欧洲规则。她为自己的论点据理力争，拒绝含混不清，反对随意性，但赞同以团结促稳定。她就是这样做的，坚定地坚持自己的立场，但也知道做出妥协；她维护自己国家的利益，但也从不忘记推动欧洲前进；她有时会花费太多的时间来做出好的决策，而从不做出坏的决定。

那天夜里，我们出于维持法德伙伴关系的考虑，保障了统一货币，放松了对投机的管制，尤其是给欧洲中央银行行长提供了放宽货币政策的机会。一个月后，即 2012 年 7 月 26 日，德拉吉宣布，他“将采取一切必要措施拯救欧元”。我和默克尔决定在第二天发表一份联合公报。欧元区危机的尽头从那天开始了。2012 年 6 月 28 日的欧洲峰会具有历史性意义，人们对此说得足够充分吗？

拯救希腊

3 年以后，2015 年 7 月的峰会同样具有历史性的意义。希腊，这个代表欧洲文明起源的国家，其困难自 2010 年起就一直是欧洲理事会谈论的话题。希腊财政危机爆发后，欧盟通过了救助计划，由欧盟委员会、欧洲中央银行、国际货币基金组织监督实施，国际货币基金组织的加入，一反欧洲常理。尽管有这样的支持，希腊人民看到的却是政策频繁遭到清理，一届接一届的政府失去信誉。2015 年 1 月，在立法选举期间，民众的怒气把阿莱克西斯·齐普拉斯领导的左翼激进政党推上了政权。

这位年轻的领导人决心重新谈判由冠以迷人名字“三驾马车”的三个机构强加给希腊的条件，希腊退出欧元区的问题被重新提出，许多国家以越来越低微的声音提出要求。我无法接受和面对这个局面，它们要驱逐一个 1981 年在法国倡议下加入欧盟的国家，这事关抛弃一国人民。它们所犯的唯一罪过就是，没有和二十八国的大多数国家达成一致。它们要惩罚一位尚未表达自己意图的领导人。我请求默克尔给齐普拉斯机会，并且通过他的行动来评判他。厌恶冲动的德国总理，又一次展现了她的开放性。她等待并观察着，尽其所能说服齐普拉斯按照规则行事。目前，希腊总理还在遵守这些规则。

2015 年 2 月 4 日，我成了第一个接待齐普拉斯的欧洲国家领导人。他衣领敞开，态度和蔼，说着一口带有迷人的希腊口音的学院式英语。他拥有丰富的政治经验，即使他坦承——当然没有被揭穿的风险——自己是欧盟这个奥义组织的新皈依者。他健谈、聪慧，表面上的冷静难以掩饰内心的担忧。他认为，希腊刮起的民主大风对他有利。但他也察觉到，他掀起的这场风暴也可能把自己卷翻。

我给了他一些建议：不要立即申请延期偿付债务，以使救助计划更为宽松，并从中排除让人最难以忍受的条款。我向他建议了一些可能的盟友：欧盟委员会主席让－克洛德·容克，与前任不同，容克想展现另一个欧洲的面貌；还有欧洲中央银行行长德拉吉，他坚持欧元区的团结一致。

我感觉齐普拉斯仍然心存疑虑，毕竟他在竞选期间激烈地批评过欧洲。我把默克尔的想法告诉了他——她要用事实检验他。但如果她因善意而被说服，那么她就会一如既往地寻找一个解决办法。她不会否认我说的这些。在接下来的会议中，她的态度将始终如一。最主要的是：齐普拉斯向我郑重保证，他想让其国家留在欧元区，只要他能得到减轻债务负担的承诺。我将这一行动准则告知了萨潘，并指示他在聚集着欧元区财政部部长的欧元集团按此方向开展工作。

齐普拉斯的是与否

如我此前所说，默克尔让前往柏林拜访她的齐普拉斯接受了密集的教学训练。她把实施救助计划期间希腊政府认领的所有承诺都记在本子上，一条接一条地对照，以确保它们得到遵守，并评估它们同预期目标的差距。日子一天一天过去，齐普拉斯和默克尔两人都想从中受益。他们认为，随着人们临近深渊，可以中止这个疯狂竞赛的方案会突然出现。而在欧元集团，希腊财政部部长雅尼斯·瓦鲁法克斯的预言激怒了他的同僚。这位财长一副教授派头和刻板形象，教训着其他财长。这位来自一个无法按期偿债国家的代表的讲话效果很差。

当事情在欧元集团止步不前，瓦鲁法克斯越来越难以让大厅里的人们愉悦的时候，我、默克尔和齐普拉斯，在布鲁塞尔或欧洲其他国家首都频繁会面。希腊总理表现出良好的意愿，但他期待换来一个象征性的姿态。德国总理表现出了善意的耐心。但在经过四个月徒劳无益的谈判后，希腊救助计划将于 6 月底到期，我们被逼到了墙角。观望主义总是导致走向其欲避免的危机。

在 6 月 25 日的欧洲峰会上，齐普拉斯摊牌了。我评估着他当时走过的路径，他简直是拖着脚步一直走到那儿的。我支持他，同时要求他再做出一些姿态，尤其是在税制和行政改革方面。默克尔则希望他在退休制度和私有化方面能更进一步。我们面对面地鼓励他迈出最后一步，以便和欧盟委员会达成协议。我感觉到他很为难，他和他的多数派中的一部分人之间出现了最糟糕的问题。我不难站在他的角度上去思考，那些持异见者明显不知深浅。但我不能接受这种宿命。可这恰恰是支持希腊退出欧元区的人期盼的。他们甚至来自德国政府内部，以及来自我们饱受出尔反尔折磨的伙伴。这种出尔反尔，很久以来伴随着对这些问题的处理。我们正向决裂的界限靠近。

6 月 26 日晚上，这条界限被突破了。齐普拉斯非常正式地要求和德国总理、法国总统进行电话会议。他语调沉重，无疑，他的办公室并非只有他一人。他佯装生气，用了他从未说过的带有愤恨的词。他对我们宣布，他拒绝欧洲最后的建议，并直截了当地告知我们，他将要求希腊人民通过全民投票对这些建议进行表决。

“问题出在哪儿？”我问。

“很简单，”齐普拉斯答道，“如果是你们，你们会接受布鲁塞尔谈判达成的协议吗？”

“你的答案是什么？”默克尔又问。

“不。”

大家沉默良久。我想，对德国总理来说，信任已被破坏，她甚至会因此在她的阵营内受到指责。很可能，走投无路的齐普拉斯力求通过这次投票来重获人民的支持，但不知道投票将是怎样的结果。我尝试着最后一个办法：暂停全民公决，留出时间进行新的谈判。但是大局已定。7 月 6 日，投票的结果不可改变，希腊以超过 60% 的票数否决了救助计划。我当晚打电话给齐普拉斯。从他的声音来看，我知道他几乎没有胜利的感觉。我对他讲了这个简单的道理：“你赢了，但希腊输了。你通过投票规模本身，给国家的敌人提供了他们缺乏的最后论据，以便把你的国家驱逐出欧元区。”

于是我向他提了唯一有价值的问题：“你是想退出，还是想尝试进行一场新的谈判并愿意为此付出代价？”

“我准备谈判。”

“那么帮我个忙，让我来帮你。没有你的协助，法国什么也做不成。”

我提供了一个由法国高官组成、由国库总司司长牵头的小组供他调遣，来和他的专家一起准备希腊将在未来几天向欧元集团提出的新建议。当晚，默克尔来到巴黎出席工作晚餐，主要是筹备具有决定性意义的欧洲理事会会议。她对我宣称，我们有义务为出现希腊退出欧元区的情况做准备。这是她第一次这样说。从今以后，必须考虑那些指导退出进程的技术措施。她说，如果不准备一个后备计划，那是不负责任的。我没有拒绝，但我反过来要求她和我们共同努力，直到实现（希腊）留在欧元区。

我和她都面临各自的政治约束。在她的政府中，财长沃尔夫冈·朔伊布勒对希腊的去留采取放任态度，而她的社会民主党盟友则支持我的立场。而在法国，右翼各个派别都准备放弃希腊。如果我对此同意，左派就会把失败归咎于我。在其他党派中，议员让-吕克·梅朗雄给我发信息，劝告我支持齐普拉斯。他努力说服我，措辞激烈地警告我提防德国的诡计。在他看来，这些诡计是有害的。在这一点上他错了。尽管德国总理带有成见，但在这场战斗中她是盟友。

希腊之夜

7 月 12 日，新的一夜在布鲁塞尔等待着我们。为避开市场的压力，欧元区领导人峰会在星期日召开。前一天，欧元集团未能达成一致意见。朔伊布勒明确为希腊脱欧进行辩护，为了不惊吓其他人，他称脱欧是“暂时的”，欧央行行长对此提出异议。与其坐视失败，萨潘争取到的结果是：休会，把有关决策的责任退还给国家元首和政府首脑。

讨论就在这种可能会发生最坏情况的背景下开始了，事态发展不容乐观。齐普拉斯对此心知肚明，避免做出任何挑衅行为。默克尔遵守我们的约定，她想得到一个协议，但是尚未成熟。和十九位理事会成员围坐在桌旁，想要推进需要插入诸多细节的讨论，纯属徒劳。我提议采用这种办法：开展欧盟委员会主席和欧洲理事会主席在场的三方讨论。

于是，我们以小型委员会的形式审议了希腊救助计划，以及齐普拉斯应该接受的对应条件。不同的条款或被修正或得以确认。齐普拉斯心情极为沉重，但还是决定留在欧元区。那天夜里，他接受了前一天被他拒绝的东西。他勇敢地承担起自己的责任，甚至承诺，大部分措施将在理事会会议结束后的几天内，由希腊议会投票通过。谈判取得了进展。那天夜里，他不时地咨询聚集在他代表团办公室的团队，其中既有政治领导人，也有许多专家。后来我才知道，那些专家与美国甚至法国的银行有关系。金融机构也是生财有道。在一次中间休息时，齐普拉斯向我吐露苦衷。眼看他就要放弃了，但是我仍鼓励他将谈判进行到底。

早晨5点，焦点集中在私有化基金问题上，这应当是争取欧盟支持的保证。资产托管机构将设在卢森堡，收益将全部用于减债。这对齐普拉斯来说是无法接受的。他怎么能接受希腊丧失对自己资产的主权呢？讨论一次又一次地中断。每次中断时，我们就去理事会会议厅旁边的一间小办公室，处于半睡眠状态的欧洲国家领导人在会议厅等着我们。我们和默克尔一起，探讨着措辞方式，为希腊提供未来的投资能力。9点，我们商定了措辞方式。德国总理开始撰写文本。她的机警从未被看作缺点，她的欧洲承诺也同样未被看作缺点。齐普拉斯没有宣称取得胜利，他对未来有些担心。他也需要去说服别人。但是协议已经达成了。

通过救助希腊，法国成功地维护了欧洲的总体利益。我怎么可能在关系到欧元区团结互助及其未来的问题上做出让步？如果没有默克尔，这将一无所成。但如果没有我们，这也将一无所获。

在接下来的几个月，希腊遵守了诺言，它比预期更快地走出了惊人的债务危机，增长再次出现。希腊重新获得了国际信誉，它的借贷利率再也不是高息了。我不知道齐普拉斯是否将因他做出的勇敢选择而得到回报。但是我可以证明：他是作为一个欧洲人、一个左翼人士在行事的。

没有灵魂的欧洲，解除武装的欧洲

并非所有的谈判都能获得成功。有一项谈判的失败揭示了欧洲深层次的分裂及其对基本价值观的背离，那就是移民危机的处理问题。让我们回想一下事实。2015年初，人道主义灾难接连发生。主要来自利比亚的难民挤满了简陋的小船。一艘船在兰佩杜萨岛沿岸倾覆，造成800多人丧生，令人悲叹。海难越来越多。欧洲理事会主席唐纳德·图斯克紧急召开了一次移民问题特别峰会。意大利总理马泰奥·伦齐，这位满怀激情的年轻领导人，与他许多同僚委婉的用词大不相同，他的言辞直截了当。他在我们中间是最年轻的。在他看来，这赋予了他额外的权利。他相信自己的魅力是实实在在的，相信自己的口才能够横扫一切。他在自己的国家很受追捧，他承诺每个月进行一项改革，甚至要对宪法做一次修改。他那时还不知道，宪法将会把他打败。但是，至少他高声说出了我们所有人想到的而很多人不愿看到的事情："意大利海岸线的情况让人无法忍受。"他的国家再也不能独自承受这个负担。他对所谓的"都柏林规则"提出异议，这个公约强制要求避难者在首个接待他的欧洲国家进行登记。伦齐要求欧盟其他成员国分担重担。欧盟委员会主席容克也直言不讳。他将其丰富的经验——他担任欧洲理事会成员长达 20 年——与基督教民主党人的政见，以及这个政见代表的人性结合起来——尽管这个政见在当时显得有些陈旧。他聪明得令人生畏，以至无须表现出智慧。他是"布鲁塞尔式"策划艺术大师，但他有很多别人不具备的东西，那就是信念。在某个时刻，他的信念会猛然爆发。他提出，通过合理分配，欧洲各国可以保证安置 4 万名难民。这个关于配额的主意一经提出，马上导致东欧国家立起盾牌。它们傲慢地要求收回主权，并宣告拒绝承担与自己无关的殖民化恶果。

我没有想到会如此过招。人类的悲剧尚处在绪论阶段：欧洲开始在历史问题上与自由、尊严、避难权原则上相互撕裂，而正是这些原则奠定了欧盟的存在。这种破裂，来自我们在柏林墙倒塌后，以同样的价值观名义接纳入盟的那些国家领导人！我们从那些政府首脑的口中听到，他们的"国家不接受外来文化"，而我们曾毫不犹豫地谈判接纳他们的外派劳工以及实行欧洲国民自由流动。这些说法引起我的不适——我避免说出"恶心"这个词，即使我承认管控边境的必要性。为了找到一个体面的出路，我们决定，在自愿基础上重新安置这 4 万名难民。法国将是安置国之一。

2015 年 8 月，默克尔坚持把难民事务推向最高阶段。我主张在希腊和意大利建立申请避难者登记中心，由欧盟管理，德国总理赞成我的建议。为免除意大利和希腊接待难民的负担，她准备提供财力上的支持。作为置换，我接受建立强制性难民分配额制度。我知道，时间又一次和欧洲作对。欧洲在事实面前闭上眼睛，想象着在远离边境之外可以找到解决方案。与此同时，边境正在四处崩溃。地中海无论东部和西部，每日每夜、一批一批地运送着不顾一切要登陆欧洲的难民。几个月以来，我向欧洲理事会警告过发生在叙利亚的屠杀、"伊斯兰国"组织在伊拉克的崛起，以及利比亚出现的混乱。人们礼貌地倾听着，真诚地赞赏法国在萨赫勒以及中东地区扮演的角色，赞赏法国对寻求政治解决叙利亚问题的不断支持。但是，人们的理解掩盖了对巨大困难的低估：尽管有难民事务高级专员公署的支持，但叙利亚的邻国仍在困难中挣扎。

直到那时，土耳其一直面对着这些问题，它再也无法承受。雷杰普·埃尔多安总统意识到他可以利用形势从欧洲受益。9 月 2 日，在土耳其沿海溺亡、脸贴沙滩的小艾兰的照片发表，激起了全世界的不安。大海把成千上万的不幸者冲回海滩，击碎了运载着许多完整家庭的小船，造成了无数的溺亡。这一次，这张在成千上万的照片中新增加的图片，成了我们可怕的冷漠的标志。那时，一直被抑制的内疚感，在社交网络上毫无保留地表达了出来。我和德国总理一起向容克确认，我们支持一项包含强制性配额的欧洲全面计划。默克尔通知我，她将开放德国边境。她不能把成群的难民挡在国门之外，他们在巴尔干地区的道路上奔走数日，筋疲力尽，苦苦哀求，最后涌到了德国边境。数万难民因此进入了德国。

法国不能袖手旁观。我提议接收那些想在法国申请避难的人。事实上，我的信念在很久之前就形成了。只有得到整个欧洲支持的一个全面解决方案，才会有效和体面。这个解决方案将在几个月后实施。意大利和希腊对在其领土上设立“热点”中心持抵触态度。如同伦齐所说，他们担心这是设立“露天监狱”。由波兰、匈牙利、捷克共和国和斯洛伐克组成“维谢格拉德集团”，拒绝欧盟的一切“发号施令”。在这件事关他们主权的问题上，我回答说，世上还有最基本的人道主义准则，我准备在没有他们的情况下实施这些准则。但我立即明确道，他们应该也可以在没有我们的情况下去落实他们依附的欧洲政策，而这些政策是由我们资助的。

一直等到2016年春天，总体解决方案才得以通过，包括与土耳其的协议、对希腊的支持、关闭巴尔干路线。在此期间，在难民申请者之外又增加了经济移民。民粹主义者利用这场人道主义考验，培育排外心态，而恐怖主义组织借机向欧洲派遣杀手，制造动乱。

在经济上，失去时间的代价是额外的紧缩。在政治上，失去时间的代价是人类悲剧和权威的丧失。而在移民危机中，失去时间则使欧盟牺牲了自己的信誉、形象，尤其是荣誉。在难民接待上，调度缺失及缺乏组织，令欧盟付出了高昂的代价。既要让难民能够享有自己的权利，还要让边境得到尊重，否则，欧洲人将会担忧自己的身份归属，而难民则会担心自己的生命安全。

气候外交

如果说我们有一项举世闻名的外交成就，那就是 2015 年 12 月在巴黎第 21 届联合国气候变化大会上签署的协议。7 年前在哥本哈根，大会以引起轰动的失败而告终，以至没有任何国家想组织一次新的大会。富裕国家和新兴国家、污染国家和自律国家、南方国家和北方国家之间的分歧远未消失，仍在加剧。2013 年开始招徕第 21 届联合国气候变化大会承办国，有意承办者寥寥无几。法比尤斯特别警告我们：如果我们志愿办会，我们就要办得成功。

我决定迎接这个挑战。如果说法国会有所失去，但世界将会有所收获，那我也会评估利害关系。发达国家曾把掠夺性生产模式发挥到了极致，现在又想恢复理智，这等同于把约束发展的新标准强加给了新兴国家。新兴国家愤怒地排除了实施新标准的前景，指责否认其他国家发展机遇的不公正，而这些机遇是这些国家自己争取到的。除了这一纠纷，还要加上最富裕国家之间的分歧。大多数国家已经被争取到气候变化事业这一边，其他那些更为保守的国家仍坚持其怀疑立场。

但是，随着我的一次次出访，我感觉形势在发生变化。中国意识到了这个问题。我在访问北京期间了解到，中国没有忘记 1964 年戴高乐将军承认中国之举，此举打破了中国遭受的孤立状态。当时，法国总统以悠久关系之名（法国耶稣会教士是最早与中国的皇帝交流知识的人之一），以现实主义态度，决定帮助这个不可回避的重要角色重返世界舞台，这是在理查德·尼克松做出决定性转折的 8 年之前。

我认为，作为“世界工厂”的中国，其发展理念发生了变化。过去，中国信奉不加约束的生产本位主义，现在它不想重复西方犯过的错误。中国有 10 多亿人口，经济飞速发展，同时也排放了温室效应气体，它担心采用这种不可持续的模式会付出代价。中国放眼整个世纪，评估着气候变暖将对中国及地球造成的后果。在这一点上，我预感到这是一种可靠的力量。中国是一个珍贵的盟友。

在我多次到访的非洲，那些国家领导人同样希望依靠新技术，发挥光照和丰富的自然资源慷慨给予的大量可再生能源的作用，避开发展中最具毁灭性的阶段。他们准备做出必要的努力，但条件是发达国家为他们找到必不可少的资金，以使他们避免再犯发达国家犯过的错误。像这样，只要我们能达成不可回避的妥协，导致哥本哈根大会失败的障碍就会扫除。法比尤斯带着真诚的承诺，为即将宣布的大会做准备。于洛向我自荐，他可以为大会效力，但不愿意进入政府。后来我向他重提这个问题。“为了保持我的自由。”他对我说。他尊重总统，并不讨厌受到他们的奉承，但他不信任政治。他曾经向政府靠拢，并留下了飞蛾扑火般的记忆。后来，他改变了主意，他应该是穿上了“防火服”。他需要“防火服”。但在 2013 年，我任命他为气候大使，他在爱丽舍宫有一间办公室。他将为法比尤斯和罗雅尔做出补充性努力。

气候变化大会上的胜利

法国作为东道国，应该做出榜样。我相继做出决定，最终停止所有目的在于发现页岩气矿脉的勘探活动。罗雅尔凭借执拗的性情，让她的法律得以投票通过。这个团队的行程多到足以环绕地球多次。就这样，我们成了不知疲倦的气候朝圣者。我们的做法是：法国起草一份基础文件，并在我们的四处巡访中提交给地球上主要国家的领导人。文件随后将在大会上进行讨论。我们不像哥本哈根大会那样，在谈论的最后阶段，才邀集世界各国领导人到会——那时，各国领导人带着的文件塞满了数千个供讨论的细节。我们在讨论之初就邀请领导人与会，以便协调确定气候变化协议的主要方针，然后再由各代表团一起把协议方针落实成具体文字。我们预计，将有大批公民社会组织参会，它们将会朝着我们希望的方向施压。

奥巴马勇敢地确定了立场，尽管他了解美国石油生产商的保留态度。他甚至知道那些人能对选举进程所施加的压力，人们将在指定奥巴马的继任者时看到那些人的所作所为。尽管煤炭在经济中占有重要地位，但德国也应该改变模式。默克尔站在我们这边。中国表示赞成。印度通过和法国达成一项快速发展太阳能的协议，克服了它的保留态度。菲律宾总统贝尼尼奥·阿基诺三世向我保证他的支持——他的国家刚被一场海啸蹂躏过。如果承诺过的补偿落实成文字，非洲领导人也将和我们站在一起。我们利用良好的关系去说服阿拉伯国家，他们原则上对化石能源的任何限制都持保留态度。

我和太平洋岛国代表的对话最动人心弦。“气候变暖对我们来说是唯一的问题，它决定着我们的生存。如果没有全世界始终不渝的努力，不出50年我们就会被淹没。气候变暖会把我们从地图上抹掉。”加拿大和澳大利亚改组了政府，那些坚持气候怀疑论的保守派遭到了排斥。俄罗斯宣布了善意的中立。奇怪的是，直到这场“马拉松”快要结束时，只有一个国家准备拒绝一切协议，并在决定性时刻在巴黎提出固执的反对意见，那就是尼加拉瓜。我们想到一个主意，请与前桑地诺民族解放阵线成员保持密切关系的教皇方济各进行干预。是他成功地软化了马那瓜统治者的立场吗？或许他们不会使用否决权，或许是用得太迟了。这真是奇迹。

在那次漫长的逐鹿中，我们从许多具有远见卓识者的积极帮助中受益。联合国秘书长潘基文明白他可以给自己的职责赋予的意义，他推动签署了一项重要的国际条约。他做到了为此事业不计得失地付出，以此证明国际机构的作用和多边主义的宝贵价值。美国前副总统阿尔·戈尔，这位与乔治·沃克·布什竞选、差点儿成为美国总统的民主党人，将一生都献给了气候事业。纽约市前市长迈克尔·布隆伯格动员了美国所有的投资者，向他们证明：气候今后将是有收益的投资对象，而消极对待将会付出致命的代价。另外，还有一些人士以他们的声望做出真挚承诺。蓄着野人般胡须和扎着马尾的莱昂纳多·迪卡普里奥（他正在拍电影）用哀婉动人的语调在联合国致辞。每次见面几乎都要握碎我的指关节的阿诺德·施瓦辛格，把那令人印象深刻的力气用于动员世界各个地区投入反气候变暖的斗争。

终于，在度过紧张的白天以及多个不眠之夜后，经过几个月的努力，承蒙联合国气候变化大会主席法比尤斯，以及将要接替他的职位的罗雅尔的工作，2015 年 12 月 12 日——这是地球上具有历史意义的一天，法国外交部部长手持的木槌在我的注视中重重落下，一项世界协议在与会者的巨大欢呼声中得以确认。很少有这种情况，木槌简单的一击对人类产生了重大的影响！

在谈判中，方法和目标同样重要。为了达到目的，首要的品质是耐心。要懂得运用时间，如果必要，可以延长时间。接受中断，但要避免破裂。如果讨论陷入困境，这是一个好兆头。只要对手还围在桌旁，就没有失败。夜晚带来的不仅仅是建议，还会产生好的协议，参与谈判者很少会接受把它们无故地牺牲掉。清晨是礼仪的一部分，它吸引的往往是胜利者的目光。光有道理不足以说服人，光有抱负也不足以吸引人。讲究策略的智慧，就是一种跨栏比赛，一个接一个地跨越，这是使每个对话者对共同取得的成功产生兴趣的最佳方式。

最后，相反地，面对厚颜无耻、谎言及对权利的践踏，谈判会变成陷阱，讨论会变成放弃，同意会变成投降。

07
选择

决策，是总统的日常生活。它并非总是像在战争行动中那样富有悲剧性，却总是很艰难。简单的决策用不着爱丽舍宫来做。这个事实决定了使命的伟大性。我从很早——不管怎么说——从我在密特朗总统身边工作的那些年，以及后来作为社会党第一书记参与总理利昂内尔·若斯潘政府的工作时算起，就认识到这个事实。当选总统后，我从任职第一天起就体验到了总统所受的约束。

战略选择

我行进在香榭丽舍大街时，遭遇了冰雹的袭击，但受到了前来鼓励我的友好人们的掌声鼓励。我脑海里呈现的是等待着我们的第一个挑战。我们继承了艰难的财政状况，在上一个 5 年，我们的债务激增，主要是因为 2008 年金融危机。我们在必须做出巨额支出之后，才遏制住这一趋势。2012 年债务额达到国内生产总值的 90%，而在 2007 年只占 62%。欧元区处于危险之中，如果我们想在可承受的条件下进行再融资，就必须对法国的债务质量加以保护。

我尽可能精确地衡量我的竞选承诺。考虑到以新借款改善波及最为脆弱群体的紧急状况的需要，以及在国民教育领域创造必不可少的工作岗位的需要，我宣布将努力尽快地把我们的账目恢复到更好的平衡状态。审计法院在 2012 年 6 月底公布了一份公共财政报告，清楚地阐明了我们面临的困境。报告既清晰又谨慎。我们还差 330 亿欧元，才能达到在 2013 年把公共财政赤字降至国内生产总值 3% 的目标。如果想到我们上台执政时赤字占国内生产总值的近 5.2%，我们就会明白这是个不可能完成的任务。

审计法院无所畏惧，特别是不畏惧舆论。它建议我们通过减支 180 亿欧元，以及用余额增收的办法来填补赤字差额。这是窒息经济活动、削减法国人购买力的最佳方法。这与马克龙在 2017 年 5 月面临的形势截然不同，他了解当时的情况。从这个角度看，当审计法院以包含虚假成分来评判我们最后一个预算即 2017 年预算时，它并不慎重。那个预算唯一的预见性错误是关于增长的：实际增长率达到 2%，而非预算谨慎预计的 1.5%，增长带来了额外的收入。可笑的“虚假”。这就跟现在有好消息也必须指责我们一样。

我的朋友经常问我，为什么没有依据我们令人恐慌的财政状态警告法国人，以此为推迟兑现我的承诺做辩护，并实施更严苛的政策。人们对我说，只要把这种财政状况归咎于上一届多数派政府的不良管理，眼睛就会立刻睁开，嘴巴就会立刻闭上。但是，我不想这么做。首先，做这样的声明会被视为玩弄手腕，意味着利用继任来延长刚刚结束的政治争斗。其次，因为废弃我的承诺与选举本身的意义背道而驰。我有太多这方面的记忆：到达期限之前的休止、匆忙的转向，特别是我的前任过早地和他们的纲领脱钩以避免类似转向。最后，过分夸张会加重危机，挫伤经济从业者本来就不高的士气，令每年为我们借贷 1 500 多亿欧元以弥补赤字的债务市场过度担忧。我们会面临利率提高的风险，这将使我们国家预算承受额外的负担。我们的还本付息额每年超过 400 亿欧元，这等于国民教育领域的年度预算。我应该完成的振兴经济任务已然十分棘手，如果再增加过多困难，振兴任务将不可能完成。

黑面包

就这样，甚至在我就职的当天，我就应该对一个影响我整个任期的重大两难困境做出决断：要么推迟努力以回应我们选民的急不可耐——对他们来说，“现在就要改变”；要么实行严格的预算，即增税，同时辅以控制公共支出。这些措施不能保证我们成功，但能防范必然的失败。

我已经有了主张，它是我在勒布尔热演讲时形成的。欧洲的混乱过于危险，即使再困难，法国也要采取必要的举措。我们先吃自己的黑面包。一旦实现振兴，我们就将实行人们期待的再分配。

另外，欧元区经济也必须及时恢复，以便使我们在 5 年任期之初进行的调整可以在两三年后产生效果。今天，人们都善意地看待这个计划，它运行起来了。自 2015 年初以来，法国生产得到恢复，投资支持下的增长再次缓慢起步，失业曲线最终得以反转。复兴来临了。但是对国家来说，特别是对我来说，这些都太迟了。

这些艰难取得的成果，即使是由马克龙来收获，我也不会抱怨。这是责任的一部分。从某种意义上讲，一个总统承担着其前任的功过，并坚持不懈地为其继任者工作。

冒雨决策

我在任期第一天就确认了这个选择，这是在香榭丽舍大街的骤雨下做出的决定。当时雨水在我的敞篷汽车的地板上形成了一个冰冷的水洼。我对国家资源抱有的信心坚定了我的意志。生命力和创造力要超出那些衰退预言者的想象，也要超出那些精英兜售的谬论。诚然，我未猜到，在遮掩着未来的薄雾背后，路途比我想象的还要长。但在今天，就像我任职那天一样，我知道这是法国的最高利益。

那些为此战略感到遗憾和质疑“供给政策”的人，建议我们增加公共开支，允许增加赤字，从而摆脱我们对欧洲的承诺。他们实际上是在呼唤掀翻欧洲的桌子，这张桌子比他们想象的沉重得多。如果我们这样做，就等于把法国和欧洲一起扔进了沟壑。

从第二天早晨起，以及在我任期的每一天，一张只写有一个数字的白色便笺作为实时的固定信息都会被递到我的办公桌上，即我们的债权人为法国债务再融资所要求的利率。每年，我们的国家并非像人们常听说的那样“向银行”或“向市场”借贷，而是向全世界的储户借钱。这些储户合理地期待着收回他们托付给我们的钱，大约每年 2 000 亿欧元，这对法国这样的大国来说也是一笔巨款。如果政府放松警惕，实行冒险的财政政策，向透支让步，惩罚就会立竿见影：利率蹿升，还债负担猝然加重。在改善法国人命运的幌子下，留给他们的将是更加艰苦的付出。

“来自金融机构的强制？”“来自布鲁塞尔的勒令？”都不是。这是债权人逻辑思考的结果。他们不可能生出丝毫因领导人的轻率而把自己变穷的念头。他们只有在资金安全得到保障后，才会以低微的利息把钱借给我们。这使我们能够在几乎整个 5 年任期之内以近乎零利率进行借款，并减轻了数十亿欧元的债务负担。

每一个可靠的政府都必须这么做。极右翼的民粹主义者或激进左翼的支持者，不屑于知道这个事实。债务国自投债主罗网，自罗马帝国以来就是这样。拒绝这个事实，就是丧失我们的独立性。我被选举为总统，不是为了制造破产、摧毁欧元，也不是为了让我们匆忙落入被监管国家的行列。法国应该遵守承诺，可以就这些承诺重新进行谈判，这正是我所做的。我争取到了降低赤字期限的灵活性，同样让我们的国家避免了其他一些国家必须实施的紧缩政策。

我们强烈关注体现公平。我希望不仅遵守我们的欧洲政策，还要保护法国人的购买力，因此我们为法国人民避免了严酷的政策。我们知道，最弱势群体会首先承受这个政策的后果，并且这个政策也会损害未来的支出。当必须做出牺牲时，我首先要求社会中上层阶级做出牺牲——他们对此已经抱怨得足够多了。我也与税制不平等做斗争，这是我们承诺的核心任务。我发现这已经不再是现在的首要任务，因为资本持有者收获了依靠所有人的劳动才恢复的增长红利。

阿喀琉斯之踵

政策一经宣布，便必然招致最大既得利益者激烈的齐声反对，他们指责我们是贪婪的收税者。这些呼唤勇气的伪君子要求除他们之外的其他人做出努力，即建议征收消费税或严格削减公共服务手段。这不是我想呈现给法国人民的政策。

第一个遏制赤字的决策引出了第二个决策。我从很久以前就形成了自己的信念：如果说法国处境不利，如果说它的外贸近 20 年以来呈现结构性逆差，如果说它的生产率低下，这不仅是由于我们开支过度，也是因为我们的生产机器功能减退。我们从外国购买的要比我们出售的更多。我们的贸易失衡证明我们长期以来投资不足，以及我们的专业分工不能适应全球化的新挑战。缺少合适且有竞争力的供给，导致我们增长潜力不足。如果通过增强购买力拉动需求，将无助于法国生产的增长，而只对我们的竞争对手有利。那些相信如此可以促进经济的人反而会把我们的贸易逆差扩大化——除非他们把自己封闭在保护主义的幻想中。因为在那些词句的背后，正是这种企图使民粹主义者蠢蠢欲动。特朗普名声不佳，但他引发了一些思考——尽管这些思考并不理性。质疑欧洲建设的背后，越发清晰地勾勒出退出欧元区的企图。他们对此从不明说，因为这不得人心，因此他们的企图不易判断。人们看到，他们的立场难以维护，极右翼领导人在总统竞选两轮投票之间的辩论中已经为此付出了沉重代价。怎么能够既留在货币联盟里，又同时蔑视它的规则呢？除了留下或退出，没有别的方式。

为了使我们的观点更加清晰，艾罗于 2012 年 7 月要求路易·加卢瓦撰写一份报告，以评估我们的工业状况，并据此提出重振工业的建议。我十分尊重这位伟大的工业家。20 世纪 80 年代，他在多个部委身居高位后，先后成为法国国家铁路公司、航空航天工业集团受人尊敬的领导者，如今领导着标致雪铁龙集团。他拒绝像许多巴黎证券交易所市值前 40 位企业领导者那样领取传奇般的高薪，他生活简朴，把一部分时间用于社会活动，去帮助边缘阶层。他性情开朗，思维敏捷且果断，能力强，全局利益意识强烈。他是一位理智的欧洲人，因为他把心留给了为之效力的国家，无论他的头衔高低——就像一位士兵一样。

两个月后，他交给我们一份言简意赅的短文，上面写的是一个毋庸置疑的诊断：法国深受竞争力严重缺乏之苦。15 年前，法国工业在国内生产总值中所占比例尚达 20%，而今天只占 12%。我们应该减轻生产企业的重负，让企业重新获得利润，减少企业社会项目支出，并把我们的资源用于未来工业。

人们问我，这就是左派的角色吗？左派上台伊始，本应立即整顿公共账目，难道应该放弃难得的收入而去改善企业效益吗？我看不到别的选择。没有人能回避这个现实：为了保持可持续就业，必须拥有健康的企业。为了分配，必须生产。

放松钳制

因此我不再疑虑。行使权力，就是将信念和为全局利益服务结合起来。我从未想过左派能在平静的时期走向权力。历史告诉我，危机引发了权力的更迭。每当右派耗尽信誉，就该由进步力量去解开不可能的方程式。我对此十分确信，因为我就面临着难以解决的问题。为了让赤字降到国内生产总值的 3%，必须重新平衡 300 亿欧元的亏空。为了减轻企业负担，需要增加 200 亿欧元支出。这次，我们拿出了示意图：为了得到这笔款项，必须尽可能提高税收额度，而此时“厌税”情绪开始显露。或者应该大幅减少开支从而阻滞所有的增长。如何放松钳制呢？

第一个解决方案来自欧洲：意识到我们的困难，以德国为首的合作伙伴给予了我们宽限时间。这非常宝贵。人们指责我没有重新就欧洲预算协定进行谈判，从而打破赤字占国内生产总值 3% 的限制。这是不公平的指责：我们说服合作伙伴放宽执行协定的条件，从而避免了发生迂回曲折地重新起草相关文件，并可能会分裂欧盟的情况。法国作为欧盟委员会批准的“灵活性”的主要受益者，又额外得到 3 年时间以达到强加给我们和欧洲的预算目标。

“造反”开始于 2012 年 10 月。当时，20 名社会党议员投票反对确认欧洲预算稳定条约，还有 9 名议员以弃权自保（其中两人后来成为马克龙政府的部长）。我曾承诺就该文件重新启动谈判。从双重意义上说谈判已经重新进行了：增长公约于 2012 年 6 月 29 日由欧洲理事会通过，它的强制性规则被延期执行；我们的公共财政赤字得以维持在国内生产总值的 3% 以上，而我们不必冒任何受罚的风险。那些刚入门的“异见者”把稳定公约说成枷锁。没有比这个判断更加荒谬的了：把文件条款作为行为准则而非生硬的限制，可以使欧洲大陆以最低的社会和政治代价恢复增长和就业。现在每个人都能看明白这一点。

权力的想象力

欧盟在 2008 年以来催促各国迅速减少开支的错误得到了纠正。在法国和南欧国家的压力下，在德国的赞同下，预算条约按照各方利益得到了睿智的诠释，同时德拉吉务实地转变了货币政策，拯救了欧元。

这个以极大代价获得的预算灵活性仍然不够充分。如果我想为我的首要项目融资，并减轻企业负担，那么 2013 年的预算就难以做成，除非通过大幅增加增值税和向家庭征税。我拒绝这种做法。我不能刚刚取消前任设定的税项，就以另一种方式恢复它。

但是面对事实，不应禁锢想象力。囿于这个一元一次方程式，我的顾问疯狂地转换他们按照相同参数打造的模型。结果，任何方案都未得出。我也开始琢磨。长期以来，我被描述成一个税务专家。这并不只是恭维。设立税项更多具有数量意义而非质量意义，因为它以税种数量而不是以税种的合理性和公正性来衡量。但是，了解税收机制并不会损害政治行动。我通过所受教育及在议会工作的经验钻研这个独特的学科，这使我可以抵挡由行政部门提出的看似严肃、实则效果糟糕的建议。尽管我应该坦言，但我的警觉也多次出现了失误。

在此情况下，我想到可以利用这个所谓的“鉴别能力”找出解决方案。11 月的一个晚上，我在宁静的办公室里完成了这个方案。为了给企业融资空间，让它们投资和招工，同时不打破 2013 年年度预算的平衡，为什么不使用税收抵免的方法呢？这个方法在支持企业创新中得到了检验。投资研发的企业可以从这些支出中抵免一部分税金。企业的税金立即可以减免，而国家在下个年度预算中才负担这笔开支。为什么不在促进就业方面也采取同样的做法呢？于是，我决定从 2013 年起设立竞争力和就业税收抵免政策（CICE），相当于减免了企业工资支出总额的 4%（高于最低工资 2.5 倍的工资额除外）。国家在第二年再支付这笔款。

如同许多创新一样，这项举措被人们带着怀疑的态度接受了。法国企业运动组织抨击这个举措的复杂性，其实它可以用交叉相乘法进行计算。劳动总联合会揭露这是一个不求回报、白送给企业的“礼物”。该说法成为“异见派”要求在实施支持企业的这个举措时进行行政监督的理由。人们可以想象，随后而来的官僚主义将打消企业招工的勇气。

如今，大多数经济学家承认这项税收抵免政策在振兴经济方面发挥的决定性作用。根据法兰西银行的说法，它支持创建了 30 多万个就业岗位。雇主组织起初认为这个政策无关紧要或不合时宜，现在则要求予以保留。而现在的政府却更喜欢普遍降低社会分摊金额。如此，清白水落石出。

公约的责任

2014 年初，经济恢复迟迟没有来临。我决定扩大税收抵免政策实施范围，并把它融入“责任公约”。作为对进一步减轻税负的交换，企业应承诺比预期更多地进行投资和招工。这并不意味着改变了方针，而是一种提速。这个方法建立在对话与合约的基础上。

应该由社会谈判伙伴——首先是雇主组织——参与进来。法国企业运动组织的主席曾贸然地印制横幅、制作徽章，宣传将增加 100 万个就业岗位的目标——如果实施上述政策的话。我并没有要求他增加那么多。他们早早地安排宣传，过后又往往不再提起。在我们看来，重要的是展现一个带有具体规划的战略，适时把国家对企业的支持组织起来，为企业做出投资和招工决策提供必不可少的、看得见又稳定的条件。遗憾的是，这则公约当时没有真正地被社会谈判伙伴加以谈判和签署。但是后来他们进行了讨论。公约也提供了逐个行业确认实施的方法，甚至通过企业补充性承诺扩大了成效。

我在 2014 年新年祝词中向全国宣布了这些决定，又在 1 月 14 日的一次新闻发布会上予以确认。在艾罗的领导下，政府坚持着这条路线。但是在社会党议员中，那个被称为“异见派”（投石党人）的团体要求我们支持公共投资而非私人投资，支持家庭而非企业。他们不明白，我们的首要问题是供给不足，而非需求过低。起初，这种争执没有超出辩论的范畴，这些辩论恰恰动摇了多数派。但是，“异见派”以他们的恶意、他们的坚持、他们的不和谐，最终破坏了团结——团结对于任何扩大影响的努力都是不可或缺的。他们侵蚀我们的政治信誉，煽动那部分从最初就质疑我们、与欧洲决裂的左派背叛我们，以此表明他们的不屈服。

和奥布里对话

玛蒂娜·奥布里[1]不赞同我的方针。诚然，她并没有和“异见派”呼应，但也没有让那些人安静下来。她保持着沉默——在她身上可能是一种美德。我应该说服她不要缄默，而要发声，以便带回平静和理性。2014 年 11 月 22 日，在里尔市皮埃尔·莫鲁瓦球场上举行的法国对瑞士戴维斯杯网球锦标赛决赛开始，我们单独在里尔十分著名的梅尔特餐馆共进午餐。她直截了当地表示对我的政策持保留态度，这是她的优点。她守着一道酸辣乳鸽菜，开始重提昨天她在媒体上使用的论据。她认为，政府要求地方行政机构做出努力太过分。她对提供给企业的资助额度以及缺乏明确的回报提出批评。最后，她对未来马克龙法案中计划扩大星期日工作范围表达了反对意见，这是出于原则和哲学原因。按照她的意见，星期日首先应该留给家庭、休闲和文化活动。即便如此，1/4 的法国人已经开始在星期日工作了。

我回答她，我会在任期的最后阶段，减轻对地方行政机构做出的约束；但目前我应该号召所有公职人员减少办公开支，以更好地

1　玛蒂娜·奥布里是现任里尔市市长，曾任社会党第一书记。——译者注

保证投资。我理解要求企业回报的想法，但是制定复杂和约束性的规则将会抵消现行政策的效用。我也请她注意，税收抵免政策已经根据工资总额的比例进行计算，这本身就是对企业招工的鼓励。至于我们准备进一步放宽星期日工作范围，特别是在大型旅游区域，这要经过相关企业大多数员工同意才能实行，同当年她作为若斯潘政府的部长推动通过削减工时至35小时的情形一样。我补充道，里尔作为靠近比利时的大都市，同样也需要增强商业方面的吸引力，以吸引游客。

星期日工作对消费者和工薪阶层而言都是一个进步，今天谁还会质疑呢？市长承担起了他们的职责。曾经批评这一措施的巴黎市长阿娜·伊达尔戈，很快就明白了这种安排对于提升首都吸引力的意义。她不是最后一位要求在那些可以看作国际旅游区的街区实施这一举措的人，我庆幸这种思想的进步。这很容易理解。鉴于可预见的、可以达到双倍甚至三倍收益的加班工资补偿，企业中有许多人是星期日工作的后备人群。

奥布里有时对我比对其他人更友好。她提醒我当心瓦尔斯和马克龙的雄心壮志，她担心他们进行着一场竞争。在这一点上，她是有道理的。她表达得既不矫揉造作又不转弯抹角，她不怕惹人讨厌，她做到了。我喜欢她“说话粗鲁”胜过她虚与委蛇。但是，我难以认清她的战略思路。她在第二左派[1]的流派中得到培养，在市政管理上讲求务实，也了解企业实际情况。与投入集体行动充分发挥

1 第二左派指法国社会党内没有统一的意识形态诉求，没有成形的组织结构，在政治活动中更加倚重工会等社会组织的流派，该流派以已故社会党领导人米歇尔·罗卡尔为代表。——译者注

作用相比较，她更喜欢退后充当左派的瞭望哨。她依据的有时是过时的原则。她留在中间地带，既远离那些“异见派”，也远离我代表的政策。

我在2016年6月再次见到奥布里。她那次攻讦的主题是“科姆里劳动法”。奥布里当年担任劳工部部长时是一名坚定的改革者，确切地说是以“弹性安全”政策[1]之名进行改革。我不知道她是否与工人力量工会总书记让-克洛德·马伊有关系。那时马伊指责科姆里劳动法，但在面对（现政府）以政令强行推动走得更远的劳动法改革时却临阵脱逃了。奥布里明白改革过程是不可逆转的，她也明白我将坚持到底。她把目光转向了总统选举。考虑到我作为总统是合法候选人，她向我保证，如果我宣布参选，她将支持我。我建议她去说服她的朋友，并在适当的时候宣布对我的支持。对此我一直等待着。

投石器和回旋镖

我曾经会见并想说服那些“异见派”议员。这并非因为我的政策有多么公道，而是因为在政治上克服分歧有其利益所在。会见是在私下而不是在公共场合进行的。我希望通过交流达到使他们既不用全盘赞同也不要全面抨击的目的。

会见是徒劳的，他们不想改变。他们质疑我们的方针，都是同

1 “弹性安全”政策指北欧国家社会模式中积极的劳动市场福利政策。——译者注

一个问题：欧洲政策。这场辩论可追溯到 2005 年对欧洲条约的全民公决。“异见派”大多数人反对条约，因为他们不接受货币联盟的规则。按照他们的想象，可以共享统一货币，而不必对共同的经济政策有最低限度的认同。按照他们似是而非的想法，公共财政赤字水平是左派政策的标尺。他们害怕被反抗性更强的人超越。他们确实是更具反抗性的人，因为他们肆意嘲笑任何现实主义，并最终中断了通往欧洲建设的桥梁。那些人认为其首要敌人是社会民主主义，是改良主义思想，是政府的左派。他们认为，从内部削弱社会民主主义，就是支持他们自己的事业。

2005 年，社会党内产生的分化几乎要把党毁灭。之所以我能够终止这种违反纪律的行为，是因为那时我们处在反对派的地位，而且我们是反对派中最强大的——如果不是说唯一最强的。10 年后，分化变成了不共戴天的决裂，因为我们执政了，因为左派中形成了另一股力量，他们想把我们排除在左派之外。

随着事态的发展，我明白了：“异见派”站定了不再改变的立场，他们想准备另外一位候选人——而不是我——去参加 2017 年的总统选举。人们也看到了这种冒险导致的突然变化。他们操作的不是投石器，而是回旋镖。

08
讲话

关于政治语言……人们希望它严密、郑重、权威。它首先是脆弱的。奇怪的是，这个特点是在我发表最为重要的讲话之一的时候呈现出来的，即 2012 年 1 月 12 日在勒布尔热为启动总统选举竞选活动发表的演讲。大厅里的听众热情、专注、兴奋。我花了很长时间准备这篇专为此次重要活动量身打造的演讲稿，它应在一个半小时内集中阐述我施政规划的精华，激励广大党员，并指出我的施政纲领脉络，简要说明我在 5 年任期内将为国家制定的大政方针。实际上，这是我的首次总统演讲，它在我获胜的情况下就会被人们作为我的政策依据，这也是我和法国人民签署的一份合同。讲话的象征意义在于揭露金融资本的本质，阐述的方法是当一个“平凡的总统”，提出的纲领内容是“60 项承诺”，讲话具有决定性意义。

在我的总统任期内，为了指责我和人们拉开了距离，或者为了提醒我勿忘承诺，人们曾多次向我重新提起勒布尔热演讲。我从未抱怨过。在一场成功的总统竞选活动中，必定有一次标志性的讲话、一个关键的行动、一起作为转折点的始发事件。众所周知，胜利是在那一天勾画出来的，语言的力度、演讲者的风格、主题的贴切度等能够制造出决定性优势，并由此把候选人变成总统。勒布尔热演讲就能起到这样的作用。

但在那天，因为节外生枝、一次事故、一个玩笑，一切都差点儿崩溃、失败。正当我在台上阐述对未来总统任期的构想时，正当我感到听众对我的讲话产生共鸣时，我惊愕地看到一个不明物体穿过了分隔着我和前排听众的空间——那是一只鞋子。不知是谁从听众席中扔出的，它滑落在地上，停在了我所站讲台的另一端。我一边不动声色地继续讲话，没有停顿，以免引起怀疑，一边在脑海里瞬间出现乔治·沃克·布什在一次记者会上遇到的波折——他被迫敏捷地躲开一名被其言语激怒的反对者扔出的一只旧拖鞋，当时照片很快传遍了世界。

如果勒布尔热的这只鞋子不是悄悄地、几乎无人发现地在我脚前滑落，而是在摄影记者贪婪又幸灾乐祸的目光下砸中我的脸呢？电视新闻频道就会争相转播这个场面，那样就必定会让我的大部分讲话黯然失色。而且假使以后有人在某个人面前提及勒布尔热演讲时，对方无疑会这样回答："啊，是的，被人扔鞋子那次吧！"万幸的是，这件可笑的事并未被人觉察。但我记住了这个教训：在这个图像时代，最微小的事故也可以决定演讲是否成功。

勒布尔热演讲中的词句被成百次地放在天平上衡量、被成百次地重提，目的是在事后评估我的言行之间的差距。我愿意接受这一挑战：我本人也曾成百次地重读这篇演讲。直到今天，我一直没看到任何重大自相矛盾之处。我首先想表明我和萨科齐在总统任职上的不同之处。因此，我从描述任职风格和方法开始，我想把这些风格和方法铭记在我的 5 年任期中，它们更简朴、更亲民、更节制、更庄重。这些是我在两轮选举之间和萨科齐电视对决时将要辩护的内容。在这场辩论结束后，经常有人问我，在面对主持人洛朗丝·费拉里提出的“你将是一个什么样的总统？”之类的问题时，我是怎么即兴以“我，作为总统……”这样的排比句式为开头做出回答的。很简单，我在勒布尔热这样讲过。

接下来我指出，疯狂的金融资本泛滥是法国陷入困境的首要原因。2012 年 1 月，随着我不断重写演讲稿，那段留在我记忆中的话出现了：“我真正的敌人无名、无形，它不参加竞选……我真正的敌人，就是金融界……”事实上，我要对抗的并不是某些人或某个政策，而是对抗一个无名的和以不平等、贪婪与失责为标志的体系。只要人们不曲解本意而指责我并未说过的一番话，我就丝毫不会否认我做出的判断和说过的话。事实上，应受谴责的是金融资本主义失调，而不是对经济来说必不可少的银行体系的存在。我不是说要同市场经济或是什么集体主义在重大时刻脱钩，我要求掌控威胁我们社会模式平衡的新型寡头势力。

我食言了吗？完全没有。我的政府进行了银行法改革，迫使金融机构将储蓄业务和投资业务分离。政府创建了公共投资银行——它的成功无人质疑，对金融活动进行更为合理的强制性规范，对红利加以限制。我毫不停歇地在欧洲范围内展开行动，以使经济融资更为稳定、受到更多监管，并且成本更低。从那时起，尽管有前任遗留下来的不平衡，但再也没发生过金融危机。对欧元的攻击停止了；银行利率降至史上最低水平；银行也增加了资金储备，接受定期检查，随时证明其资产的稳定性，并建立银行间互助制度，以便银行在衰退时不再求助于国家。在法国的激励下，国际合作使打击避税天堂的斗争更加高效。尽管避税天堂依然存在，但其数量大幅减少。多亏那些举报者，大型企业集团越来越多地受到政府监管，以至今天，比起那些大型金融机构，反倒是数字经济巨擘被更多地指控逃税。打击洗钱的力度也得到了加强。银行和企业的任何不端行为都会受到从重处罚，以此强制要求它们保持警醒。诚然，金融投机还未缴械，但有所减弱。换言之，没有人能昧着良心认定我在勒布尔热的承诺没有兑现。

那些反对我的结论的人，实际上是在追求这样一个政治目的：一如既往地在无凭无据的情况下表明我“背叛了社会民主主义”，诽谤我的企业扶持政策，并夹杂着关于我向金融市场妥协的臆测。而我在勒布尔热讲话中明确了立场：我承诺，一旦开始复兴就进行再分配，准备根据公共财政状况相应地推进社会政策，还规划了长期工业战略。我宣布要付出努力，我承诺要实现公正。正是这些话引导着我的 5 年任期。

不停地讲

当选总统后，我于就职日在爱丽舍宫节日大厅面向法定的重要人物发表首次讲话。这是象征性讲话，很少在舆论中留下印记。美国总统则是就职日在宣誓捍卫美国宪法后，对聚集在国会大厦前的人群发表讲话。也许应该从这样的仪式中吸收一些灵感。

我不认为总统应该寡言。雅克·皮尔汉曾先后担任密特朗和希拉克的顾问，他把建立在保持沉默以营造短缺和兴趣基础上的饥饿战略理论化了。我十分理解这一论据：国家元首通过惜字如金来制造出一种期待，当他不再矜持时，这种期待可以保证更好地倾听。如果总统决心烙下印记，并深信法国的体制一直受到对于君主制度模糊记忆的支配，他就会试图强加一种饥饿媒体的做法。但公民也需要听到政策阐释。如果总统不回答有关诘问、疑惑或批评，公民就会不理解。公民选他当总统，不是为了看着他把自己关在象牙塔里，并随意有间隔地走出来。通常，国家负责人应该对批评和反对意见做出回应，这是民主的法则。

在担任总统的 5 年间，我做过近 300 场演讲。包括郑重准备和发表的讲话，还有视察企业时的讲话、颁发荣誉勋章时的致辞、国宴上的祝酒词，以及在国内外举行的新闻发布会。我总是用同一种方法做准备工作，首先在纸上记下自己的想法，然后要求我的团队就技术问题做些注释。如果需要，我也会寻求某位了解问题的外部朋友的帮助，以及历史学家、经济学家或是政治人物，他们的观点可以充实我的观点。然后，在演讲前一天，有时是仪式开始前的几个小时，我把自己关起来撰写演讲稿。这是个细致的工作，我不停地修改，反复试讲。直到最后时刻，有时就在我应该演讲的厅内，在登上讲台前几分钟，我还在推敲最准确的措辞。我很看重演讲用词。法国总统轮流向不同类型的公众讲话，他们期待着他对其关切的重视，期待了解他的看法、他的规划、他的展望。通常，这个细致的工作需要字斟句酌，但从媒体那儿只会得到有限的反馈，而这种反馈随着任期的推进越发变得微弱。只有在总统用了一个不恰当的表达、遭遇意外的反对，或遇上小插曲时，他的讲话才会穿透冷漠之墙。简言之，人们只是在演讲不畅时才会谈论它。

全天候讲话

我想起两三次让我刻骨铭心的演讲，它们都被偶然的事故破坏了。那是 2014 年夏天，我花了很长时间准备一篇纪念社会党领导人让·饶勒斯逝世 100 周年的演讲稿，纪念仪式在卡尔莫举行。饶勒斯是社会主义运动的伟大人物、深刻的思想家、才华横溢的演说家，他在我心中的先贤祠里占据着重要地位。我重新阅读了他的多篇文章，打算对他的改良主义做一番经过深思熟虑和认真构思的赞颂，以提醒人们：构思完美的规划只有经过事实的检验才有意义；没有一个竞争力强大的经济就不会有可持续的社会成果；循序渐进和坚忍不拔比“搞乱一切”更能保证进步，“搞乱一切”很快会与“几乎什么都没有”没有什么两样。这令人厌烦！当我抵达卡尔莫的时候，一小群反对者——鉴于他们有这个权利——见我从街上走过，便挥舞起指称我背弃“伟人”思想的标语。这一场景对各种评论发挥了导向作用。我去那里是为了表达对饶勒斯的敬意的，如果说没有被饶勒斯否认的话，却得不到一小撮所谓他的继承者的承认。当然，那天没有人花工夫去研究我的论据，也没有人去查证饶勒斯这位折中人物的理念已经再次体现在了我们政府的改革思想中。一幅标语造成了这样的结果。

同样的“妖术”也影响了2014年8月末我对森岛的视察。我此行是为了向那些在1940年6月到英吉利海峡另一侧勇敢投靠戴高乐将军的水手致敬。那天，暴风雨肆虐，与巴黎因政府多位部长离职而刮起的政治风暴一样强烈。我在倾盆大雨中发表讲话。我迎着风雨，浑身湿透，流淌在眼镜上的雨水阻挡了我的视线。邀请来的电视台政治评论专家叫喊着指责仪式组织者的业余水平：难道想不到把总统安置在一个华盖、帐篷或者什么遮挡物下面吗？他们说这些是因为完全不明白当时的情形。我身边站着令人钦佩和敬仰的老战士，他们紧握着湿透了的军旗，虽然上了年纪，但是站得笔直，丝毫不为席卷伊尔德桑的狂风所动。当他们暴露在恶劣的天气中，伫立在寒冷中听我讲话时，我去躲雨合乎礼仪吗？礼貌、敬意、规矩，都不允许我这么做。然而，这个在暴雨中无所畏惧的总统形象，在另一种情形下应该对我有利，却被人大肆利用，以至忘记了我围绕抵抗精神释放的信息含义，忽略了我把自己与接待我的老兵放在同等地位的用心和本意。

总统的讲话要服从另一条无情的法则：如果想更广泛地触动舆论，宣布一项重大改革，在政策施行前做出解释，就必须做好充分准备。如果一次讲话很重要，首先总统事先就让人知道它是重要的。我在2013年12月31日发表例行新年贺词时证明了这个法则。当时我决定加快实施政府的经济战略，预言一项“责任公约”将改善企业经营空间并使之投资和招聘。按照惯例，媒体对总统新年贺词只会做出重形式轻内容的评论。我等待几天以后，媒体才像尾巴被踩的恐龙一样做出反应，明白5年任期的重大时刻开始了。两周之后，为了让媒体能完全捕捉到其内涵，我只得在一次新闻发布会上旧话重提。

及时讲话

演讲，怎么讲？以什么形式讲？对谁讲？在每届总统任职期间，这些问题都像是一个反复光临的老朋友。媒体界在过去的10年发生了翻天覆地的变化，社交网络打乱了游戏规则，图像都具有了意义，炒作制造出了声音，推特则创造了言论。一切都变得快捷、夸张，有时甚至是迂回，我低估了这场发生在眼前的革命。我属于纸质媒体、电视和晨间广播的一代，幸运的是，这些媒体依然存在，但它们每时每刻都面临着竞争。大采访、晚八点电视新闻播报、准点新闻速递、报纸头版的大标题及引人入胜的社论时代结束了，但它们依然还在那儿，在舆论体系中仍然举足轻重。在充斥着符号、提醒或是不和谐声音的环境里，信息等级制度已被打乱。每日新闻成了总统无法仔细思考的事件，他一见到麦克风或是摄影机就应该立即进行评论。他被要求亲自登录社交媒体并发声，和其他人一样。但如果这样做，陷阱就会合上。

电视新闻频道的出现带来了真正的进步，它们保证了信息流的传播和分享——而在此前，这是专业人员的特权。但它们也以急促的节奏像电视连续剧一样在一天中滚动播出，直到被新出现的议题取代，而新议题实际上未必比前一个更重要，但它依然会与前者形成竞争，将前者驱赶到第二线。时事就是这样的，几百万法国人从早到晚整天体验着它，焦虑地弥补他们可能错过的新闻，对所有主题发表着循环往复的评论。无时无刻不在说话，随时随地说个不停，并且什么都说。这就是总统讲话的新障碍。

在这样奔涌不停的信息流中，如何重新找寻庄重、严肃和强度呢？为了应对“现代性”的需要，我曾想回到传统的沟通形式——召开大型新闻发布会——它们曾在第五共和国留下了深刻的印记。新闻发布会由戴高乐将军首创，并被他变成了一种极致的艺术。戴高乐将军的早期继任者重新启用了新闻发布会，却又逐渐放弃。我认为现在是时候重拾这一传统了。因此，每过 6 个月，我都会邀请受委派的记者到爱丽舍宫，提出由我的政策或时事引出的问题。我很开心地投入新闻发布会中，它允许大家耐心地说理。它覆盖包括国际形势在内的所有主题，与会的外国媒体也做出了贡献，它给惊讶、放肆、幽默留出了一席之地。它是尊重媒体的标志，它在爱丽舍宫的隆重装饰中营造着发布会的氛围。新闻发布会也把政府团结在一起，政府成员沉默不语，但他们领会了总统的讲话。

我遗憾地承认新闻发布会这种形式的过时特点。与晚 8 点新闻播报相比，新闻发布会召开的时间是在白天收视率很低的一些时段。新闻发布会举办过多次，但涉及的话题不都是最具有决定性的。与社交网络的即时性相比，它显得更为迟钝。

我注意到了大型电视节目，但总统能像其他人一样成为晚 8 点新闻的嘉宾吗？他能在晚间节目刚开始播出就被要求离场吗？显然不行。看来必须给他设计专门的节目。我都试过了：把新闻节目的时间延长，在爱丽舍宫连线访谈，和法国人对话，或在新闻频道发表简短讲话。我唯一的收获是：没有理想的形式。当总统讲话几乎成为日常事务之后，就无法再优先考虑某个媒体了。国家元首应该同意在多种媒体空间发声。毕竟，只有内容才是重要的。

至于正式讲话，我只在特殊情况下才会采取这一形式：对恐袭做出回应，宣布发起对外军事行动，或就政府改组做出解释，还有宣布我不再竞选连任的决定。

我从未遵从那些沟通技巧专家的设计而过度重视公共关系。我知道曾让加斯帕尔·甘策一会儿发烧一会儿冒冷汗的感觉。作为新闻事务顾问，他努力向我推荐良好的沟通途径以传达良好的信息。尽管困难重重，但他仍怀着饱满的热情尽其所能。他有他的道理。他认为总统应该尽可能自由地表达，而媒体形式则几乎是第二位的。正是把总统的表达方式禁锢于昔日的旧框架，才使公众对其讲话充耳不闻或视而不见。灵活、流畅、迅速和简洁是效率的基础。在新的信息形态下，对时间的管理成为主要武器。为了在比赛中不丢球，必须迅速行动；为了掌控比赛，必须懂得适可而止。

讲话满天飞

在国外访问期间，这种明智的谨慎难以得到遵守。出访时的讲话都是依照传统样式精雕细琢、精心准备的，访问总是以会见往访国的法国侨团结束。我们的海外同胞对总统善意热情地接待、心怀默契地聆听，而总统对此也很随和。他刚刚发表了一些重要讲话，结束了棘手的谈判，回答了媒体的提问。他认为最难做的事已经了结，渴望能享受应有的轻松。正是在这个时刻，总统身边的人仔细构筑的、避免总统在远离法国的场合谈论内政的堤坝瞬间降低了。有许多次，我本应该克制自己不多说话，但依然抱怨自己说得过多。因为总统即兴说出的话可能会抹除一次微妙出行的所有收益，在法国侨团赢得的成功赞誉，可能会演变成巴黎一场引人注目的论战。我观察到，曾多次随我正式出访的马克龙也成为受害者。2017年秋天，他在雅典就欧洲前景发表了一次出色的演讲，宣示了强烈且鼓舞人心的信念。这本是在心平气和的氛围中对在雅典的法国人发表的一次讲话，但在自己的激情奔放带动下，马克龙从远方回应通过示威反对其改革的反对派，突然使用“懒鬼”一词形容那些反对劳动法改革政令的人。他随后又改口，说这个不怎么讨人喜欢的词是用来形容其眼中惰于改革的前任的——我想这应该与我无关，但该词的这种用法也算不上高雅。伤痛已经造成——对雅典卫城讲话的美好阐释被涉及利害关系的不值一提的争论掩盖了一部分光彩。有多少次，我也经历过这种主次混淆。抱怨是没什么用的：今天的一切都是公共的和可替代的。这就是“新世界”的规则。

权力的愿望，就是自我封闭——但是在某些时候必须走出去。或者通过严格控制影像、挑选记者，甚至制作自己的专题来控制播放节目。我们还没到这样的地步，但威胁已经存在。在我任职期间，我选择尊重媒体。即使这很少对我有利，但我仍不后悔。比起封堵媒体或排斥媒体的不光彩企图，我更喜欢这样的结局。我并不幻想以此得到回报，也不会天真地以为媒体会正面使用我的言论。我只是认识到，在动摇我们民主的信任危机中，媒体也是要遭殃的：在经济上，媒体要面临免费信息的竞争；在道德上，媒体要面对谣言和真相并存的局面。媒介并不是权力的敌人，也不是权力的喉舌，它们互为保障。为了更有效地发声，总统比任何时候都更需要被提问。

纪念记忆中的和平

讲话就是纪念。我参加过很多纪念活动。法国人认识自己的历史，并坚持让后代及全世界分享自己的历史。共和国珍视纪念那些标志着我们国家建设的日子，珍视纪念那些为国家建设做出贡献的光荣的人。

我的总统任期与不少重要的日期契合。第一次世界大战 100 周年，诺曼底登陆和普罗旺斯登陆 70 周年，象征着法德友谊的爱丽舍条约签订 50 周年，戴高乐将军承认中华人民共和国成立 50 周年。还有奥哈杜尔、塞提夫以及马达加斯加等曾发生惨案的地方。有一些日期必须记住，有一些事件摆在眼前，有一些集会要组织起来，比如每年 5 月 10 日要纪念废除奴隶制。

总统的职责在于提醒事实，强调其意义，凝聚国家意志。他还应该提炼出我们历史中的精华，从我们的成功中吸取经验，并掀开一直被刻意遮盖在书页上的面纱——这是为了不揭开痛苦的伤疤。他应该利用纪念活动的背景反省过去、思考今日的挑战。他应该加强教育，指出野蛮是如何以其他面目再次出现的，并呼唤能够击败野蛮的力量。纪念活动对我而言从来不是风格的演练，也不是写作的炫技或一种戏剧性行为。它是一种政治行为，旨在促进记忆中的和平。

承认我们的错误

甚至在就任总统之前，我就坚持在 2011 年 10 月 17 日前往阿尼埃尔，以追忆在 1961 年阿尔及利亚战争战火正酣的那个夜晚发生的一切。在法国的土地上，阿尔及利亚民族解放阵线的同情者的示威，在警察局局长莫里斯·帕蓬的命令下遭到警察的残酷镇压。如此的暴行导致近百人丧生，他们大多数是溺亡的，人们未能详细知晓死亡人数。2012 年，在这场悲剧发生 51 周年之际，我想通过一份庄严的声明，“以共和国的名义，明确承认那场血腥镇压，它导致为争取独立权利而示威的阿尔及利亚人被杀害”。是时候让此事真相大白了。受害者家人等待着这一天，权益要求着这一天，阿尔及利亚盼望着这一天。我预料到了来自极右翼的攻击，果然如此。

更令人惊讶的是右派共和党人的反应，他们不但没有支持我，菲永还批评这种“永恒的负罪感”，就好像说出真相是一种屈辱。更有甚者，他们说我指控现在的法国警察部队。实际上我为警察的荣誉做了辩护，明确指出它与这些暴行无关。毕竟，应负责任的首先是政治权力。

我没有忘记，一些历史学家认为，为一些事件定性、把纪念活动写入法律，既不是总统更不是立法者的职责，而应该服从研究者的判定。但是一些悲剧应该载入我们的文件，以使受害者以及他们的后代得到承认，以使他们的痛苦能被整个国家分担。遗忘会造成消亡。这不但不能抚平创伤，反而会加剧不公正的痛苦，激起怨恨。它会向那些在自己的历史和苦难中被否定的人、那些无法在民族群体中获得应有地位的人灌输复仇的思想。

谓之以名

希拉克在冬季自行车馆的演讲中承认了法国在历史上对放逐数千名犹太人的责任，这一演讲便产生了这样的效果。在遭受那些认为不能把法兰西国家和共和国混为一谈的人的批评后，这次演讲被奉为希拉克任内最重要的演讲之一。它的措辞被希拉克所有的继任者重复使用而不必改动。不要忘记，法国尤其是抵抗的法国和自由的法国。

因此，我努力为这些事情正名。可以说，1962 年 3 月 19 日标志着阿尔及利亚战争的结束，前提是要记得其后又发生了多起屠杀事件，那些哈尔基[1]不幸成为受害者。可以说法国是有责任的，它先是抛弃了他们，而后又将他们圈进非人条件的营地。伟大属于那些修复裂痕的人，而不属于分裂的人。

那天，很多人都哭了，如同在 2017 年 4 月的一次仪式上，我在爱丽舍宫向近 20 位塞内加尔老兵颁发法国国籍时那样。他们曾身着法国军服进行战斗，参加了多次战役。他们在自己的国家独立时失

1　哈尔基是阿拉伯语音译，指在阿尔及利亚独立战争时期协助法国殖民当局的民兵。——译者注

去了法国国籍，但他们保留着自己的勋章。老兵们来自非洲或是他们在塞内－圣德尼省的家中，身着各自国家的盛装排成一排，衣服上戴着勋章，他们在等待一份承诺多年但从未颁发的证书。这样一来，我也兑现了我在塞内加尔总统马基·萨勒来巴黎访问期间做的承诺：让这些英勇的老兵重新加入法国国籍。我向他们颁发了我签署的入籍政令副本，他们自豪地拥抱我，随后一起高唱《马赛曲》。那一天，我也哭了。

这次对和平记忆的追寻也把我带到了达喀尔、阿尔及尔、突尼斯以及塔那那利佛，讲述了殖民时期犯下的暴行。基于同样的精神，我在皮特角为一座以奴隶制为主题的纪念馆揭幕——由瓜德罗普大区时任主席维克托兰·吕莱尔提议修建，他也曾是一位出色的政府海外事务部部长。

在这些仪式上，我拒绝将过去的不幸和罪行分出等级。但我坚持要为它们定性。纳粹大屠杀是带着恶魔般的精确和残暴的目的进行的种族灭绝行为，它想最终消灭人类的一部分成员，仅仅是因为他们信仰犹太教。我也把亚美尼亚人作为受害者于 1915 年在土耳其遭遇的大屠杀称为种族灭绝，图西族人在卢旺达也遭受了同样的屠杀。尽管存在保留意见，但我还是翻开了法国的档案，以使任何东西都不被掩盖。主政法国，就要强调它的文化和影响力为世界做出的贡献，但也要以它的名义说出真相，包括触及痛处的真相。

我们的媒体就像阿纳托尔·法朗士小说里的众神一样，“他们渴了”。但所幸的是，不必把牺牲生命作为对他们的奉献，而是通过向他们提供场景和词汇以填充持续传播事件和新闻的机器。他们的愿望是每天为它们提供更多的事件和新闻，同时避免堵塞信息流。

我承认曾冒着混淆宣教和表达的风险而向媒体让步。交谈并不是交流，对问题做出反应并不是带来答案，身处新闻中并不是身处生活中，无所不谈并不是向别人强加自己的观点。

我意识到，减少讲话并不能拉近我和法国人的距离，反而让我和他们更疏远。他们听我讲话越来越少，对我的了解也越来越少。

满则溢。如果你连续去别人家里做客，终有一天你会被拒之门外；如果人们看到了你，他们不会再端详你；如果你占据了整个空间，他们就会把你抹除；如果你每天向他们提出一条建议，他们就会忘掉前一条。

这就是谓之以名和发出声音的区别。

09
改革

我在任职时不会经常收到他人表达的谢意。它们总是出人意料地来临，而且是那么强烈。有一次，我正在一家企业视察（或是在旅行途中散步）时，一群看上去因工作而疲惫不堪的人叫住了我。他们向我表达谢意，说多亏了我，他们很快将在60岁生日当天退休。

实际上，那是我作为总统于 2012 年 6 月 6 日签署的最初一批政令之一。这个政令照顾的是那些工龄已达到领取养老金规定年限，却应该等到法定退休年龄 62 岁才能领取养老金的人。在我的 5 年任期中，这项有利于从事长期职业生涯劳动者的政令惠及 50 多万人。为那些大多从 18 岁就开始职业生涯的人多提供两年的退休生活，这并非一个微不足道的进步。对我来说，这不是对 2010 年所做的不公正决定的简单纠正，也不是为了追求优厚待遇，而是为了给予那些通常从事艰苦工作的工薪阶层应有的休息时间。我一直挂念着赋予他们自由的权利。他们坚持私底下就此向我表示感谢。他们无法想象我当时的感受。如今我仍然能愉快地收到表达感激的短信。我并未把这些当成特殊的骄傲，因为那么做是我的职责。我一直为此而感动。

社会对话的博弈

我曾说，一旦当选，我将重新组织社会对话。在一个冲突胜过谈判、政府代替社会对话参与者的国度，我的意愿是有胆识的。尽管一些人根据通过科姆里劳动法引发的街头抗议活动而判定这个意愿令人失望，但这个意愿并非毫无希望。这就是我从 2012 年开始发起社会对话会议的意义，对话会议的作用是阐明立法机构的重大优先事项，确定应由劳资谈判商讨的内容，或是确定国家创议的范畴以及各方商议的内容。按照这样的精神，许多跨行业重大协议得以达成，并得到立法机构的确认。

因此，2013 年 1 月 11 日，一些企业主组织和一些工会组织（法国民主劳动联合会、高级雇员总联合会、法国基督教劳动者联盟）签订了一份全国性跨行业协议。在同一天的媒体上，我们的军队宣布出兵马里的消息压过了达成协议的风头。但这个协议仍然标志着劳动市场改革进入重要阶段，它进而促成维护就业的协议。根据协议，在出现严重的经济困难时，企业可以在两年内采取部分失业或调整报酬（工资低于各行业最低标准工资 1.2 倍的人除外）的措施。由此达成了许多灵活的协议，在确保员工教育、尊重员工家庭生活、员工丧失购买力时予以补偿的前提下，给予雇主调整员工岗位或员工工作区域的权利。同样，出于把灵活性与保障性相结合的考虑，在规模达 50 人以上的企业中，所有的解雇程序都被重新检视，以此解决由雇主强加但受到员工反对的社会（解雇）计划问题。从此，社会（解雇）计划须经多数人赞同并由政府核准，很少再出现被诉诸法庭的情况。而在以前，大部分的社会（解雇）计划问题都会被诉诸法庭。

这场改革同样也为许多有重大意义的进步事项提前做了准备。首先，普及了雇主出资的医疗补助，这项补助确保每个员工在拥有社保报销额的同时还享受医疗保障。而在此之前，1/5 的劳动者被排除在这项福利之外。其次，规范了钟点工的工作，以及更加严格地限制了短期劳动合同。最后，在规模超过 5 000 人的大型企业中，职工代表可以进入董事会。虽然法国距离德国共同管理制度尚远，但是职工享有参与讨论企业未来的权利，意义重大。

职业培训改革也是这个方法的成果。正是这种谈判产生了个人培训账户，它可以让每位职工根据自己的工龄和能力获得接受培训的权利。

社会事务和卫生部部长玛丽索尔·图雷娜联合劳资双方，共同巩固了退休制度。从此，职工社会保障金的缴纳年限将随预期寿命的增长而增长，这个原则有必要让全社会的人都接受。但是，在我们社会的历史上，工作的艰苦程度首次被作为计算退休时间的依据。

认可艰苦劳动

根据人们从事的各种职业，劳动者享有不同的预期寿命。高层干部和脑力劳动者要比从事重复性、暴露在噪声或寒冷环境下、夜班或是倒班等工作的人寿命长。然而所有人从入职到退休都遵守相同的制度，缴纳养老保险的年限也相同，因此，工人由于残酷的工作条件而去世较早，度过退休生活的平均时间比别人少得多，投入个人爱好或家庭生活的时间也比别人少得多。

因此，我想通过设立艰苦劳动账户来改变这种极度不公。这个账户为那些经历过艰苦工作条件的人提供可支配时间，他们在退休时可以自行决定如何使用。但从那时起，资方就借口称这个机制非常复杂，不断地阻挠这项措施的实施。在某些情况下，这个机制的确复杂。如何日复一日地测定劳动者暴露在恶劣天气或是机器噪声中呢？我们对这个机制进行了简化，根据具体参数加以实施。遗憾的是，在我离任后，这个机制有所倒退。但是，它的进程是不可逆转的。现在，每位职工都可以在个人账户上确认自己获得的权利，可以早点儿退休或在适当的时间接受培训。这个账户是他们辛劳的结果，是他们的资本，属于他们个人，而且始终伴随他们的职业生涯。这就是我们社会保障制度的未来：让每个人在集体范围内获得个人权利，并自由使用这些权利。

贝尔热的告诫

社会对话并非如很多不想对话的人宣称的那样毫无意义。根据那些使成就和进步相一致的协议，对话是在全国层面，更多的是在企业层面展开。如何说服那些对话的主体本身呢？我应该承认，当然不是想连累他的名声，我与法国民主劳动联合会总书记洛朗·贝尔热一直保持着真诚而又互相信任的关系。他像其他人一样，不想成为政府的享有特权的对话者，因为他是独立的。他不把个人选择和工会职务相混淆。他可以妥协，但只在他认为符合职工利益的时候妥协。我和他打过交道，我知道，他一旦确立了底线，就会坚定自己的立场。

贝尔热知道，工会运动和其他组织一样，面临合法性的危机。他应该对企业乃至社会证明工会的作用。贝尔热捍卫职工利益，因为这是他的首要任务。但他同时也参与了国家转型，因为社会不会在企业的大门前止步。在我执政时期，贝尔热成功地将他的联合会发展成了私营企业第一大工会力量。他在签署大型集体协议表现出的责任意识，以及他对责任公约的关键性支持，使他在行业选举中支持者众多。他的组织在各个选举中都是得分最高的。

有一天，我们在思考这个悖论：为什么法国民主劳动联合会能在投票选举中得到工薪阶层的信赖，而我们在进行同样的进步事业时却似乎失去了工薪阶层的信任呢？对于这个问题，贝尔热立刻回答道："因为我们愿意承担后果，而你们（指多数派）却在推脱。"他本可以补充说："而你们在回避，或者你们之中有人质疑它们。"但是他没有这样说，他只是幽默地总结："请您说说您的改革吧，我们可不会替您说！"恰恰是这句告诫的话点出了行使权力的本质，好像公布一些政令、颁布一些法律就能让法国人感受到他们的获益，我们的改革，特别是它们在局部和分期进行时，其影响很难被理解。

加塔父子

法国企业运动组织主席皮埃尔·加塔也是我的一位经常对话者。尽管他总是面带不悦，但为人很和善。他像其父亲伊冯·加塔昔日那样，用一席迎合基层而非呼吁承担责任的讲话征服了法国企业运动组织。伊冯曾向密特朗总统宣称，在减轻约束的前提下将创造数十万个就业岗位。皮埃尔则对我承诺了100万个就业岗位。尽管他把他父亲的承诺翻了10倍，但方法没有改变。皮埃尔一直处在竞选状态中，就好像他在为一个我也说不上来的选举做准备。他直率，可以口若悬河地说理，朴实就是他的标签。但是，他并没有让我的任务变得简单，当然不是因为宗派主义——他应该得到比这个粗浅的断定更好的评价——而是因为这位曾在雷迪埃公司进行革新的企业主从来没想过社会对话能给国家带来什么。一直以来，我对许多企业家长期向国家求援感到惊讶。他们中的大部分人都是国家培养出来的，但他们却疏远它并在心中贬低它。他们要求国家不越雷池，甚至要求国家放弃自己的职责。但一遇到困难，他们总向国家寻求帮助。

当皮埃尔向我陈述他的委托人面对重赋、法律法规的激增以及劳动市场的僵化而产生的恼怒时，他一定是真诚的。但他总是更喜欢要求同共和国总统、总理或是政府成员会谈，而不是开启和社会谈判伙伴的讨论。在他看来，通向改革最便捷的路径是立法而非谈判。

我多次惊讶地发现法国企业运动和劳动总联合会的相似之处。他们没有能力分辨进步——即便进步是真实的，他们的才干只是想着损害别人的利益。好像只有失去才有所得，好像博弈一定是零和。法国企业运动组织在这 5 年间一直无休止地责难社会党政权给企业带来的境遇。与此同时，部分工会则机械地指责我们赠予他们的“礼物”。如果法国企业运动组织永远闭口不谈国家给予他们支持的规模，并把给他们提供的机制视为庸医开出的假药，那么他们如何说服雇主雇用和投资？

这也是我们的社会民主主义遭遇的误解。很少有社会对话参与者要求谈判取得结果。大部分人都转而抱怨国家无用的慷慨，或是让人无法承受的负担。企业就业和竞争力税收抵免政策的例子很有启发意义。它是在我们为降低企业劳动成本的背景下建立起来的，但在最初却被法国企业运动组织质疑过于烦琐，并被法国劳动总联合会和法国工人力量质疑成本高昂。而如今，当政府准备把它替换的时候，企业主又强烈要求保留它，而工会组织也不无道理地担心社保的融资问题。尽管如此，我依然相信社会对话的功效。

法国的工会运动在近年来发生了许多不为人知但重大的变化：法国民主劳动联合会确立了其工薪阶层第一大组织的地位，法国工人力量和法国劳动总联合会同企业签署众多协议，对等承担职业培训和失业补偿制度实现了现代化。这一切都表明：如果我们懂得运用妥协精神并给它留出应有位置，那么妥协精神是存在的。

与此相反的是，雇主组织在这一发展中却落后了。他们自然地把工会运动视作掣肘、障碍，对其加以刁难。这样看来，2017 年夏天颁布的劳动法改革政令取缔了所有微小企业中的工会，让雇员独自面对雇主，令人惋惜。甚至，这是否有利于后者的利益都还无法确定。

争取平等的斗争

正是这一信念促使我提升了企业在集体谈判中的地位。由于遇到了障碍，我们必须去说服那些代表着大多数职工的工会。这是在讨论科姆里劳动法期间我们与马伊之间的困难点。在我看来，（这位）法国工人力量的总书记坚持行业谈判优先，他担心扩大企业内部协议的地位会导致“标准等级秩序的逆转”。我知道他是真诚的，尽管他依靠“异见派”来阻止这个法案，但他是徒劳的，因为我坚持住了。我不是为了迎合法国民主劳动联合会，后者以此为其提供支持的条件；我更不是为了迎合法国企业运动组织，它对此事缄默不语。而是因为这个进展将为社会谈判打开一个新局面，并将加快法国工会格局的重组。

有许多悄无声息的改革持续改变着一个社会，也有一些高调呼吁的改革，那些声音更多的是表达享有特殊利益者的意志，目的是终结最弱势群体获得的权益。我始终厌恶那些对最低保障工资、最低社会补助及公职人员地位不停攻击的行为，这些攻击来自那些认为自己合法享有股票期权、高额退休补助金、离职补偿金、新人津贴以及高额酬劳的人。

同样，那些高声疾呼要勇于决裂以重振经济或是竞争力的人，却在国家形势需要之时，认为不宜为团结做出更多的贡献。而对于我建议的在限定时间内（两年）对年收入超过 100 万欧元的人最高课税额达到 75%，他们的反应却是最有说服力的表现。

改革也意味着减少不公平。近年来，世界到处充斥着不公。但在贫富平均差距得到控制的欧洲是个例外，在收入和财产不平等有所缓解的法国是个例外。这一成果并非偶然。我们维持了财产税，取消了税盾，增设了 45% 的所得税税率段，减轻了 1 200 多万个家庭的赋税。同时，我们有规律地增加最低社会补助，提高了就业补助金，对资本和劳动课税均等化，对学生的补助提高了 25%，普及了“青年保障计划”，扩大了普通疾病保险覆盖范围，并惠及 100 多万人，提高了生活不能自理者的养老补助金。而有人竟说我们没做过什么，我静待人们做出对比。

青年优先

改革，意味着把我确定的青年优先政策落到实处。我想到在地方视察时遇到的奥贝维利埃年轻的姑娘，她们大多是第三代移民，过早地离开了学校，没有文凭，没有规划，没有未来。我发起的“青年保障计划”可以在 8 个月内向她们提供培训、社会安置以及津贴，由此给她们带来希望。她们兴奋地向我讲述对未来的规划，以及她们在生活中恢复的自信，她们每个人都希望从事有前途的职业。我竞选时就提出青年优先的主张，5 年以后，青年人比我就任伊始时生活得更好——或者没那么坏，不管怎么说，这一年龄段的失业率降低了。国家出资70%，我们支持创造了30万个“有前途的就业岗位”。我一直支持和发展公民志愿者队伍，使他们的编制从3万人增加到12万人。助学网络（REP）的工作手段也得到了加强。困难街区儿童学前教育及初等教育的师资配备都得到了发展。在我接任总统的时候，全国有15余万名没有任何文凭就离开了学校的“失学者”。5年后，这个数字下降到了10万以下，我希望它继续下降。

22世纪的社保

我在5年任期的一个重大主张，就是建立新型职业社会保障机制。斯堪的纳维亚国家给它取了一个不那么雅致但指明本质的称呼——弹性保障机制。线性工作时间、岗位固定、职业长期不变的时代已经结束。今后，就业岗位变幻不定，流动性增强，在某个行业或某个企业中失去的岗位可以在别处重新得到。这是经济发展的趋势，如果没有这些，社会进步就无从谈起。这也是全球化的负面效应，它使每个人都承担着失业和不稳定的巨大风险。

今后，真正的进步是赋予每个劳动者充分的权利，使他们拥有足够的手段应对未来。个人劳动账户则是实现这种现代化社会模式的途径。今后，职工可以随时让它通过自身工作积攒的权益总量进行可视化。这笔以时间而非金钱为资本的储蓄就是他们的财富，这笔储蓄将得到集体担保，它给职工提供了应对意外风险的工具。

要让所有人认识并使用这一工具必然需要时间，但它将在我们的社会模式中逐渐生根，并成为重塑社会模式的杠杆，为职工的职业生涯提供保障。此前，它长期停留在理论上或只是工会的一个口号，如今终于落地生根了。它应该随着技术进步和劳动市场的演变而丰富，但它为职工和企业提供了应对正在等待着我们的变革的答案。

贝尔热明确告诫我，为应对我们面临的困难，应该使 5 年任期的成果发挥更大效益，他说的确实有道理。我充分要求有清点自己功过的权利，以让自己承担保持自知之明的责任。对于批评，我并不懊恼，我已准备好承认自己的错误。但是人们也应该允许我“认领”自己的成绩。

我并不要求左派来包揽这件事，这些应由国家去做。但我建议左派利用这次机会，来证明自己的作用。在我们的历史中，完成艰难改革并让法国准备好进入未来世界的勇气常常来自左派。如果左派拒绝，那它就错了。如果一味自责，那我们就什么都无法重建。如果一味遗憾，那我们就无法激发宽容。只有自豪感才能重新燃起希望。

婚姻战役

我知道这将是一场战役。我在竞选期间造访《解放报》编辑部时，被问到关于社会重大改革的问题。在我看来，社会重大改革应该是未来 5 年任期的标志，在某种意义上相当于由密特朗决定、由罗贝尔·巴丹戴尔[1]落实的废除死刑。我提及确立“同性婚姻”制度，它最终确认了同性伴侣的平等权利。此前，同性伴侣缔结连理通过同居契约办理，当年议会投票通过同居契约相关法律时代表了社会的进步，但它一直反映了对同性伴侣的歧视。《解放报》的记者马上嘲讽道，这一变革水到渠成，舆论已经充分动员起来使这项民法修改案将像往信箱里投信那么简单地被议会通过。这真是天真的幻想。这个问题比他们认为的更重要，因为它要挑战的是先祖的传统以及根植于犹太-基督教文化中的偏见。我甚至没有想到天主教会介入反对改革，但我预料到将有一场困难而又激烈的辩论。

因此，我一入主爱丽舍宫，就决定让政府特别是司法部部长托比拉准备一份我们可以讨论的文本。按照我的承诺，我有义务加快推进此事。

2012 年夏天，我接待了巴黎教区大主教万-特鲁瓦大人，他是一位有礼貌的、虔诚的人，他说话声音不大，却直奔主题。他的论据在我意料之中，那就是天主教的教义。他展开阐述的同时也知道无法说服我。但是，他强调婚姻是神圣的。我回答他，这也是一种爱的行为，获得法律承认即可得到相应权利。让我吃惊的是，他直截了当地以一种平静的语气警告我：“不要以为这会轻而易举。在您对面不仅有大多数天主教徒，还有您自己的选民，特别是那些已经做出决定的选民。”他说的不是政治上的左派，而是那些比其他

1　罗贝尔·巴丹戴尔在密特朗担任总统时任司法部部长。——译者注

地方更加笃信伊斯兰教的社区选民，他们大都支持我。这是个粗浅的概括，但他并非完全错误。伊斯兰极端主义者开始利用这个婚姻问题进行反对法国的宣传。他们大肆指责被认为是否认性别差异的“类别理论”。后来有人指控纳贾·瓦洛－贝勒卡塞姆[1]想把这些论点强加到国民教育中去，而她正致力于同陈词滥调做斗争。那些陈词滥调充斥着我们的思想，并诱发了以骚扰为最明显症状的恶劣行为。通常对伊斯兰教不抱一点儿好感的保守派和传统势力没有放过这次增援的机会，社交网络上也开始登载离奇的混淆内容。但我记住了大主教的警告。

法案在秋天被提交给议会，随之而来的是由一系列知名人士、哲学家、社会学家以及宗教界代表参与的听证会。这些讨论给同性婚姻反对者提供了一个论坛，特别是赋予了其动员队伍的能力。于是他们组织了数场声势浩大的示威活动，把一些退休将军带去的威严与熟识社交网络准则的新一代保守派的现代性结合到一起。在示威中，人们呼吁儿童权利，但实际上这些权利一点儿也不会受到质疑——人们提及同性恋者肯定不会危害家庭稳定；人们也提到各种“人类学”理论，但这些理论却遭到了人类学家的驳斥。在和平示威的队伍中有时会混进极端分子，他们高呼着反同性恋口号，挑起与治安力量的零星冲突。一些人并不习惯于示威，他们发现了一个事实：街头的游行总体来说是和平的，但在游行结束时，也会发生与示威组织者不相干的意外。这些活动分子的目的很明确：试图向

1　纳贾·瓦洛－贝勒卡塞姆是时任国民教育、高教和科研部部长。——译者注

人们展示政府正在毫不犹豫地粗暴镇压那些家庭。

2013 年 1 月 25 日，我在爱丽舍宫接见了“为了所有人示威”协会的代表团。这个运动的煽动者巧妙地把一些发言人推到了台前，后者一副新派形象，说着辞藻华丽的话，宣扬非政治化文化。弗丽基德 · 巴尔若是代表团的团长，仅凭其外表，人们难以把她同宗教原教旨主义联系起来。代表团还包括“维护婚姻的左翼”小团体发起人，以及一位公开同性恋身份、反对改革方案的同性恋活动者。这个应景组建的奇怪团队面带微笑地招呼着我，要求我放弃改革方案；如果不能放弃整个方案，至少从中取消同性伴侣获得领养权的可能性。我同样彬彬有礼地拒绝了他们。婚姻和领养权不可分割，向他们的诉求妥协丝毫无助于平息抗议活动。任何退让都只会激励他们的运动。

示威越来越呈现出敌对性和政治性，右派站在了他们的前列。在议会中，托比拉展示出极高的雄辩天赋来捍卫改革方案，应对大多数来自反对派的猛烈抨击。她的文化背景、巧妙答辩的能力以及对材料的熟练掌握，使她比那些最顽强的对手更胜一筹。尽管她常是被猛烈抨击的对象，但她无所畏惧并泰然处之地坚持着，是法国伟大改革的关键支持者。

经过 6 个月惊心动魄的辩论和一次讨论，我决定加速进程以防节外生枝，（于是）同性婚姻法于 2013 年 5 月 18 日颁布。这是那些为这一事业奋斗多年的志士的胜利，特别是对那些终于通过法律缔结姻缘的伴侣及其家庭来说是一种幸福。作为世界上第 14 个准许同性恋结婚的国家，法国应当为此感到骄傲。5 月 25 日，（法国）

举行了首个同性婚礼，随后数万起同性婚礼接踵而至。

如今，同性婚姻已经得到绝大多数社会舆论的认可，不再有人提出异议。此外我注意到，当时激烈反对并坚决要求废除同性婚姻法的右派，现在也不再继续质疑它了。几周前，当我走下火车时，我听到站台上的一名检票员大声对我说："谢谢您，奥朗德！"我转过身去，他向我展示了结婚戒指。随后，我们交谈起来。原来，他刚刚和自己的同性伴侣结婚，他要向我表示感谢。可见政治斗争总会得到回报。

有尊严地生与死

同性婚姻法并不是我任期内唯一的一项"社会性"改革。为促进医学研究、预防疾病以及缓解患者痛苦，我发起了第三个"癌症计划"。为使战胜病魔的人无须再回顾克服病痛的痛苦，为了他们在工作或个人生活中，在寻找工作、申请贷款或签订保险合同时不再被迫提及这段经历——否则会对他们形成双重伤害，我引入了遗忘权。

我同样努力引入"有尊严地死去的权利"。借助于莱奥内蒂法[1]，我们在这方面取得了一些进展。但该法让做出艰难决定的责任全部落在了医疗团队身上。我希望能有所改进。我要求迪迪埃·西卡尔领导的一个生命临终问题委员会提交一份报告。西卡尔是一位杰出

1 莱奥内蒂法指《病患者权利与生命临终法》。——译者注

的医生，曾担任国家伦理咨询委员会主席。我想避免对患者做无益的治疗，因为它除了延长患者的痛苦之外，不会给患者家属带来任何慰藉。这个法案由两位政见不同却有同样道德标准的议员来准备，他们是让·莱奥内蒂和阿兰·克拉伊斯。该法案为处于临终阶段的患者建立了一项可以接受深度镇静处理的权利，这一处理一直持续到患者死亡。法案还规定要实行强制性预留意见。根据两位法案报告员的说法，这是为了把“医生的义务”转化成“患者的权利”。通过预留意见，可以让人们知道是患者拒绝无益的救治。今后，预留意见的做法对医护人员来说将成为一种必需。

我认为，这样做不属于协助自杀，协助自杀属于另外的概念。但 2017 年 10 月，安妮·贝尔在写完那本令人震撼的《最后的夏天》（*Le tout dernier été*）后，被迫前往比利时以获得结束自身痛苦的权利。她在书里讲述了吞噬她的痛苦以及她要将其结束的决定。她再也不能从比利时回来了。我深信，还需要对安乐死进行立法。

重新描绘法国

1964 年以来，法国本土被划分为 22 个规模不一的大区。其中，利穆赞有 80 万人，而法兰西岛人口则有 1 200 万人。各大区就像领土构成的千层酥，它们的功能和职责配备复杂混乱。我们的地方结构改革早已被无数次提上各种委员会的日程，但从未取得切实成果。因此，必须付诸行动并简化地方结构。我曾担任市长和省议会主席等职，对地方机构区划的优缺点了然于心。我的目的很明确：削减市镇集群协作机构数量，明确省的权力，强化大城市的责任——未来发展主要依托它们，减少大区数量以赋予各大区与欧洲相称的体量。

改革涉及利益必然相互冲突的全部地方政权，它调动了民意代表，唤醒了他们的身份。我进行了必不可少的咨询，把总理和主要的部长都拉进了这项改革。但最后，必须由我亲自做出裁决。我将法国地图平铺在办公室的大桌子上，手持铅笔，在听取了各种意见后，我向议会建议对全国进行新的行政区域划分。布列塔尼不愿和卢瓦尔地区合并，朗格多克 - 鲁西永拒绝与南部 - 比利牛斯成为一家，阿尔萨斯希望单独成区，皮卡第希望能与北部 - 加来海峡相接合。我重视其中的一部分诉求，不考虑其他的。反对派抨击我“武断”，认为一些区域合并“逻辑不清”，指责限制各省职责及调整市镇协作功能。但很快，论战就自行结束了。在接下来的大区选举中，如同被施了魔法一般，再也没有人质疑对各地区的划分了。重新划分行政区域是个基础，在此基础上可以进行有利于地方行政机构的新的职能转移。这是自 1982 年地方分权法实施以来进行的最大规模的地方行政改革。

身兼多职的终结

如果说存在一个总统无法独自决策的领域，那就是宪法的修订。为了使这种性质的提议通过，必须获得议会两院的首肯，并在议员召开的议会大会上获得 3/5 以上票数的赞同。参议院多数派拒绝在这个领域给我任何成功的机会，他们先后否决了以保证其独立性为目的的最高司法委员会改革、撤销共和国法院、地方语言法、终结卸任总统在宪法委员会终身席位的特权等议案。我个人决定放弃宪法委员会终生席位的特权。作为抵偿，参议院没有阻止我进行法国人期待已久、我一直铭记于心的改革：终结公职人员身兼多职的情况。

法国是少有的仍容许议员管理重要地方行政区域的国家之一。改革消息一经公布就令人振奋，虽然改革具有多重好意，但阻力很大。国民议会的议席上坐着许多身兼市长的议员，还有许多人担任着地方行政职务。参议院被看作地方行政区域的代表院，在那儿提出的反对改革的论据更为严肃，因为改革可能使参议院的合法性受到质疑。所有参议员都试图要求给予例外或者延期，尽可能把不得兼任的生效期推迟到最晚。

一项在舆论中深得人心的改革，并不像那些无畏者想象的那么简单地在议会通过。机制性改革被反对者指责为搁置最棘手议题的遁词和诡计，他们会突然编造许多借口把审议改革方案的会期推到很晚。一些法律上的障碍也会突然冒出来，从而使改革的推进更加复杂。在这种情况下，我和艾罗都认为宜从 2014 年市政选举开始强制实行不得兼职制度。如此一来，可以迫使那些连任或是新当选的市长即刻放弃议会岗位，由他们的候补者接替。但有人告知我们，宪法委员会不会接受这种职务调换，因为它会引发 30 多次部分立法选举。因此我认为，推迟到 2017 年 6 月实行不得兼职制度更为明智。右派长期反对这项改革，并得到了一些左派的支持，他们也最终决定赞同这个方案。这真是历史的讽刺——发生在 2017 年春天的动荡完成了余下的工作。

现在，应该建立任期制。这个想法很有意义。为什么只要选民愿意投票支持，大城市的市长就可以无期限地重新当选，而法国总统只能连任一次？这项改革是颇得人心的。同样，减少我国民意代表数量的提议也是得人心的。改革安抚了没有完全高涨起来的议会反对者的情绪。改革带来的后果可能是使议员远离选民，并剥夺法国一直赋予的农村地区代表权。尤其是投票模式的改革使工作变得更为复杂。

不要比例的选举制

我曾宣布支持在议员选举中引入部分比例制，但是，我没有对此承诺给出下文。理由有两个。首先，两类议员——部分按名单制选举方式选出，部分按地域选出——在国民议会同席而坐，这不是好事。但这还不是最根本的。其次，多数制是我们赋予各个机构稳定性的基础。比例选举制使议会代表性更加多元，但它动摇了国家元首赖以推行改革的牢固基础。比例选举制还会增加极端势力的议席，进而迫使政府各党间组成联盟——就像我们在德国看到的那样。在我看来，这将造成党派观念混乱和政治激进化。

法国有一些机构对它起着保护作用。如果它以现代特色为借口，去仿效我们邻国的政府形态，那么它将受到极大的削弱。并不是说在邻国遭遇困难时，我们为了与它们同甘共苦就必须去模仿它们。

同腐败做斗争

萨潘于 2014 年被任命为财政部部长后不久，便说服我采取新的举措同“跨国”腐败做斗争。在此类腐败中，在外国签署的合同是通过支付佣金“买”来的。法国在腐败问题上受到经济合作与发展组织和非政府组织的指责，尽管法国的腐败问题并不比其他民主国家更突出。但是，缺乏法律举措是一种双重伤害：一方面，它会不合常理地使我们损失许多市场；另一方面，由于法国司法的不作为，一些外国司法机构——尤其是美国的司法机构，会自行认为可以合法地开展行动。

为了填补这项司法空白，我们提出了一项法案并投票表决通过。我在其中增加了一个新的诉讼程序，即“刑事和解”程序，从而使那些行为不端的企业家直接向国库缴纳罚金，而无须等待可能的诉讼。这一机制格外有效。同时，我也希望举报人能得到更好的保护。

我很欣赏那两人在 2014 年 11 月揭露的卢森堡泄密事件中扮演的角色。信息披露了一些特大企业以在卢森堡落地换取纳税优惠待遇的谈判情况，特大企业由此可以无须向任何一个欧盟成员国缴纳任何税款。

我想到了安托万·德尔图尔[1]，他是一位勇敢而谦虚的人。尽管

---

1 安托万·德尔图尔是普华永道公司前员工，“卢森堡泄密事件”的始作俑者之一。——译者注

他公正无私，但却仍须在卢森堡应对严酷的诉讼。我坚持他能得到辩护，并要求萨潘负责善后事宜。这一切都办得很妥当。

为了规范游说者的活动，我们必须克服自己表现出的、包括我身边人的保留态度。我希望法国像其他民主国家一样。在经过 2016 年上半年漫长的辩论之后，法案最终在当年 12 月通过。在我的关注下，在同一个领域里，落实该法的法令也在 2017 年 5 月之前出台了。

今天，我们仍然无法杜绝所有这些应该受到谴责的行为，但我认为，法国今后在反腐败斗争中会发挥出引导作用。这是经济和政治的需要，是我在勒布尔热做出的承诺，也是荣誉问题。

改革这个词已被过度使用。它就像一只箱子，每位法国总统都想把它作为任期标志性的东西放进去，就像为他宏伟的立法事业颁发勇气奖一样。

但改革既不是专家治国论的产物，也不是转让给时代潮流的一项债务，或是对预设标准的一种迎合。改革是一项具有意义的变革，它标志着社会的一种哲学和一种理念。

那么，怎样才是一场好的改革呢？首先，它在政权更迭后仍然持续，哪怕在最初经历过打击，但最终仍能成为所有人的准则，即所有人都能认可它。其次，它能改变我们的社会组织形式，赋予我们社会必要的稳固性以适应形势，并赋予我们的社会不可缺少的长久性来为世世代代提供一个共同的家园。再次，它向每个人提供更多的机会，而不剥夺其他人的机会。最后，它应该是公正的，无论是在应有的贡献上、在被期待的成效上、在分配的权益上，还是在获得的自由上，都应该如此。

应该依照上述标准对改革行动盖棺定论。改革不是依据投票通过的法案数量去评判的，也不是依据通过法案时引发冲突的激烈程度去评判的，更不是依据“正统人士”的赞美去评判的，而是依据它在国家的现代化建设中留下的印记来判断的。这就是进步。

10
反应

根据经验来说，决定即使是必要的，也未必总是具有拯救意义的。决定往往是对一个意外情况的反应，而决定又常常不能促成有利的结局。无论如何，总统必须直面这一切。人的两难境地决定，善意不足以帮助人们做出决断。面对诸多复杂问题，答案很少会是简单的。甚至会出现这种情况：任何解决方案都不能令人满意，尽管必须选择其中之一。被称为“列奥娜尔达事件”的案子就是如此发展的，它造成了破坏性混乱局面。

列奥娜尔达事件

2013 年 10 月 9 日，不享有在法国居住权的迪布拉尼一家人，在杜布斯省勒维埃镇避难者接待中心接受询问。这一家人来自意大利，其中父亲的原籍是科索沃。迪布拉尼一家人达不到获得避难权的标准。管理当局别无选择，只能发落他们返回原籍，那儿没有战争，也不属于欧盟。如果不是当地警察局——合法但是笨拙地——询问了刚刚放学的赖沙特·迪布拉尼的女儿小列奥娜尔达，一切都会如常。

不是因为正常执法行为，而是询问时的具体情形引发了公众情绪激动。许多民间团体、活动分子和民众理所当然地认为，学校应该保持神圣场所的性质。如果必须询问没有居住权的外国侨民及其家庭，则只能在有关机构场所内进行。从字面意义讲，警察局长遵循了这个规则。但询问发生在刚刚放学时，即使是在校园外进行，也很容易在道德及法律上被视为发生在校园内。由无疆界教育网络（RESF）发起的请愿书开始在互联网上流传。国民议会议长巴尔托洛内对此事件感到惊讶，多名部长公开或私下表达了他们的异议。一些人确实受到震撼——极少数用心不良的人，用那些勾起对我国历史上黑暗时代回忆的言辞来谴责国家的行为。激动情绪在舆论中散播。巴黎多家中学被一些活动分子包围，数千人举行集会示威。

总理艾罗对多数派的情绪很敏感，他要求作为例外同意迪布拉尼全家的避难申请。瓦尔斯作为内政部部长提请注意：行政机构只是在按照政府下达的指令执法，如果破例就意味着责备当地行政机构。另外必须看到，有人把迪布拉尼全家人打造成不公正命运的受害者，但这家人很明显不一定有权获得避难。迪布拉尼在谈及他的来路时撒了谎，他在意大利烧毁了所有证件，依靠公共救济维持生活，从未寻找过工作，其行为让试图帮助他的非政府组织难以忍受。随后他离开意大利，非法进入法国。迪布拉尼也曾被指控虐待自己的两个女儿。简言之，他的行为无助于那些想把他打造成所谓法国非人道政策受害者旗手的人。

我遇到了左翼领导人遇到的最典型、最敏感的问题之一。我一直捍卫法国的开放性，支持在我们的土地上接纳暴政或战争中的受害者，倡导以人道主义态度解决经济移民问题。但我同时也认为，这个政策应当在法律范畴内实行，共和国应在其接待能力之内，在其土地上接纳希望在此居住的外国人。按照这个原则立场推论，得出的明显而合乎逻辑的结论是：非法状况的外国人不可在法国逗留。根据合法形式，按照可能的预防措施，法国有关机构应当陪伴他们直到国境。自 2012 年以来就是这样做的。

唯一的解决方案

但是，感情战胜了理智。青年中学生支持那位被确认为是自己人的小学生，并准备发起大规模抗议运动。这些运动将削弱政府，并使时间大量流逝，却不会明显改变我们的移民政策，这个政策建立在均衡原则的基础上。人们的头脑在发热。列奥娜尔达在法国电视二台直播节目中发声，恳求政府准许她全家返回法国。

我知道，如果马提尼翁府宣布对这家人做出豁免，那将是对瓦尔斯所做决定的否定。至于艾罗，他也不能容忍其总理权威受到质疑。星期六，我把对这个敏感事件意见相左的两派召集在一起，他们各持己见。瓦尔斯坚持不得批准迪布拉尼一家返回法国，他强调：可以设法让列奥娜尔达在科索沃一所与法国相关联的学校就读。艾罗则强调多数派团结的必要性和抗议上升的风险。教育部部长樊尚·佩永主张，这个议题不必上升到法国总统这个层级，并强调中学生对此问题的敏感性。每一方都诚恳地为自己的立场辩护。

我做了冷静分析。我拒绝否定相关机构的工作，尽管他们可能做得有点儿笨拙，但他们在处理无权逗留法国的家庭时确保了法律得以遵守。另外，小列奥娜尔达的处境也值得深入研究，她在法国一家学校已经就读多年，她姐姐生活在法国的科多尔省，继续着她的学业，拥有合法身份。非常可能的情况是，如果小列奥娜尔达愿意，我们会给予她特别留居许可，以便她在法国继续求学。如此，法律将得以遵守，对特殊情况给予豁免也说得过去。艾罗和瓦尔斯都不情愿地对此解决方案表示赞同。

接下来就是宣布这个解决方案。根据体制上的惯例，应由总理向公众宣布政府的决定，或者在总理缺席的情况下，由内政部部长宣布。鉴于分歧公开化，我决定亲自宣布这个方案。实际上这是个错误。

这个简短声明很快引发了批评。一些人指责政府软弱，另一些人则批评政府过分严厉，还有人无节制地讽刺这是“驴唇不对马嘴的交易”。有一个连续播放的电视新闻频道把麦克风伸给高喊“不公正”的小列奥娜尔达，给人的感觉是总统心甘情愿地陷入被他援救对象怒怼的境地。

但实际上，这个决定很快就了结了上述事件。迪布拉尼一家留在了科索沃，无论如何他们没有再来法国。中学生停止了示威活动，舆论也平息下来了，政府则翻过这一页，着手处理其他事务。

释放雅克琳娜·索瓦日

有一项权力是总统独享的，它继承自古代，但维持这个权力却成了问题，这就是大赦权。鉴于我坚持行政权和司法权完全分立，我并不赞同总统拥有大赦权。这个权力我仅行使过两次。第一次是在2014年1月，事关法国一位监禁时间最长的囚徒。他叫菲利普·艾尔·申纳维，其生命中2/3的时间是在监狱里度过的，囚禁时间近20年。2011年，此事致使欧洲人权法院以“非人道或每况愈下的待遇”为由谴责法国。于是，我通过发布赦令，取消了其不得更改刑期的刑罚，以便此人向执行法庭申请假释。这一决定只引起微小反应，此后的事由司法机构做出裁决。这正是我的意图。

我第二次行使大赦权，涉及的事情要比上一个敏感得多。雅克琳娜·索瓦日用三颗子弹从背后杀死了自己的丈夫诺贝尔·马罗。这个男人被指控对妻子反复施暴，并奸污了他的两个女儿。索瓦日是在冷静状态下杀害丈夫的，她举不出正当防卫的证据。当地法院决定判处她10年监禁，这一判决得到了上诉法院确认。在全社会动员反对家庭暴力的背景下，判决却引发公众舆论的不解。一个后援委员会成立了，并对我发出质询。

但是，同大赦申请一并转到我这儿来的案卷却不像表面上显示的那么简单。两个人民陪审团做了宣判。但陪审员意识到，即使当时的情境可以帮助索瓦日获得减刑，他们也不能免除她的罪责。

2016 年初，我准予部分赦免其刑期。这样可以帮助索瓦日在因循惯例获得刑期减半之前，寻求提前假释。这个解决方案既坚持了刑罚的原则，又顾及索瓦日已经成为一个象征，要体现出对她这位家暴反复受害者所必须具备的人道主义关怀。我希望她能很快与家人团聚。

但在 2016 年 8 月 12 日，执行法庭拒绝了释放申请，理由是索瓦日对自己的罪行以及谋杀丈夫的责任认识不清。我们又回到了原点。我面临的困境是：要么认同司法机构独立做出的裁决，任由索瓦日坐牢到 2019 年；要么对她完全大赦，冒着挫伤司法机构的风险为她恢复自由。司法部部长让-雅克·于尔沃阿倾向于第一个选项。我从良心出发，没等索瓦日的亲朋好友动员起来进行抗议，就对她实行了完全大赦。在我签署相关总统令一小时后，索瓦日走出监狱。之后，索瓦日和她的孩子到爱丽舍宫来见我，向我表达感激之情。我与她进行了交谈，知道她会充分享受自由，不会对社会造成危害，同时会反省所犯罪行的严重性。她坚持在证书中证明这些。我也意识到，大赦权多么像旧体制的延续啊。在那个体制中，君主不必畏惧，随心所欲地自主施舍他的善良和宽容。为什么是她而不是他？为什么是现在而不是更早或更晚？

的确，在许多特殊情况下，大赦权可以纠正司法裁决。但我认为，大赦权一定要十分小心地行使，除非是为了通过挑战司法来创造新的不公正。

雷米·弗雷斯的悲剧

在另外一些情况下，总统往往到场太迟，那时悲剧已经发生。但是，他的干预仍然很关键。并非因为他可以抹消个人或家庭遭受的不幸，而是他的反应被受害者所重视。他们期待着总统的关怀、理解和对责任的认可，即使国家并没有做错什么。引用一个越来越常用的词，总统应该“富有同情心”。一些好人——他们会被证明是坏人，嘲笑这样做的必要性。他们的借口是：国家领导人应该守在自己的位置上，而不是变成心理学家，在公众舆论见证下向受害者送上安慰。我认为，公民对当选者最为期待的，既不是解决问题的答案，也不是财力支持，而是一种重视。同情心并不与权威相悖，而是权威自然产生的结果。

在位于加龙河盆地的塔姆河支流泰斯库河流域，当地政府计划建造一个容量150万立方米的水库，用于向农业开发项目供水，并为当地部分民众提供饮用水。这个项目受到了司法层面的反对，人们呈递了许多诉状。该项目将带来的生态后果，也是它遭到反对的依据。因为项目计划要淹没12公顷湿地，那里适合多种植物和动物生存。抗议者为此组织了多次示威活动，并失控转变成与宪兵的暴力冲突。

在新的示威集会前三天，塞西尔·迪弗洛[1]警告我，治安力量对示威者使用的手段——用她的话说——“已经超越了界限”。

1　塞西尔·迪弗洛是卸任的地方平等和住房部部长，属欧洲生态绿党。——译者注她忘记了是示威者首先使用暴力的。卡泽纳夫努力巧妙地管理这个局面。2014 年 10 月 26 日，夜间的示威活动转变为一场悲剧。宪兵被一群具有攻击性的示威者包围，并被笼罩在抛射物的“大雨”之下。他们扔出催泪手榴弹试图控制示威者，其中一颗手榴弹造成一位年轻人丧生，他叫弗雷斯。年轻人的家人和朋友后来证明，福莱斯当时正在进行和平示威。

在这个令人悲痛的时刻，我该做什么呢？宣布立即查明发生悲剧时的情形，司法部门将会独立宣布有关消息。我们正是这样做的。调查将持续 3 年多的时间。

但年轻人的死亡导致群情激愤至极，上述保证已不足以平息。我拨打了弗雷斯父亲的电话。他不知所措，几乎说不出话来，试图弄明白自己不能接受的事实。他向我保证：弗雷斯拒绝任何暴力。我回答说，作为国家元首，我有义务弄清事实，同时我也是与弗雷斯同龄的孩子的父亲。他极其焦虑，要求了解更多信息，这是他的权利。我答应对他不会有任何隐瞒。

后来，认定建设一个水库不足以弥补年轻人之死，罗雅尔要求塔姆省议会再次深入研究建设水库计划。卡泽纳夫则声明以后禁止治安力量使用催泪手榴弹。法院裁定投掷催泪手榴弹的宪兵无罪。

近年来，暴力在所有示威活动中扎下了根。通常暴力并非由示威组织者造成，示威活动常常被渗透其中搞破坏，以把人带入歧途。冲突对维持秩序的治安官员造成了严重伤害，威胁着示威者的人身安全。怎么办？禁止游行会侵犯自由，对其压制则要冒着暴力的风险。我心甘情愿地承认，关于朗德圣母机场一案，即使民主已经做出选择，但仍需要我们在穷尽各种办法之后，于 2016 年秋天进行干预，以驱离那些建设用地的占领者。但由于需要动用大规模的治安力量才能达到目的，而当时安全部队正在执行同恐怖主义做斗争的任务，以及执行着拆除加莱地区难民“丛林”的任务，所以我们被束缚住了手脚。

执政和安抚

总统被赋予平复事态的角色。我在恐袭或特别致命的事故后更加体会到，这个角色至关重要。2014 年 7 月 24 日，一架由瓦加杜古飞往阿尔及尔的阿尔及利亚航空公司班机在马里沙漠地区坠毁，机上 116 名乘客在事故中遇难，其中包括 52 名法国人。在了解事实之后，我字斟句酌地宣布了这起空难的严重后果。我在讲话的同时想到：这样的声明是如此残酷，它从心灵上打击着电视机前毫无准备的、正在探寻亲人消息的遇难者家属。两天后，我同总理、外交部部长一道在军事学院大厅同遇难者家属见面，负责协调空难调查工作的检察官莫林斯也在场。我们的首要任务是了解空难原因，因为飞机飞越的是战争区域。遇难者家属有理由询问究竟是恐袭还是导弹导致飞机坠毁。事实上，是当时的气象条件造成了空难，当时的情况导致机组人员惊慌失措。

如今的空难毕竟越来越少，因此也越来越难以被人们接受。我表示，交通部官员将抵达空难现场，有关情况将首先知会遇难者家属。遇难者家属向我提出一个要求，我用心理解这个要求的重要意义。他们希望收回遇难者遗体，并在晚些时候前往空难现场，以悼念亲人。于是，我决定组织两次行动：首先，派专家前往空难现场，寻找飞机残骸，以收集遇难者遗体，进行鉴定，并把他们交给其亲属。其次，在军人保护下，有意愿的家属可以前往沙漠，在那个简陋、严酷、荒凉的地方继续他们的悼念活动。

我仍记得发生在利布尔乃地区皮斯甘市的车祸，那是自 1982 年以来最严重的一次交通事故，只有 8 人幸存，包括司机。后者成功地从车中救出多人。但是，有 43 名乘客在令人震惊的情形下丧生。4 天后，我赶到现场，参加在珀蒂－帕莱和科尔嫩镇举行的悼念仪式。多数遇难者都是这个镇上的人，他们是一家老龄俱乐部的会员，原本是要去贝阿恩地区游览的。

遇难者遗体停放在一个由多功能厅临时改造成的告别仪式大厅里。每个遇难者亲属都悲痛欲绝，他们排列在遗体后面。地方议员、消防队员、宪兵以及红十字会志愿者参加了守灵。我说了些安慰的话，搀扶着他们的胳膊，呵护着孩童，分担着他们难以忍受的痛苦。我和那些留下来的人待在一起。过了一会儿，我赶往波尔多医疗中心的伤者床边，他们向我倾诉惊恐之情。遇难者亲属的生活并没有停止，但已经不同于以往了，他们失去了亲人、朋友、父母。那些逝者一大早乘车，原本是要度过欢快的一天的。这些遇难者亲属的心情再也无法恢复安宁与平和。

5 年间，“死亡”这个词一直萦绕着我。我们的国家也无休止地经受着各种各样的考验。我没有统计过由我主持的向士兵、宪兵和警察遗体告别仪式的次数，他们都是为法国而捐躯。我永远不会忘记自 2015 年以来法国历次恐怖袭击中的 239 名丧生者。

主政法国，就是和它的不幸与共，就是和长长的送葬队伍相伴，就是把遇难者家庭无尽的痛苦和举国的伤悲担负在自己肩上，就是发表讲话以说服人们。在法国，博爱自有其意义。

11
遗憾

我那时应该更多地倾听托比拉的意见。每当我回首5年任期，这都是我最大的遗憾。2015年12月23日上午9时30分，离部长会议召开还有半个小时，托比拉、卡泽纳夫、瓦尔斯在我的办公室跟我碰头。几个月以来，我们4位在完美的和谐中共同应对着发生的悲剧。这次，我们出现了意见分歧。我只有30分钟的时间做出决策。自从我在议会两院凡尔赛全体大会上提出剥夺最终被判刑的恐怖分子法国国籍的主张以来，多数派的共识由此被打破。一部分人认为，这是合法、符合逻辑的举措，因为根据定义，它只涉及被司法机关判定的一小撮罪犯，这些罪犯拿起武器对付法国人。另一部分人则把剥夺国籍视为具有负面意义的象征性举措，它令人遗憾地根据是否拥有双重国籍把法国人做了区分。那个星期三，部长会议应该讨论修改宪法草案。我们是应在草案中保留剥夺国籍的条款，还是把它撤出，只留下关于紧急状态的条文呢？我们必须做出决断。

剥夺之错

托比拉解释说，扩大剥夺国籍范围，等于回到了萨科齐提出的撤销杀害警察和宪兵的罪犯的国籍的倡议上。卡泽纳夫则低声提出高论进行辩护。作为一丝不苟的律师，他提及法律的要素。他同意剥夺国籍的原则，因为之前在多个案子中对涉及双重国籍的罪犯使用过这个原则，但他反对相应地修改宪法。他将对没有以更激烈的方式谈论这个问题感到遗憾，他认为：智慧自会走向正道，不必加以引导。瓦尔斯则站在讲政治的立场上，他说，在出席凡尔赛议会两院大会的全体议员面前，总统就这一改革做出了庄严承诺，因此总统不能后退。毫无疑问，在距离决定性选举还有一年的时候，右派会以此作为新抓手，修宪将会被放弃。一边是道德依据，一边是制度理由。

我一边听他们说，一边在脑海里回顾着可以帮助做出决断的理由。在 11 月 13 日恐怖袭击的第二天，在我们这个遭受一小撮恐怖分子打击创伤的国度——而这些恐怖分子被一个向我们宣战的伊斯兰极端组织承认——我原本希望在议会两院面前把全法国团结在一起。在我介绍的举措中，我有意加入反对派长期以来提出的建议之一，即把剥夺国籍扩大到所有具备双重国籍的恐怖分子身上。为什么会采纳这个建议而不是其他建议呢？因为，与我们的敌人一起手持武器对准法国人的那些人，已经把自己排除在国民共同体之外了。

法律中存在剥夺国籍的条文，它针对的是那些后来获得法国国籍，因涉及恐怖犯罪被判刑的人。剥夺国籍一般由内政部部长在获得行政法院同意后予以宣布。1989—2017 年，这个法律条文被执行了 20 多次。例如 2015 年，有 5 个拥有双重国籍、在外国出生、被判处 6~8 年监禁的人受到此条处罚，这些人参加犯罪团伙以谋划恐怖行动。那天我建议，把此条律法扩大到在法国出生的具有双重国籍的法国人身上。原则上，修改这个条文只要通过一个简单法律就可完成，它不需要特别的多数票支持。但行政法院在被咨询时强调，这样做存在违宪风险，它建议通过修改宪法实现目的。修宪需要议会两院 2/3 多数票的赞成。

我揣度着修宪问题在一部分舆论中将引发的激动情绪，特别是每次涉及触碰国籍权时在左派中会引起的反应。但修宪建议中没有任何造成含混不清的内容，它要剥夺最终被司法机关以从事恐怖主义活动罪名判刑的罪犯之国籍。宪法条文将对此准确地加以限定。剥夺国籍的措施针对的是那些事实上已经背离国民共同体、从道义上正式宣告放弃对法国的一切忠诚的人。我们真的要在杀人犯不失去国籍、在度过漫长刑期后不遭受可能的驱逐问题上产生分歧吗？就是说我们要围绕一项将在二三十年后实施的举措而互相伤害吗？我不愿意相信这些。当我于恐怖袭击次日在国民议会和参议院全体议员面前宣布进行宪法改革时，我看到了这样的情景：他们在我讲完话后全体起立，甚至找不到什么话可以补充。放弃修宪，就意味着我言而无信。而这些话是在事态极其严重的时刻，在我们竭尽全力维护国家凝聚力的背景下说出来的。我既然做了承诺，就应该兑现。在部长会议上，我维持修宪初始文本，并将它提交给议会。

2016年2月，国民议会将会以超强多数票（317票对199票）通过，参议院则将以微弱多数票（176票对161票）通过。但是，理智的争论却迷失了路途。

理由并非总是正确的

这就是我的遗憾：我低估了剥夺国籍在情绪上造成的影响。在议会辩论中，两位右派议员，夏尔·德库尔松和雷诺·米瑟利耶，分别提及他们的父亲和祖父因参加抵抗运动而被维希政府剥夺国籍的痛苦回忆。对黑暗年代的记忆被引入议会辩论：由贝当元帅领导的法国当局，的确逾越了一切原则，把犹太人和抵抗运动成员排斥在法兰西共同体之外。这种类比让我心烦意乱。新的宪法修改草案恰恰禁止政府把剥夺国籍用于驱逐被判刑恐怖分子之外的其他目的。但这是一个过于合理的论证。我对在法国人之间造成相互歧视的风险更为敏感。为什么拥有双重国籍的恐怖分子要遭受不同于他人的命运？这将造就两个等级的公民，正如罗贝尔·巴丹戴尔写的。但如果对所有被判刑的恐怖分子采取剥夺国籍举措，那将冒着制造无国籍者的风险，这也是我们的国际承诺不允许的。左派围绕着一个象征性修宪条文而发生撕裂；右派则秉持犬儒主义态度，静观多数派围绕一场右派曾主张的，但现在不再愿意赞同的改革激烈地争吵。

在辩论最为激烈的时候，儒耶给我看了阿兰·明茨发给他的一条信息。明茨是“理智圈”[1]的热心推崇者，他说对我们的行动感到震惊：他的女儿嫁给了一个美国人，为此她对自己的未来命运感到担忧。于是，甚至在拥有良好教育背景的社会阶层，人们也无节制地让步于激情。尽管我的主张论据充分，但一天天过去，人们越来越听不进去。我内心深知，在政治上，如果想不到非理性这个问题，那是不合情理的。

直到今天，我仍然相信，我们的举措不会威胁任何公共自由，也不会威胁公民平等原则。但在民主制度下，仅仅有道理是不够的，道理也必须能够服人。

因此，我决定于三月停止修改宪法的进程。我撤回了修改草案文本，它的设计原本是为了团结，结果却造成了分裂。但我至少有一点赢得信誉：我没有任何投机取巧，也没有任何政治图谋。我并不寻求分裂右派。从那时起上演的“大戏”表明，右派不需要我也会分裂。我不会更多地抓住人们在恐怖袭击过后表达的情绪为我个人的行为服务。相反，我有意平复这些情绪，把人们团结起来。既然修改宪法是防范恶意使用剥夺国籍条款的保障，我不会向身份认同倾向做更多的让步从而修改国籍法。不，错误在于我想当然地认为：11 月 13 日恐怖袭击翌日开始运作的团结行动能够持续，责任意识能够帮助实现团结。希望我的继任者从这件事中吸取教训，在触及法国的国籍法、触及法国的共同遗产时，要万分小心。

1 “理智圈”是由圣 · 西门基金会核心成员组成的俱乐部的名称，主张市场经济与民主的关联性。——译者注

劳动法的考验

与此同时，左派在经受了国籍问题辩论的冲击之后，还要面临第二次考验：即由劳工部部长玛丽娅姆·科姆里提交的劳动法修订草案引发的冲突。从根本上看，法案要使集体谈判的规则更加宽松，使其更加贴近企业的现实。在劳动时间方面，也只有在这个方面，通过更加接地气的商谈，才有可能突破由集体协议规定的一般规则，帮助中小企业渡过难关，并改善它们的竞争力。草案也规定在不公平解雇情况下对离职人员的赔偿额予以封顶，在确定解雇计划时要更加广泛地厘清应加以考虑的相关因素。在我看来，这两项新添加的内容在弹性上走得太远，应在向议会提交草案之前拿掉。

为了补偿放宽劳动法造成的影响，政府计划向前推进“个人劳动账户”制度，以便工薪阶层一边工作，一边积累可接受培训的时间点数。政府还创设了“断网权”以保护工薪阶层的私生活，工薪阶层由此不再被迫在工作时间之外回复雇主的信函、电话等。政府还计划普及“青年收入保障”制度，该制度旨在帮助 25 岁以下的青年寻求就业。

政府与各工会讨论了劳动法文本。改革派工会，特别是法国民主劳动联合会，在批评了最初提出的文本后，同意了修订后的文本。这些工会认为，把企业谈判加以关联会更加有效。劳动联合总会、工人力量组织则拒绝劳动法修订草案，它们认为应该保留行业谈判协议。这些工会组织声讨修订草案“颠倒了社会基准主次顺序”，并号召示威和封堵交通，一直闹到第二年春天。这是一个悖论：“科姆里劳动法”力图保持企业弹性和就业安全之间的平衡，导致了长久且令人苦涩的社会冲突。8 个月后（新政府）以政令方式通过的“佩尼科法”，撤除了所有有利于工薪阶层的补偿性条款，标志着工薪阶层权益的倒退，并导致从未真正发动起来的抗议运动，工人力量更愿意从这次抗议活动中脱身。

我坚持认为改革是正确的，尽管它未被列入我的议程。改革刺激了企业谈判，并发出鼓励中小企业的信息。在工作的不稳定性成为许多工薪者阶层所经历的现实这一背景下，改革也包括社会的进步。改革与正在欧洲特别是在斯堪的纳维亚国家蔓延的“弹性和安全”[1] 运动关联在一起。这是社会民主主义式的妥协，它建立在灵活性和保障性平衡的基础上，在哲学和方法论上不同于爱德华·菲利普政府采用的政令改革，该改革政令只获得法国企业运动组织的赞同。

反季节

尽管如此，我承认犯有方法论和时间点上的错误。劳动法修订草案文本是在我们的注意力集中在恐袭时期准备的，没有经过充分酝酿。在向公众介绍文本时又显得过于仓促，其中最受争议的举措没有通过必要的宣介做出解释。在议会辩论开始之前，以强硬姿态愚蠢地宣布要借助宪法第四十九条第三款强行通过修订草案，往好

1 “弹性和安全”指企业解雇自由度与被解雇员工获得长期和大额补偿的安全度。——译者注

了说是一种蠢笨，往坏了说则是一种挑衅。

鉴于社会党议会党团一部分人会集在“异见者”标签下，拒绝投票支持这个改革法案，采取强行通过的程序无疑是必要的。但是，在一开始就祭出这招，则阻挠了最终达成妥协的可能性。我赞同这个见解。然而，（现政府）采取政令改革方式，缩小了议会介入的空间，可被视为“超级第四十九条第三款”，但没有招致更多批评。确实，昔日的“异见派”已无缘再在议会议席上见证了。

我本应该在 5 年任期之初付诸表决通过该法。该法如果在 2013 年颁布，它就会有足够的时间对集体谈判产生效果，也就会有足够的时间陪伴创造就业，因此从 2015 年起就可以成果显著。当然，各方社会谈判伙伴必须为此做好准备。

毋庸置疑，善抓时机是政治上取得成功的一项条件。我违背了这一条。

公正的赋税

人们同样指责我没有进行重大税制改革，而这一改革是列入我的纲领中的，但当时的形势无助于我们完成这个重任。2012 年 5 月，法国被赤字及过度的债务重担压弯了腰。最为急迫的是找到额外收入，同时取消菲永政府新增的增值税额（从 19.6% 增至 21.2%，即从所有家庭中多征收 130 亿欧元）。菲永政府增税举措是在 2012 年 2 月表决通过的，就是说恰好在总统选举之前通过，并将在 2013 年 1 月 1 日实施。

如果维持增值税的新增税额，那将既抑制消费又无法提升国家预算额，因为增征增值税与同等额度降低社保缴费额相关联。另外，还必须终止前届政府给予富裕阶层的税制优惠。我取消了税额封顶制度，对最高收入阶层引入 45% 的税率，对年收入超过 100 万欧元的人所得税率提高到 75%。同时，税率优惠额被封顶，对资本收入与劳动收入实行同等税率。但是我承认，采取的这些举措都是最不得人心的，比如终止加班收入免税制、继续维持取消丧偶女性半税制待遇等。这些举措在短时间内累积在一起，破坏了公正这个整体架构的协调性，导致了对“税赋攻击”的集中声讨。因为改革我们的税收体制需要时间，也需要展开广泛讨论，以便制订新的中期战略，并使公民理解这个战略的缘由、时间表及其效果。

现政府并未汲取这个教训，它变换着花样增加税赋（普遍性社会保险捐税、汽油税、能源税、烟草税）。特别不同于以往的是，现政府引进了资本收入按比例课税的税种，把团结税的税基由巨富税压缩成仅征收不动产税。此举的结果是免除了股东及金融投资者的税赋。我的政府缩小了不平等，现任政府却相反。

2013 年底，艾罗意识到必须开启税制改革“工地”，他建议行动起来，但为时已晚。舆论哗然，声称对税赋“厌恶之至”。时任财政部部长莫斯科维奇以值得称道的坦率谈到这个词，却被解读为笨拙的忏悔。

我坚持一个阶段一个阶段地推进这个目标，取消符合第一级纳税额标准群体的所得税，此项减负举措涉及 1 200 多万个纳税家庭，今天 55% 的家庭不再缴纳所得税。我同样启动了所得税代扣制度，它本应于 2018 年开始实行，但爱德华 · 菲利普政府更喜欢延迟到 2019 年。应交税额将同代扣制实施当年的个人所得挂钩，而不再同上一年度有关。可以说，税制现代化需要几十年才能实现。

一个税务政策即使如此和谐、如此公正，也只有当它被正确理解时，才能产生政治效应。但是左派一直维持着建设完美架构税制的承诺，普遍性社会保险捐税按照所有收入普遍性捐税的基本税进行设计，以保证税制的进步性。这需要花费时间。而右派则承诺免除金融收益税及取消巨富税。我观察到：与左派相比，马克龙更愿意倾听右派的意见。

医学辅助生殖

人们对于未做成的事情也会遗憾，我是在回忆同两位女士会见的情景时想到这一点的。那两位女士致力于把医学辅助生殖权扩及女同性恋伴侣的内容写入同性婚姻法案，我没有把这些内容纳入纲领中，因为，回顾许多评论，我预感到在婚姻与收养问题上的博弈将非常艰巨。我认为，开启医学辅助生殖的问题随后就会到来。我在一次新闻访谈中表达了对医学辅助生殖权的支持。在我看来，这是伴侣权利平等的逻辑延伸。我耳边还会响起她们请愿时说的话："今天为了养育孩子，我们必须借助迂回且昂贵、从很多方面看也是屈辱的办法。"她们在我面前说话时一身正气，"我们用满腔的爱和一切应有的细心抚育着我们的女儿，”她们笑着补充说，“您知道，性取向是不会传导给她的。”

我有点儿不知所措，就如同我自己也可能被这些偏见迷惑。我知道，同性恋者会以与正常夫妻同样的爱去养育自己的孩子。至于这种“传导”，它并未出现在我的想法中。医学辅助生殖改革要做起来。无论如何，我注意到，马克龙做候选人时，是声明支持这一改革的。医学辅助生殖符合人的根本权利，它迟早会站住脚。

人们也许会问，为什么没有把医学辅助生殖权纳入婚姻法中？当时，如果将医学辅助生殖权纳入法案中，除了需要征询国家道德委员会的意见之外，还必须提前修改相关生命伦理的法律。将医学辅助生殖权加入法案也会引发反同性婚姻者的宣传行动。这些反对者会使用“致命的联动”进行推理，从而把承认同性恋者医学辅助生殖权与代孕权联系起来，后者带来的伦理问题尤为敏感，包括我反对的“身体商业化”。我更愿意首先打赢同性婚姻和同性伴侣收养子女的战斗，然后再走得更远。

尽管如此，我仍然责怪自己缺乏这种魄力。只有最幸运者才能够在国外享受这个权利，那些希望生孩子的女性同性恋者仍要克服不合理的障碍，另外还要加上社会的不公正。那是一种出自血缘关系的爱，为什么要去阻碍呢？

被遗忘的选举权

最后，我想就仍停留在毫无生气的文字上的一项许诺做出解释：关于非欧洲籍外国人在地方选举中的投票权问题。1981 年总统选举时，这条举措已经列入候选人密特朗所辩护的 110 项纲领建议中，它可以还远道而来参加国家建设的劳动者以公正。这些劳动者长期居住在法国，在和其他人一样通过纳税为地方行政区的生活做出贡献的同时，却被剥夺了选举地方代表的权利。密特朗断定法国人还没为此做好准备。后来，社会党人在他们的纲领中多次纳入这条举措建议。但当左派于 1997 年作为多数派通过若斯潘再次担负起国家的行政责任时，这条举措建议在参议院搁浅，右派在那里仍占据多数席位。因为，即使扩大地方选举的投票权，也需要议会两院妥协达成法案文本，并获得议会全体大会 3/5 的多数票才能通过，除非通过公民投票的途径进行表决。2011 年参议院改选，左派在第五共和国历史上首次占据参议院统治地位，一年之后又在国民议会获得多数议席。因此，由参议院和国民议会达成一个赋予外来劳动者地方选举投票权的妥协文本成为可能。然后就需要将文本交由在凡尔赛召集的议会两院大会投票表决。实际上，当时仍然难以汇集议会两院 2/3 的支持票。但是，左派以此表明为进行此项改革尽了全力，是反对派导致文本无法投票通过的。有人指责我酝酿了一个暗黑的阴谋，甚至要了一个国民阵线式的把戏：推动一项我事先知道将以失败告终的改革。他们批评我在下列考虑的基础上做出的决定是错误的：失败要比规避好，通过辩论使思想进步要比以沉默固化思想好，受到阻碍的意图要比不为人知的能力好。

这也是一个权力的教训：在意志起作用而任何经济、金融或外部限制都无法阻止我们行动时，信念应该占据上风。如果过于理智，就不总会有合乎情理的结果。

12
惩罚

总统行使最高裁判官的职权，但他不是法官，而是司法权力机构独立的保障。他的首要义务就是保证司法机构自由地开展工作，特别是在司法机构对政府成员、总统的顾问及其身边人进行调查的时候。但是，总统有时候可以在司法机构尚未做出判决时予以了断。

我曾经宣称要为法国树立榜样。从这方面看，我不能说我建立的工作班子或多数派内部不存在任何缺陷。我只是事先警告每个人，我对错误不会手软。我也考虑建立监督机制，以保证公共生活的透明度，防范牵涉到当选民意代表或权力机构官员的欺诈及腐败行为。我同时认为，左派总是根据自己的承诺提及道德，因此左派应保证以其名义行事者的廉洁。诚实是政治负责人的第一责任，道德则是信任的基础。我很了解“人类灵魂的复杂无常”，我把这句话放在一个竞选演讲稿的文件夹中，我知道我会遇到微妙的处境，但我没想到要面对曾给我的前任以及民主带来如此多伤害的“事件”。

愤懑于心

我 5 年任期的最大危机之一是以人名命名的事件，即“卡于扎克事件”。这件事带来令人痛苦的失望，是明显的背叛事件，是一件令人震惊的丑闻。它带给我的愤怒一直没有平息。热罗姆·卡于扎克是一位光彩照人的议员、神采飞扬的部长、言辞像刀片一样犀利的演说家。因为贪婪和不诚实，他破坏了自己灿烂的职业生涯，以不可原谅的过错玷污了认真和严谨的政府班子声誉。我记得在几次面谈中，他充满哀怨地看着我，做着请求谅解的手势，向我保证他的无辜。他坐在我对面，诚恳地进行抗辩，愤愤不平地谴责指控者，喋喋不休地请求支持。所有这一切都只是伪装，是演戏。

我于 1990 年结识卡于扎克，那时他是卫生部部长克洛德·埃万的顾问，负责处理制药行业的事务。他是医生出身，当时正在一个诊所行医，他说准备放弃这个诊所以投身政治。1997 年，他成为洛特－加龙省选出的议员。他对金融问题感兴趣，并很快熟悉了这些问题。他在国民议会如鱼得水，连他的政敌也对此留下了深刻印象。作为议会金融委员会主席，卡于扎克在谴责偷税漏税问题上最为无情。他投入不寻常的热情以获得汇丰银行事件中纳税人违规者名单。他深度介入塔皮仲裁案并谴责商人的利益安排。他非常自负，反击对手向来快速且准确，并常常流露着傲慢。不过几年，他便成功地使自己成为最优秀的公共金融专家之一，以及议会最令人害怕的剑客之一。自然而然，在组建艾罗的政府时，我把负责预算的部长级代表职位给了他。他精力充沛且笃定地完成工作任务，毫不妥协地寻求节省开支，在我们被迫采取严格的税收举措时以丰富的想象力开展工作。他领导的行政机构对他充满了敬意和畏惧。

“四目相对”

事件是从一通电话开始的。2012 年 12 月 4 日，卡于扎克打电话给我。我正乘列车离开朗斯城返回巴黎，我刚刚在那里为卢浮宫博物馆朗斯分馆开馆剪彩，这个勇敢和经受痛苦的城市接纳了这一文化项目，分馆建在已经关闭的旧矿址上。卡于扎克告诉我，新闻网站 Mediapart（《媒体参与》）将登载一篇文章，指控他在瑞士拥有一个账户。

“这是真的还是假的？”我打断他。

“这是诽谤！”他回答。

于是，我要求他发表一个尽可能详细的辟谣声明。

他向我保证，这个问题根本不存在，他没有任何国外账户，他将会证明。尽管如此，我仍然在衡量这个指责的严重性。如果 Mediapart 的这些消息是准确的，那么行政权力机构的声誉将因为一位有缺陷的部长的错误而被玷污。除此之外，左派将受到伤害。左派宣称要同欺诈做斗争，但它被欺诈附身了。如果这些消息是假的，那么通常认真调查的 Mediapart 的记者则是被操控或是被愚弄了。这样的话，问题仍然很严重。我说服自己：卡于扎克说的都是真的，既然他发了誓；谣言来自对手，他们试图毁坏卡于扎克的信誉。我同莫斯科维奇组建了一道防火墙，以避免卡于扎克同负责调查的税务机关有任何接触。我们要求瑞士当局核实，在那些联邦银行中是否存在一个“卡于扎克账户”。

卡于扎克到处表白他的无辜，甚至在国民议会发表了一个高调声明，郑重地对拥有外国账户一事进行辟谣，“现在和以前都没有”。我和总理一样，对他那坚定的声音留下了印象，我们也要求他通过法律途径反击指控者。卡于扎克求助于用作公开审理的证据，但称准备以涉嫌诽谤罪追究那些指控者。我在晚些时候才明白他的用心。他已经把账户转移到另一个避税天堂，指望财政部向瑞士提出的司法请求达不到目的。其实，司法请求会导致更加深度的调查，调查将把卡于扎克置于危险境地。他在这条防线上一直坚持到最后时刻。一旦诉诸法律，一切就都崩溃了。

我应该承认 Mediapart 的价值。在事件之初，该网络媒体负责人埃德威·普勒内只是谨慎地告诉我要真心相信事情是真的，但他没有出示决定性证据。他也一样，在追寻真相方面难以走得更远。实际上，巴黎检察官采取了措施，关于洗白偷漏税罪责的初步调查于 1 月 8 日开启。

几个星期后，检察官证实了指控卡于扎克的音频资料的真实性，并于 3 月 19 日通过公报宣布，他将对 X 展开司法聆讯。我立即打电话给卡于扎克，要求他向我递交辞呈。在这个时刻，他仍然向我表白自己的无辜。稍后，他的供述被呈交给法官。而他在道德背叛发展到如此程度的情况下，发来一个激起我愤怒的短信：“我刚刚在法官面前承认了一个至今难以启齿的真相。在历经犹豫之后，我放弃了彻底逃离痛苦真相的念头。”他补充道，“因此，我将尽可能有尊严地承担一切后果。我过去没能接受，当然这是错误的，在近 20 年前已经过去的生活中所犯的过错可以毁灭我的一生。”他补充说，“我错了……错在向所有人撒谎，向您，向我的律师，向我的孩子，向我爱的妻子。我不知道有一天您能否原谅我……”这是一份迟到的忏悔。就这样，由于一个人犯错，整个政府、整个多数派，甚至整个左派，都被无辜地蒙羞。这是把自己禁锢在否认行为中的撒谎者出现的眩晕，这是一个不能及时承担罪过的人所走的弯路。

一个错误?

我判断失误吗？是哪个呢？是因为任命了他吗？过去一直有许多关于他的职业、关于他同众多制药集团的关系、关于他的生活方式的流言。按照原则，难道要怀疑那些掌握着巨额财产的外科医生、部委的顾问或者当选的民意代表吗？这不是我的共和国理念。当卡于扎克走上国民议会金融委员会主席这一负有重大责任的岗位时，我不记得对他有过任何质询。在他告知我 Mediapart 正在调查他时，我应该和他分道扬镳吗？能仅凭一篇媒体文章就对他进行谴责吗？无罪推定在多大程度上可以优先于政治防范原则呢？每当一名政府阁员被爆出丑闻时，这个问题就会出现。我立下规矩，任何部长（或者我的办公厅的成员）受到“事件”牵连时，都要辞职。卡于扎克在国民议会电视台《时事问题》节目中郑重表白他的无辜，打扰着人们的思绪，也包括我的思绪。感情被滥用也是一种错误吗？当时，我与卡于扎克的内阁同僚、与国民议会议员，甚至与他身边最亲近的人的想法都一样。再说，那时尚无法官接手案子。

但是，我们要继续进行必要的反省。一直等到 3 月针对 X 的司法聆讯开启时才中断与卡于扎克的关系，我做了一件错事吗？我想是的。在巴黎检察官于 1 月委托初步调查时，我就应该让卡于扎克离开政府。这是一个教训。辞去政府职务应该发生在司法程序启动之时，而不应等待提起公诉。这种规矩可能不公道，但它可以避免涉事部长让整个政府替他“背黑锅”。

关键问题是：卡于扎克在这两个月里处于被保护状态吗？绝无可能。作为部长，他没有以任何方式干预相关机构的调查，该机构负责在瑞士或其他可能开设账户的避税天堂查找信息。主管卡于扎克的部长莫斯科维奇对此盯得很紧。是他，是莫斯科维奇领导着在瑞士的调查行动。同样，司法机构完全独立地开展工作。巴黎检察官可以毫无阻碍地开启司法程序进行调查。

难道这是我在当选后承诺建设的“典范共和国”的过失吗？这个词并不是陪伴我履职的所有人公开宣布的信念，即使我以某种方式向他们表达了我的信任，这个词仍然由我来承载。不管怎么说，这是我向公民做出的保证：既没有特别关照也没有犯错不罚，政治负责人的收入和财产情况要服从透明原则。一旦他们受到一个案件牵连，便无权得到任何宽恕。事实正是如此。

因祸得福

这个案子揭露出很多恶行，但它至少带来了一个善果，那就是它创建了效果显著的金融检察院，以及设立了手段有所加强的反贪署。另外，税务部门开设了以规则约束在国外拥有账户者的机构。约有 5 万多份案卷得以处理，320 亿欧元得以规范，80 亿欧元被收回。

政治生活透明化最高权力机构受命审核议员及主要政治负责人的财产和利益申报情况，并审查候任部长的纳税情况。

这些改革在 2017 年的总统选举竞选中产生了政治效果。每当发现一名当选者在申报财产方面缺乏诚意时，刑法就对其予以追究。

正是依据这些法律条款，托马·特维努在任职 9 天后，于 2014 年 9 月离开了政府。他曾是一位活跃的国民议会议员，因调解出租车司机和载客专车公司的冲突危机而在国民议会中引人注目。特维努也曾担任“卡于扎克事件”调查委员会委员，属于对卡于扎克最不宽容的那些人中的一位。特维努很熟悉经济事务，人们揣测他会入阁。但直到 2014 年 8 月内阁改组时，他才被提名担任由法比尤斯主管的负责外贸事务的国务秘书。特维努以前当过法比尤斯的助手，他的任命一经公布，萨潘就提请我们关注他的纳税问题。经济和财政部主管部门向萨潘报告过有关情况，萨潘不知问题是否已经解决。两天后，政治生活透明化最高权力机构通知总理：特维努未向机构申报个人收入，他成为推定征税对象。瓦尔斯立即向我建议，根据我们让议会表决通过的法律规定，解除特维努的职务。这就是我们法律效率的明证。

如果是在从前，任何人都不会知晓这件事，它会在经济和财政部的一间办公室里解决。在那里，“忘记”纳税义务的国务秘书可以快速补足他的纳税差额。这一次，不仅情形不是这样，而且特维努被逐出了政府，税务机关认为应诉诸司法机构。特维努被判处一年徒刑缓期执行，剥夺 3 年被选举权。“典范共和国”就是“典范的处罚”。

莫莱尔的皮鞋

这种严厉也导致我和一位助手因一些小事分道扬镳，尽管后来司法机构对这些事不予追究。我想到的是阿基利诺·莫莱尔，他在 2012 年陪伴我竞选后，成为我的政治顾问。

他是一个很独特的人，有时和我的信念相去甚远，特别是在欧洲问题上。莫莱尔工作的地方离我有两个办公室的距离。他帮我设计一些演讲，向媒体转达我的言论，分析舆论变化情况。直到有一天，Mediapart 披露了两条消息，一则是逸闻，另一则却令人尴尬。莫莱尔在一定程度上重视衣着考究，他把鞋商叫到爱丽舍宫，这有点儿怪异，特别是他把自己的皮鞋交给鞋商去打蜡。一位目击者转述了这个场景，此事被刊登在媒体上。确实荒唐，但不存在不良行为。

令人不快的是，他被指控与一家制药企业有利益纠葛。这件事足以让人感到困惑，需要进行调查。我痛苦地履行了义务，要求莫莱尔辞职。这个决定是残酷的，因为调查的最终结果是结案且不采取进一步行动。莫莱尔因此受到伤害，他试图从中看到政治决定的影响。实际上此事只有合规性这一个理由。

我的另一位顾问法齐·朗达维也遭到同样的下场。他被指控在任职的同时还管理着一家企业，在总统选举前就负责这家企业。他马上走人了。那是2014年的事，而司法机关直到2018年才宣布他无罪。

毫不妥协应是总统坚定履行的一个义务。这种不妥协性可能会触犯亲信和盟友。当司法机关最后终止追究或不予起诉当事人时，这种不妥协性会显示出它不公正的特点。这种不妥协性会与行政机构的裁决相混淆，特别是当总统自主决定解除这位的职务或保留那位的职务时。这种不妥协性也会打碎许多人的饭碗，或把他们扔给舆论消遣，他们本来不应该受到这种待遇。但国家元首应该决断，因为他不能被质疑是在保护、遮掩或关照。这也是为了向公民保证：法国只能由那些身无任何疑点的负责人来代表。

一名候选人于2017年总统选举中遭遇挫折之后，由透明度法律制定的规则又通过涉及议员助手的预防性举措得到进一步完善。这些规则架构应该能够在将来防范丑闻爆发。当然，前提是所有从政者都严格遵守。在我任期内突发的此类事件不算多，但令人痛心。因为事件揭示出道德上的缺失，而左派恰恰应该以道德为准绳。当然左派不是要对道德进行垄断。道德本身就是民主公约的基础。2017年5月以来，已经有一些内阁成员辞职或离职。如果从中看到的是软弱，那就错了。应该受到批评的是相反的情况。处罚的义务处在总统责任的核心位置。

13
任命

那就任命艾罗……我在做行使总统职权准备时就考虑过，如果胜选，艾罗就是出任总理的最佳人选。指定总理是总统的特权，是5年任期的第一项工作。指定总理要遵循政治逻辑，但许多个人考虑也掺杂其中。有时，国家元首和未来政府首脑之间的联系要追溯到很久以前。艾罗符合上述标准，因此总理应该是他。

有担任总理意向的人并不多，奥布里是其中之一。她是少有的具备政府工作经验的人，她先后在埃迪特·克勒松和皮埃尔·贝雷戈瓦的政府担任劳工部部长，1997—2000年曾任若斯潘的社会事务专员，后来成为里尔市市长。2008年担任社会党第一书记。尽管她被指定为党的第一书记后引发争议，但她成功地从总体上稳住了随时会撕裂的党组织。她成功的代价是对党内左翼做出许多妥协，我在总统5年任期中可以体会到这些妥协带来的令人烦恼的后果。她曾希望多米尼克·斯特劳斯-卡恩作为候选人竞选总统，并为此准备了社会党的竞选纲领，因此熟谙情况。她具备全面的人格素质，对人既不纵容又不特别关照，这些事实对她有利。尽管令人不快，但相对于甜蜜的虚伪，我更喜欢坦率。

尽管如此，我仍有一个很大的顾虑：我们两人在2011年11月党内初选中是对手。当然，选举结果产生后，我们恢复了团结。但我觉得，我应和总理保持一种持久不衰的信任关系。我担心她完全不是或不足以是这样的总理。

里尔优先于巴黎

在进驻爱丽舍宫的前一天，我把自己的计划告知了奥布里。她领导着多数党，我应该与她分享这个计划。我们在国民议会财政官办公所在地见面，就在玛丽利兹·勒布朗舒的房间。在这个时刻，我不知道奥布里是否希望成为新的政府首脑。尽管她在党内候选人初选第二天就向我表示不再有这个念头，但她仍会提出这个要求。我更愿意不让她有所期待。我对她表示，第二天将启动任命艾罗为总理的程序。她没有表现出惊讶，只是脸上瞬间露出失望的表情。接着，我建议她加入我的团队，提议她主掌由国民教育、大学、科研和文化部门组成的大部，并坐上政府二号人物的交椅，由多位部长级代表襄助。她拒绝了我的提议，并解释道，她多次出任部长，在若斯潘政府做过二号人物。她补充说，她并不认同我所有的施政要务。最后，她向我透露，她非常依恋里尔市政府的工作，希望在2014年（市镇选举后）继续留在市长岗位上。我仍然为自己的建议辩护："左派问鼎总统，取得了政权，这非同寻常。从1981年至今，先是密特朗，然后是我。对我们这一代人，这是人尽其用的唯一时机。历史不会如此慷慨，以至于向我们提供为法国以及为左派行动的其他可能性。”我也强调我们的政策在面向怀疑自己未来的青年时面临的挑战。最后我强调，她的经验很有价值，有利于我们维护和改革学校，她对艺术和创造的热情也是被公认的。

一切都是无用功，她坚持自己的立场。我为此感到惋惜。我相信，她若主掌这个大部，面对那些如此期待左派的教授，她一定会取得成功。当然，她保证对我的忠诚和支持。这是事实，她沉默了很长时间。但当她走出沉默时，这就对我们造成了伤害。

所以我选择了艾罗。这是长时间深思熟虑后的决定，不仅仅出于友谊或忠贞，也是出于总统选举后产生的政治处境。在我任期之初，总理应该与新的政治多数派合拍。艾罗合乎这个首要条件。他在国民议会领导社会党党团达 15 年之久，他也是领导即将到来的立法选举竞选活动的最佳人选。他得到我们生态主义者盟友的赞赏，自 1989 年起就与生态主义者一起领导着南特市。建造未来南特机场问题使艾罗与生态主义者的立场对立，尽管事情敏感，但并未破坏他们之间的默契。同我一样，他坚定地信守社会民主主义承诺。他是德语专家，与德国社民党大多数领导人保持着牢固的关系。他关于法德伙伴推动欧洲建设的信念毫不动摇。在我关于促使默克尔总理转变立场的想法中，他可以发挥有益作用，这些在后来都得到了证实。最后，艾罗应该为南特城市群的成功发展感到自豪。

南特的艾罗

他唯一的缺陷，就是没有做过“朝中人”。如同从前皮埃尔·莫鲁瓦一样，艾罗是个外省人。他一直与巴黎的“朝廷”保持着距离，以便守护着简朴的家庭生活方式。难道人们没有用一种巴黎常有的、优越感十足的腔调谈论他的野营房车吗？人们呼吁法国的议员艰苦朴素，同时又嘲笑他们的朴实。令我耿耿于怀的是，法国精英世界竟如此狭隘，社会和文化等级的虚荣继续毒化我们的政治生活。有些人批评大学校及国家行政学院毕业生在领导者选聘中所占的分量，同时又傲慢地贬损：出自这些学校之外的人的经历是无法被证实的。其实，这些非大学校出身的人凭借他们的价值和付出的劳动，也应该得到升迁。艾罗生性内敛，很少表露感情。比起抱怨，他更喜欢沉默，即使当他很想抱怨的时候。

我和艾罗并非至交，但是我们曾经在一起工作了很多年。特别是1997—2002年若斯潘担任总理期间，他是国民议会社会党党团主席，我则担任社会党第一书记。我在就职总统当日向他确认我的抉择时，他并不吃惊，但他明白：他的地位在一瞬间发生了改变。这真是“踏破铁鞋无觅处，得来全不费工夫”。

马提尼翁府炼狱

在5年执政期间担任总理注定要做出牺牲，这是第五共和国不成文的规矩。艾罗并非自找牺牲，但他做好了牺牲的准备。

他在马提尼翁府履职期间，凭借持之以恒和坚韧不拔克服了所有危机。他保证了公共财政状况的改善；他要求撰写了《加卢瓦报告》(即《振兴法国竞争力报告》)，我们在 2012 年 11 月读到了它，并根据报告的结论设立了就业竞争力公税；他很好地领导了退休制度和劳动市场改革；他战胜了好斗的反对派——他们反对同性婚姻，他始终支持与议员艰苦“战斗”的托比拉；他泰然自若地处理了弗洛朗热钢铁厂的困难及布列塔尼地区被称为“红帽人”的抗议事件[1]。每次他都提出睿智的、符合国家利益的解决方案。

2013 年底，艾罗希望继续推进他的工作。意识到我们遇到的政治困难，他希望再次推进我们启动的税制改革，这是个合理的计划。但不幸的是，改革前景引发了同样多的担忧和希望。一种厌税情绪笼罩着整个舆论。总理与他的同事多次交锋，他也成了国民议会社会党党团一部分议员批评的焦点。他在多数派中的权威受到那些将成为“异见派”人士的质疑，这些人在争吵中总是走得更远。

受到伤害的朋友

市镇选举第二轮投票的结果是，我们丢失了直到那时仍由左翼领导的许多市镇。翌日，艾罗来我这儿为继续任职进行辩护。在这间我们曾一起做出那么多艰难决定的办公室里，我面对的是一位真

1 该事件指 2013 年发生在布列塔尼地区、抗议征收货运卡车污染税及农业食品企业解雇员工的运动。——译者注

诚的人。他的一切行为和承诺本应促使我留任他——他毫不迟疑、全力以赴、心无旁骛地开展工作，除了在岗位上一心报国，没有任何野心。

2012 年组阁时，我的想法是：等到任期过半时，再另组一个新团队进行后半任期的工作。在这种情况下，艾罗还可以继续任职几个月。但是，最笃定的情感及最站得住脚的论证，有时也会遭到政治生活的嘲弄。政治生活冷酷、残忍，它在民主制度中要顺从急剧变化的形势，这些变化煽动着舆论。艾罗和我，我们的民意支持率跌落了很多。尽管他不说，但我能感觉到他为此而痛苦。他的政策没有得到政府必要的全力维护。因此我决定寻求一张能够再次启动政府工作，并重新进行我们发动的改革的新面孔。

一个星期一早晨，我向艾罗解释了我面临的两难选择，这需要排除一切个人考虑予以决断。我在跟他告别时指出，下午我会打电话把我的决定告诉他。我给自己几个小时来思考这一选择将带来的后果。与此同时，我要求瓦尔斯在假定被晋职到马提尼翁府的情况下向我提出组阁建议。一方面，要保证忠诚，保证扩及生态主义者的多数派能够维持下去；另一方面，瓦尔斯这个精力充沛、只求更多地服务国家的人，在内政部树立权威的过程中赢得民意支持，但在多数派内部又最受争议，所以他主政有可能导致绿党人士离开政府。事情的确如此。

瓦尔斯得到了贝诺瓦・哈蒙[1]和蒙特伯格的支持，他们主张“更

1　贝诺瓦・哈蒙是当时负责社会经济、互助和消费事务的部长级代表。——译者注

新”。他们显然都有私心。他们的想法是，重组内阁于他们有利。这真是可笑的算计，瓦尔斯处在他们的对立面，在改革派左翼光谱中与他们是相反的。策略性投机有时使意识形态差异变得廉价，在某些时候，野心会使最为坚定的信念暂时沉默不语。

我也可以等待，直到把总理消耗得筋疲力尽，过了夏天或到2014年底再和他分道扬镳。密特朗在另一个时代和莫鲁瓦搭班子时，在任命其继任者法比尤斯之前不就是这么做的吗？无论是从人本方面还是从政治方面，我都拒绝这么做。我希望加强政府工作，以落实等待着我们的改革，这就是改变做法的理由。在下午4点，我打电话给艾罗。带着这种情形下所能持有的所有敏感性，我向他指出：我决定任命一位新总理。他优雅地接受了这个选择，当然并非没有伤感，我感觉到了。尽管有了这次伤害，但我们依然关系亲近。在2016年初，当我应该为离开政府到宪法委员会任职的法比尤斯指定一位继任者时，我依然转向艾罗。作为法国外交部门首脑，他以在马提尼翁府展现的同样品质完成了使命。

艾罗的忘我精神和国家意识，帮助法国走出了危机，步入了良性改革循环。

任命部长

2012年5月，我想拥有一个经验丰富与创新精神相结合的团队，因此组建了一个在多样性和协调一致之间寻求平衡的政府。

截至2012年，左派已有10年未曾执政。以艾罗为中心，我召回了密特朗时期的前任部长，特别是法比尤斯。我与法比尤斯在总统选举前已达成共识。我们之间的关系曾长期处于冷淡状态。在就欧洲宪法条约进行内部咨询时，以及此后举行公民投票表决时，我们的立场强烈对立。我无情地把他逐出社会党领导机构。在对卡恩候选人资格抱有的希望落空后，他在党内初选中支持奥布里，但不赞同她的主张。他接受了初选结果，并认同初选带来的胜利前景，决定服务国家。

这并非是因为他长久以来积蓄了雄心，即问鼎国家最高权力；也不是为了让他当总理，既然他在一个显得早熟的年龄担任过这个职务。他是作为外交部部长被召回的。他做好了担当这个职务的准备，他的国际声望对我来说弥足珍贵。他全身心地投入工作。他在外交部任职的 4 年中走遍世界各地，弘扬我们共同制定的政策。他从未逾越我制定的方针，包括对于欧洲的政策，我们过去对欧洲问题是有分歧的。他想让法国成功：只有结果对他最重要。他把自己重要的才智及对国家长期的认知都用于服务我们的外交。这些品质也印证了我于 2016 年 1 月任命他出任宪法委员会主席的正确性。

至于国防部的职位，非让－伊夫·勒德里昂莫属。他曾是我最亲近的朋友之一，在国民议会关注防务问题近 30 年之久。他身边围绕着一个专家团队，这些人在我竞选中发挥了有益作用。尽管他名气不大，但他的任命众望所归。没有人忘记他在 1991 年就参加过克勒松的政府。很少有人想象得到，他在这个岗位上全力以赴，无论是与参谋长一起领导由我决定的行动，还是维护分配给军队的预算。

我不会忘记他在促成销售阵风战斗机及其他军事装备方面扮演的角色。为避免干扰我们的反恐斗争部署，作为例外，我批准他自2016年1月开始兼任大区议会主席和国防部部长职务。他向我透露，他决定在我任期结束后回到布列塔尼地区。但我了解他对国防事业的挚爱。马克龙没有让他继续担任国防部部长职务，难道马克龙认为，军队统帅和一位影响力较弱的国防部部长在一起会更有权威吗？我不知道，如果勒德里昂留任国防部部长，德维利埃将军[1]是否还会辞职呢？作为我们军队的参谋长，他一直向我展示着忠诚和才干。肯定是这样的：勒德里昂是冒着被人遗忘在那里的风险去外交部任职的。作为朋友，我劝他不要接受这个任命。但是当时我不再是总统，他也不再是社会党人。

其他部长都担任过政府的职务。莫斯科维奇、萨潘、勒布朗舒都做过若斯潘内阁的成员。我在5年任期开始时把艰巨的任务交给了他们。莫斯科维奇负责筹备各时期的预算事务，同时参加各种防范欧元区危机的会议。他凭借自己的才干和智慧完成了任务。他认为，才干和智慧本身足以满足需要，不必再伴以无休止的宣教努力，特别是在课税这个敏感议题上做说服工作。萨潘的使命是努力实现失业曲线的逆转。他像滚球一样拖延了几个月才兑现这个承诺，在2015年夏天满意地看到了成功。他进行的劳动市场及职业培训改革非常有益，即使这些改革如同所有富有成效的谈判一样，没有根据它们对社会关系带来的贡献获得认知。

1　皮埃尔·德维利埃是法国前三军参谋长，因在军队预算问题上与新任总统马克龙产生分歧，并公开表达批评意见，于2017年7月19日辞职。——译者注勒布朗舒负责国土改革。她要面对相互矛盾的利益，以及那些不放过她的民意代表。她倾注了无论如何都不能动摇的耐心，使我们的国家在权力下放方面跨越了一个重要阶段，迫使地方行政机构做出必要的节俭，令地方行政机构接受国家减少补助的举措，即使当时她本人尚未完全被这个政策折服。

瓦尔斯－托比拉“伙伴”关系

在组建政府时，我特别关心主权部门职务的任命。我不希望我们惩治犯罪应有的决心受到任何质疑，也不希望由梅拉赫事件引发的我们对恐怖主义威胁的警惕性受到任何质疑。瓦尔斯在很多年前担任埃夫里市市长和议员时，就深入地介入过安全问题。他在警民关系上也做了很多工作。在我竞选总统时，他非常完美地发挥了辅助作用，他用心地成功完成了这项任务，无疑他也期盼时机来临时再去执行另一项使命。

与此同时，我也希望向公众显示：我愿通过选择一位独立人士来使法治国家和自由精神得到尊重，这位独立人士应该能够保证司法部门也按照法治国家和自由精神开展工作。我打电话给托比拉，建议她出任司法部部长。她感到吃惊，要求给自己时间考虑。她明白等待她的是什么，她需要安抚在上一个 5 年执政期饱受痛苦的法官队伍，她需要应对监狱人满为患的困难，并通过替代性方案解决问题。最后，她还需要准备同性婚姻法案。她会对自己提出疑问，我理解她。我想象不出她将如何去忍受。

在组建政府时，我对被征召的女性和男性阁员做出的不同反应感到诧异。女士们诚恳地问我，她们是否具备担当部长职务的能力，而男士们则直接要求我扩大他们的职责范围。旧模式的生命力真是顽强。

其他阁员，即大部分政府成员，由赋予社会党活力的青年一代组成。我特别想到这几位：阿尔诺·蒙特伯格、贝诺瓦·哈蒙、樊尚·佩永、斯特凡·勒福尔。他们经历了10年反对党生涯，有时被迫明确采取立场。尽管如此，他们都在地方上当选，并履行着重要职责。他们在社会党的内斗中疲惫不堪。但是我希望，随着我们赢得胜利，他们也被锤炼成才，或至少增强了免疫力。经验表明，有些事态会复发，更为严重的是，那次复发触及了国家最高层。

我也希望建立一个由新面孔组成的团队，这些新面孔是通过选举进入政治生活的。我一直对那些人们称为公民社会代表的人有所保留：那些人的合法性，来自职业上的成功，或是传媒中的知名度。我想：普选是进行必要考验和有益遴选的方式。那些远离政治度过辉煌历程的人物，常常随着在政治中的冒险而逐渐褪去光芒。我去找寻那些30多岁的民意代表，以保证焕然一新、多样性和男女比例对等，一如我对法国人的承诺。我深信：包括他们在5年执政困境中的表现、他们为人所知的才干，是左派明天的王牌。我特别想到纳贾·瓦洛–贝勒卡塞姆、玛丽娅姆·科姆里、马蒂亚斯·费科尔、艾丽卡·巴莱士或者埃马努埃利·科斯。

最后，在国民议会度过的几年间，我留意到一位议员，他的睿智和细致让我相信：他能承担最为艰难的职责。他先后担任过欧洲事务部部长、预算部部长，后来又担任内政部部长。他低声说话以便人们听得仔细，精准行事以确保达到目的，在一切考验面前处之泰然以掩饰慷慨的同情心。卡泽纳夫像所有知道如何发笑的人那样保持着严肃。他担任总理只有 6 个月时间，但他恰如其分、合情合理地被视为国务活动家。

在正确的时间、正确的地点，选择正确的人，是政治获得成功的条件。一个总统不可能独自取得成功。但如果他被无良之人环绕，那么他注定要失败。

组建政府是一项重大责任。如果发生失误，则需要很多时间修正错误。同样，个性突出的人也无法组成一个团队。但是，如果同质性受到欢迎，也不能把它混同于绝对一致性。一个政府的多样性和代表性更能体现出它的品质。

更新也同样重要，我提拔了那些 40 岁以下的人，因为总统有义务薪火相传和筹划未来。每一代人都要达到他们获得机遇的高度。在他们中间，与现实的碰撞开启了服务民主的选拔赛。

政治是一种施政艺术。最好的选择也会与拖沓、迟钝、陋习甚至是反抗相碰撞。我认为，我们行政机构的核心枢纽是行政长官团体。快速、合理地实施改革有赖于他们，有赖于他们的适应能力，有赖于他们对情况的理解，有赖于赋予他们的自主空间。权力下放意味着把一部分行政职能转移给各地区民意代表，这是一个尚未结束的过程。地方行政机构需要国家赋予信任，随之而来的势必是向地方行政长官移交权力，即往往由中央政府掌握的决策权被赋予地方行政长官。行政职能越是被分配给地方民意代表，国家政权在各地区的存在就越巩固。这并不是为了加强控制，而是为了更加便民；并不是为了减缓速度，而是为了加速前行；并不是为了增加繁文缛节，而是为了简政。中央政府正是依靠历史上形成的这个行政阶层准备着未来。

任命，总的来说，就是把文化置于重中之重的地位。保证其预算，如同我做的那样，已经远远不够。新的资源，即从网络接入服务提供商那儿征收的税款，也应分配给文化部门。把那些最受人尊重的人才、那些最具创新能力的人士安排在重要的文化机构（从法兰西喜剧院到卢浮宫，还有重要的博物馆和剧场）领导岗位，是国家元首的责任。国家元首尤其不能通过晋升或多或少有些声望的人士来独裁独断、犒赏亲朋、沽名钓誉。

考虑到决策对于扩大法国声誉、对于文化民主化造成的后果，国家元首应该展现出无尽的睿智，有时甚至要展示不可或缺的勇气。我特别注意在同文化部部长保持直接联系的同时，驳回有利益倾向的意见和既定判断，并尊重男女比例对等原则。

14
决裂

政治是一门折中的艺术。它主要是在一个政党或一个国家内部，围绕一种理念、一个纲领，把人们团结起来，组建成一个团队，以实施一系列政治计划。那些不掌握其真谛的人，是不可能持续下去的。那些不停地进行分裂活动的人，以及始终坚持反对的人——我们都知道他们中的一些人从来都不是治理者。但折中也包含决断的责任，像一个奖章总有两面一样。折中意味着遵守规则，行动协调一致，赞同进行治理的绝对必要性。折中会集中那些接受共同合约的人，排斥那些不接受的人。折中和决断是在同一现实中存在的正面和反面，这个现实就是在民主制度下行使权力。

蒙特伯格在贝尔西[1]

在我组建的政府中，我愿意联合那些近年来为左派带来活力的

1 贝尔西是法国经济和财政部所在地。——译者注

人，他们各自的理念代表着思想的多样性。这样做的好处是可以增强团结，风险是步调不一致。我同意和蒙特伯格一起，虽然那是一场赌博。

他是一个有激情又暴躁的人，也是充满灵感的演说家。他偏好冷酷的词汇，而不喜欢平衡的评判；他偏好终结性的句式，而不喜欢严谨的思辨。他富有魅力，所以能带动他人；但他也对人刻薄，所以会伤害人。在一个团队中，他可以凭其想象力而出类拔萃，如果他把这种想象力用于服务所有人；但当他偏于极端时，他也可以破坏这个团队的稳定。

他的政治身份属性建立在“去全球化”的基础上，有点儿像让－皮埃尔·舍韦内芒 30 多年前建议的那样,“再次征服内部市场”。但他对工业情有独钟，他理解已经到来的技术变革，他把新形势下的希望和可能都融合到一起。

我们的个人关系长期因观点的分歧而不和。当我担任社会党领导人时，这些分歧一直使我们形成对立。然而，在内部初选时，当他在第一轮投票中取得可观成绩后，却在第二轮投票时给予我支持。他意识到，政权更迭已经临近，他应该根据自己的既得地位发挥作用。

2012 年 5 月，我把蒙特伯格放在关键岗位上，把生产振兴部委托给了他，他将面对的是仿佛倾泻在我们头上的雪崩般的社会（裁员）计划。这些计划在竞选期间被有意抑制着，以免连累即将卸任的候选人。“计划”涉及的行业包括汽车、钢铁、核能、造船、电子等。我们的工业网络濒于全面崩溃，到处都在宣布裁减工作岗位，许多工厂已经关闭，衰败企业数量达到创纪录水平。企业员工理所当然地请求国家的帮助。蒙特伯格不畏逆境，冲在第一线，并在每个省都设立了“生产振兴专员”职位。有时他成功了，就会炫耀自己的功绩；有时他失败了，就会指摘别人承担责任。

虽然这种防卫性战略不可能抵挡一切，但它的功绩在于使国家重新回到已经弃离的地带，也避免了众多中小企业在工业版图中被抹消。

蒙特伯格开拓了自己的空间，而他在贝尔西的邻居莫斯科维奇则以“共处”方式处理他们之间的关系，后者强烈地懊悔没把两个部都收入囊中。然而，如今已不再可能把经济、工业、公共账目及财政四个方面的工作同时委托给一位部长了。确实，四个方面的工作范畴相互关联，但从时效及工作内容来考虑，我还是把它们拆分成了两个部。职责如有交叉就需要协调融洽。一切的不协调、一切的竞争都会使我们的对话者产生疑虑，都会在我们的伙伴中产生混乱。这种情况发生过许多次。后来，当轮到马克龙和萨潘在贝尔西分别主掌两个部时，我在他们身上看到了这种矛盾的表现，当然程度更为和缓些。

蒙特伯格当年赞同供给政策，并把《加卢瓦报告》中关于应给企业更大空间以恢复其投资能力的结论视同自己的结论。作为部长，他始终把“法国品牌”作为一面旗帜，而且毫不犹豫地以国旗为背景穿上一件紧身海魂衫，因此该产品名声大震，远远超出了航海爱好者的范围。他今天依然是这个政策的坚定辩护者。

按照这个思路，蒙特伯格起草了一个政令，禁止把在战略领域经营的法国企业转让给外国公司集团。正是在这个文件的基础上，我们对阿尔斯通的收购者施加了令人信服的压力。爱德华·菲利普政府如今想扩大这个政令的实施范围，这个计划得到了我的支持。但同时也不要忘记：外国在法国的投资者是就业岗位的创造者，也是创新的承载者。吸引力和独立性之间的平衡应该加以保持。

2012 年底，蒙特伯格开始着手处理弗洛朗热工厂的问题。他发表了一个声明，表达的内容在最初还是有益的，但后来就变成了幻想。他要求把该工厂国有化，而艾罗与安赛乐米塔尔集团领导层达成了一个解决方案，即重新安置该工厂的所有员工。蒙特伯格的计划在即将实施之际被终止了，由此他产生了怨恨之情，特别是针对总理一直存在着这股怨恨，并随意向愿意倾听的人发泄。

蒙特伯格对法国开发页岩气工作也倾注了心血。这项工作源自一个合理的推断和设想，那就是减少我们对石油（那时油价已高于每桶 100 美元）的依赖，降低重大耗能工业企业的生产成本。但这项工作同几年前通过的一项法律规定的原则相抵触，而该法律曾获得各派的一致赞同。他呈送给我一份“秘密报告”，内容是介绍一项有别于目前开采方式的革命性技术，他声称这项技术可以避免使用严重破坏环境的水压裂法。正当法国批评美国和加拿大的勘探及开采导致生态发展出现不可预见性、造成化石能源市场不稳定、破坏整个地区地下水层时，他这个举动让我感到吃惊。在今天看来，他的观点是不合适的。但在当时，开发页岩气得到了雇主组织和右派大多数人的强烈支持，他们的理由是提升我们的竞争力。我们采取拒绝的态度，反被指责为与进步背道而驰。这是5年前的事，但却像过了一个世纪一样！我在此不想无情地引用那些声明，在巴黎气候变化大会和大西洋彼岸许多开发页岩气的企业关闭之后，那些声明因其时代性错误而让人吃惊，尽管特朗普令人遗憾地又让那些企业恢复了。我拒绝了蒙特伯格的想法。从那以后，他好像改变了主意。

从执政初期开始，他就反对我的欧洲政策。欧洲问题在当年就欧洲宪法条约进行投票时就造成了我们之间的分歧，但我们那时尚身处反对派阵营。我们执政后，这个问题再次出现。他在2014年初交给我一份文件，依据我尊敬的经济学家提供的关于紧缩政策在欧洲造成损失的资料，督促我要求欧盟当局同意放宽预算，中止稳定与增长公约，启动公共投资大项目。一句话，就是从欧洲条约中收回我们的自由。我拒绝了。虽然这种决裂式的行为迎合了主权主义者的某种浪漫主义主张，但在我看来有悖于我们的利益。这样的做法，实际上是以追逐通货膨胀来消除通货紧缩。这意味着：为了走出危机，我们又针对合作伙伴特别是德国制造了另一个危机；为了从金融资本那里获得所谓的自由，我们反而更进一步地落入它的魔掌。

这些理由很快成为“异见派”的论据。我们与他们分歧的根源深藏在关于欧洲问题争论的误解中。重新确定欧洲发展方向是一个值得称道且可行的目标。尽管在欧洲理事会中多数国家元首和政府首脑是自由派和保守派，但我仍然为此做出了贡献。我一直认为，如果力量对比关系是睿智地建立起来的，并能在最后达成妥协，那么这种关系就可以扩大行动余地，且不会迷失共同的方向。但如果要求欧盟终止那些缔造它的条约，这就等于走向绝境。如果我们去冒这样的风险，最后的结局只能是自我孤立。如此看来，梅朗雄不再继续制造这种错觉，至少他算是坦诚的。蒙特伯格要在退出欧盟的思维主张上走到底，他夸耀自己是“独立主义者”。事情很清楚，他把“主权主义”一词留给右派中的右派，但在根本上，他和他们没什么区别。

蒙特伯格同哈蒙一样，在沿着这个幻想继续前行的同时，也为自己带来了双重失败。他们都在选举中失败，一位败在初选，另一位败在大选。他们也同时造成自己政治大家庭的沦陷，把它带入同自己历史割裂的境地。他们已经被比他们更反欧盟的人超越了，他们为梅朗雄打开了一个空间，梅朗雄在其中建立了一股在左翼已占优势的力量，这股力量将阻碍社会民主主义者夺回政权。

我一度以为，瓦尔斯到马提尼翁府履职以及扩大蒙特伯格的部长职权，将促使后者归队。他当时正在处理阿尔斯通股权出售事宜，即使最终的方案并不符合他的意见，他也仍为之辩护。我委托他起草“增长法”，目的是消除影响市场的僵化制度，开放那些可以承受竞争的行业，放宽星期日工作制。但法案好像杳无踪迹。蒙特伯格离职以后，马克龙着眼于自身的最大利益，重新开始推动该法。蒙特伯格事先做好了改革第二天即离职的计划吗？很有可能，但是事情的发展进程加快了。

导致其失去理智的佳酿

每年 8 月的第 3 个星期，蒙特伯格都要和他的朋友在弗朗吉－昂布莱斯聚会，传统上它标志着假期之后的政治“复工”。有时这种聚会会采用“社会主义的嘈杂”形式进行，与政府文化不相兼容。2014 年，蒙特伯格通知大家将邀请瓦尔斯出席，但后者以与个人日程安排相冲突为由婉拒了，他经过认真考虑，让新任教育部部长哈蒙替代瓦尔斯在这次快乐的节日中扮演配角。

这个星期天像往常一样，我一边在爱丽舍宫工作，一边漫不经心地瞥了一眼电视新闻频道的节目。突然，我惊讶地发现，弗朗吉的狂欢中出现了丑恶的一幕，人们的举止与其说具有建设性，不如说具有挑衅性。人们高声讲着，大声笑着，到处弥漫着对抗性话语，在讲台上发表的一场更为和缓的讲话则对这个场面起到了支持的作用。人们大胆地呼吁改变政府路线，以蒙特伯格为主，以哈蒙为辅。立刻，“振兴佳酿”转变成媒体追逐。

我给瓦尔斯打电话，请他第二天一早在我去森岛之前到爱丽舍宫见我。由于总理受到两位部长行为的冲击，他让自己的身边人发表了一个声明，强调这次集会不当，对政府严重缺乏团结表示遗憾。我明确表态：如同弗朗吉的葡萄酒一样，决裂已经完成了。这个决裂既令人痛心，政治代价高昂，也是必要和合理的。我要求瓦尔斯向我递交政府辞呈，并委托他立即组建新政府，清除那些造成无法挽回的事实的部长。我感觉哈蒙还在犹豫，他担任教育部部长不足 5 个月。我一直以为，对一位社会主义者来说，没有什么比准备青年的未来及为争取平等而斗争的任务更令人激奋了，必须具备充足的理由才能背弃这项使命。出于对蒙特伯格可能成为多数派内部第一反对派的担心，哈蒙更愿意决裂和退出内阁。今天我们知道当初的决定把他带向了何方。让我感到吃惊的是，文化与新闻部部长奥雷莉·菲利佩蒂告诉我，她也要离开政府。我立刻明白，她的理念与感情掺杂在一起了。我询问托比拉的意见，我知道她和蒙特伯格走得很近。她表达了继续在司法部工作的意愿。

使我们付出昂贵代价的分裂主要源自一个盘算、一个挑衅，或者对承担集体责任的无能，还源自一种幻想。这种幻想是：左派可以通过反对一部分自己人来打造未来，他们的意图是以有别于自2012年我们所遵循路线的另一条路线挑战即将离任的总统。这种背叛在几个月的时间充斥着政治舞台，使议会通过法案成为最艰难的事情，迫使政府两次借助宪法第四十九条第三款强行通过法案，政府决定又再次遭到那些逼迫我们借助宪法条款的人的反对。“异见派”将要挑起社会党人在其执政历史上经历的最为严重的分裂，甚至殃及自身的生存问题。有些决裂必须懂得去促成，而有些决裂则要睿智地在其形成之前加以避免。

迪弗洛走了，生态留下了

2011年，社会党第一书记奥布里与聚集在欧洲生态绿党的绿党人士缔结了一个程序式联盟，这个政治结盟反映了真正的共识，但有两个议题除外：一是核能，生态主义者希望摆脱核能；二是朗德圣母机场项目，生态主义者希望政府放弃这个项目。选举合作协议使生态主义者得以守住立法选举的 60 多个选区。因此，他们在我当选后，在国民议会组建了 20 多个人的党团，这些人在投票中不受任何纪律约束，他们充分利用了这个自由。

生态主义者已经参加过一届政府，即若斯潘政府。现在他们还想再次入阁。我也有意拉他们入阁，我希望多数派不仅局限于社会党人。我希望多数派扩展到过去的“左翼多数”，包括激进左翼和绿党人士，尽管共产党人更愿意留在政府外面。我向领导这个运动的塞西尔·迪弗洛建议了住房与区域平等部的岗位，因为我们都认为，环境部的岗位将把迪弗洛置于同该部政策相矛盾的地位。我也任命工作优秀的欧洲议员帕斯卡尔·康凡为从属于法比尤斯的发展部部长。这个人工作高效，富有想象力，在工作中充分展现出了自己的优势。现在他是一个重要的非政府组织的总干事。

迪弗洛是一位严肃认真的部长，她在这个严重不景气的部门得罪了不少人。至少她在起步阶段还知道如何去消除那些对她的想法所持的成见，她精明得已经到了“调皮”的程度。她维护关于公共土地转让的大胆政策，我对这一政策是支持的；她主张限制房租上限，并希望在各大城市推广；她对有利于建筑工程的举措持开放态度，包括税收方面的举措。正是在她的坚持下，翻修改造工程的增值税降到了 5.5%。

她在公共场合不只是对自己部门主管的事务表态，她也会表达她的党对移民问题、对“罗姆人”的接待问题的立场。媒体很高兴刊载她每次的表态，视其为与政府的意见存在分歧，好像政府内禁止争论一样。关于这些，可以跟现在政府的做法做个有益的比较：当政府一片沉寂时，人们说是死水一潭；当政府出现批评声音时，人们就责备说是不和谐。

每次瓦尔斯做出威严的样子或使用触犯她的词汇时，她都会做出更强烈的反应。确实，瓦尔斯不注意节制自己。但迪弗洛把原则问题当成了个人问题。让她感到不自在的并不是我的经济战略或环境政策，而是她同内政部同僚形成的冲突关系。

同样，当我做出任命瓦尔斯去马提尼翁府任职的决定时，她迫不及待地通知我，她不想参加瓦尔斯的政府，也要求她的运动组织不要参加，但他们仍然留在多数派阵营。她说服她的朋友采取这一立场。绿党人士不允许别人替他们做决定。他们的结局是更加分裂而不是得到加强，更加六神无主而不是得到解放。我对他们的抉择感到遗憾，这个抉择使政府失去了一个有益于左翼的政治派别。我曾试图劝阻他们，并让瓦尔斯建议他们执掌生态部，但这些都是徒劳的。

绿党人士的意图很糟糕。我不仅没有降低环境在政府优先工作中的位次，而且决定扩大在环境问题上的承诺，以加快落实我们的政策。继生态、可持续发展及能源部部长菲利普·马丁勇敢地设立“气候捐税”——目的是对碳排放课税——之后，罗雅尔凭借她典型的韧劲推动通过了生态过渡及生物多样性法律，我和法比尤斯筹备第 21 届联合国气候变化大会。尽管号称代表生态的政党缺位，但人们从未像现在这样为生态做了这么多工作。

后来，我还是要求迪弗洛在绿党的领导职务继任者担任政府职务。2016 年 2 月，我任命埃马努埃利·科斯为住房部部长，她在落实大力鼓励社会住房的政策方面表现出卓越才能，这些政策主要涉及产权的获得及私有住房的不动产经销等。正是由于她采取的举措，根据我在 2012 年做的承诺，50 万套住房于 2017 年交付使用。如今，不动产市场的活力把建筑业生产推到了比危机之前更高的水平。我担心最近几个月采取的愚蠢且不公正的举措将使上述进程陷于停滞状态。

至少在 30 年的时间内，政治生态主义成功地聚集了来自各个方面、各个环保协会、经济社会及互助的积极参与者群体、地方主义运动及主张政治轮替组织的斗士。政治生态主义由那些采纳从勒内·迪蒙[1]到达尼埃尔·科恩-本迪特[2]以及多米尼克·瓦内[3]的立场及思想、在法国社会留下印记的著名人物代表。一个政党也在他们关于通过选举影响国家政策的共同意愿基础上诞生了。绿党人士同意与社会党人结盟，并担负起地方、全国和欧洲的政治责任。同一个认可他们大多数理念的政府决裂，就是置这个长远征程于危险之中，并冒着重回原点的风险。悖论在于：他们首先捍卫的观点越来越被人们赞同。在政治上，当所有人都成了生态主义者时，原本的生态主义者却不见了踪影。生态主义赢了，绿党人士则输了。

1　勒内·迪蒙是法国农学家、社会学家、政治生态学创始人。——译者注

2　达尼埃尔·科恩－本迪特是拥有德国和法国双重国籍的政治活动家，绿党成员。曾参与领导 1968 年 5 月法国学潮。——译者注

3　多木尼克·瓦内是法国政治活动家，绿党创始人之一。——译者注

托比拉辞职

托比拉当了4年司法部部长，她是争取平等的象征性人物，在关于同性婚姻的讨论中作为领军人物进行着博弈。她是一位易激动、热心肠、爱挑剔的女士，说话的声调很传神。她讲话时像在朗诵诗句，她的语言具有延展性，而她的论据则坚硬如钢。

右派肆无忌惮地攻击她是邪恶的化身，极右翼则用带有种族主义色彩的字眼诋毁她，有一家不道德的媒体干脆用亵渎和卑劣的方式描述她的形象。尽管攻击不断，托比拉依然沉着地沿着自己的道路前行，在我们最为悲惨的时刻同瓦尔斯及卡泽纳夫一起工作。正是在她的帮助下，我做出了那些维护法国人安全的最为艰难的决策。虽然她的性情与我们相异，她的方法有别于传统，她的工作节奏有时与我们保持着时差，但她总是燃烧着赋予她活力的那团火焰——这火焰也会从内部把她烧毁。

她特地对日常司法进行了改革，使司法更加便利、程序更为简化，而不必触及司法机构版图，也就是说没有影响法庭在法国国土上的分布情况。她为争取宣判监禁以外的其他替代性刑罚而斗争，她为我们的法律体系引进新的惩罚性限制措施，以避免监禁，而这些新的限制措施并没有减轻惩罚的威严。她同意为刑事诉讼法做辩护，以更加有效地同恐怖主义做斗争，同时她的信念毫不动摇。她无言地陪伴了紧急状态的延长期。

但在修改宪法时，修改案中包含着剥夺已被判刑的恐怖分子国籍的条款，托比拉停止了合作姿态，并悄无声息地准备辞职。2016

年初，她寄给我一封信，把她的相关想法告诉了我。她理解我在 11 月 13 日恐袭之后的凡尔赛议会大会上做出修改建议的意义，但她不想作为司法部部长在议会为该修改草案进行辩护。我要求她再等等，我告诉她，已经开始的辩论可能会使我的主意有所变化。她答应了，但 15 天之后她又回到了固执的立场。

我要远离法国去非洲访问，因此只能在回国后再见到她。与此同时，她在录制好但尚未播出的节目中有所吐露，她当时和电视制作人米歇尔·德尼佐商妥推迟播出，后者也同意放弃作为“独家新闻”播出。1 月 27 日，我从达喀尔回到巴黎后，在办公室见了她。她向我递交了辞呈。我在拥抱她的同时也理解了她。她想忠诚于自己，但同时又不愿意对总统不忠诚。她一直忠诚到辞职的那一刻，团结一致直到我们结束战斗。结束并非不再友好，我们不会分离。

然而，在结束的关系中没有友谊的位置。友谊既不会为任命做背书，更不会对分手产生影响。

这就是步调一致和效率的代价。

至于意见不一致，它们可以在调解性质的会议上加以表达，但不会变成不同政见，除非会导致分裂。在一个团体内、在多数派内部，辩论同样是需要的；分裂同样是一个不停流血的伤口，它会变得致命。

断裂的代价提高了，它会导致政治收缩，也会使相关各方受伤。但言行不一致的代价更高。公开爆发的纠纷会摧毁政府一切行动的清晰度，毁坏国家的信誉，以及它的元首。

15
信任

马克龙背叛您了吗？我无数次听到这个问题，但总是回避。今天，我更愿意让事实说话，请大家自行判断。我尽可能坦率地讲述这个故事，毕竟它值得费些笔墨：这是法国政治生活中一个并不罕见的故事。

一个有前途的年轻人

之前，马克龙给我的印象不错。2008年，雅克·阿塔利[1]跟我谈起由萨科齐组建的促进增长委员会的秘书长，该机构负责规划国家的未来。这位年轻的财务总督察员希望投身政治，想会见作为社会党第一书记的我，当时我的任期还剩几个星期。他叫马克龙。阿塔利为这次见面挑选了一个不太简朴但安静且隐蔽的地方——靠近爱丽舍宫的布里斯托尔酒店的酒吧。马克龙是一个面带微笑、思

1 雅克·阿塔利是法国经济学家、作家，时任法国促进增长委员会主席。——译者注

维活跃且敏捷、有修养的人，他能快速猜到并说出让对方感兴趣的话从而吸引对方。正在进行差旅的企业家及身穿普拉达服装的年轻游客在我们周围走来走去。他告诉我，他想在加来海峡省定居，他在该省的勒图凯有一处房产。后来我才知道，他差一点儿就进了时任内政部部长弗朗索瓦·巴鲁安的办公厅。无疑他拒绝了对方的建议。社会党正需要年轻的人才。这个有文学修养的法国国家行政学院毕业生待人豁达，思维敏锐，是一位人才。我鼓励他加入地方党组织并作为党员积累经验。此后，他失去了踪影。

非常活跃的顾问

我在 2011 年准备竞选的时候再次见到了他。那时马克龙的身份是投资银行家，他向萨潘自荐参与准备我将在总统选举中推出的纲领。我们是在他位于巴黎十五区的家中再次见面的，他那时组织了一次有经济、文化和政治界的人士参加聚会的晚餐，这类晚餐能够帮助缔结以后将用得上的人脉。在场的还有米歇尔·罗卡尔[1]，他是由亨利·埃尔芒介绍去的。埃尔芒是马克龙的众多富豪朋友之一，看起来他们关系密切。在表面矜持的背后，布丽吉特·马克龙表现出非凡的察言观色、审时度势能力。我观察到马克龙拥有难得的天赋，他能把不同政治派别的人聚集在一起。在我赢得社会党初选之后，他在莫斯科维奇的带领下加入了我的团队。他参加制定预算和

1 米歇尔·罗卡尔是法国社会党前总理，时任国际极地谈判大使。——译者注

税收建议以及竞选纲领的全部成本估算，同时继续在罗斯柴尔德银行供职，他在那里堪称业绩辉煌。

我当选后，立刻组建了爱丽舍宫的工作班子。我选择历任地方行政长官的皮埃尔 - 勒内 · 勒马为秘书长。我是在国家行政学院著名的“伏尔泰班”学习时结识他的，他具有国家意识和良好的国家机构工作经验。我建议马克龙协助勒马，马克龙接受了我的建议。我注意到，他放弃了罗斯柴尔德银行难以置信的高薪而接受了我身边一份薪水缩减到原来 1/10 的工作，这增加了我对他的好感。

马克龙是一个极其活跃的顾问，睡眠很少，接待工作很多，对一切都感兴趣，视野宽阔，观点新颖，在爱丽舍宫行政机构中以思想自由著称，有时他在向前突进时需要约束。他理所当然地认为，任何问题只要满怀激情去应对就能处理好，任何冲突的风险都能通过诚信的人直接对话得以化解，任何困难都能通过满怀热情加以克服。他确信，意愿一旦表达出来，现实就会心甘情愿地对其屈服。但生活有时会令人失望。

他的优势是他精心在自己周围编织起来的关系网络，这个网络对所有统治者都应该维持的非正式谈判和接触显得更加珍贵。他口才出众，所以不用借助书面文稿。他仪式感很强，因而不受细节困扰。他善于利用言论自由，所以能引起媒体兴趣并迅速成为话题中心。他在那些开始对政府抱有敌意的企业主中享有信誉。

马克龙天性乐观，分寸感强，喜欢与人以“你”相称，并且习惯像好朋友一样拥抱每一位来访者，其中也包括皮埃尔 · 加塔。他充沛的精力和活力使爱丽舍宫一些同事对他心生忌妒，但他的微笑和善于周旋总能平息紧张的气氛。他比别人走得更快。他参与制定最为敏感的涉及工业的文件，和莫斯科维奇以及有关部长一起在筹备制定责任公约工作中扮演了重要角色。

2014 年 3 月底，瓦尔斯到马提尼翁府任职。这位新总理建议提拔年轻人才，他想到了马克龙。我对他说，我更想在 5 年任期的这个阶段任命有政治经验的人。我那时想，马克龙可以接替勒马担任爱丽舍宫秘书长。马克龙协助了他两年多，对其团队形成了确确实实的影响力，且在体制内外都备受瞩目。但与此同时，信托局局长儒耶向我表示愿听从调遣担任此职。除了我们之间经久不衰的友谊之外，他也确实拥有胜任这一职位的素养。马克龙也同意在他的领导下工作。但是马克龙告知我，他将在夏天离开爱丽舍宫。他决定换一条道路。他解释说，他还没有下一步的计划，但他需要出去旅行喘息一下。

辜　负

过了不到两个月，蒙特伯格和哈蒙离开政府，我被迫再次改组内阁。我和瓦尔斯一起梳理了可能的解决方案。我希望在不影响稳定性的前提下，为政府带来新气息、新面貌和多样性。我们很快达成共识，决定任命弗勒尔・佩尔兰为文化部部长，任命纳贾・瓦洛－贝勒卡塞姆为国民教育部部长。瓦尔斯推荐热拉尔・科隆去贝尔西任职，因为他们在经济问题上立场相近。而我更倾向于将整个经济和财政部门都交给萨潘，他的经验和忠诚对我来说都极为宝贵。

瓦尔斯转而主张任用一位懂专业并有利于增强我们国家吸引力的年轻人。我想到了马克龙，并当场给他打电话。他在勒图凯度假，正和布丽吉特一起骑车。他反应平静，并要求同时执掌财政部。我拒绝了这个要求，只让他掌管经济部。于是他要求给自己一小时的思考时间，理由是需要同亲属商量。最终他接受了任命，并匆忙赶回巴黎，住在位于内政部的卡泽纳夫家中，以避开驻扎在他家门口那些记者的围追。

他的任命得到了好评。在熟悉的领域，他致力于起草由蒙特伯格纳入轨道的经济增长法案。该法案目的是在许多行业放宽管制，在竞争受到无益限制的部门鼓励生产和就业，当然也涉及周日工作等敏感话题。他针对 35 小时工作制和公职部门发表了一些反传统的言论，吸引了各方关注，引发了右派的赞赏和左派的不快。考虑到需要保持步调一致，我要求他只管做好本职工作，他承诺予以遵守。这时，他得到了瓦尔斯的支持，后者想和他联合以获得企业界的信任。2015 年 1 月底，他把法案提交给议会。这是他的火之洗礼，我希望他能成功。他应该说服社会党多数派，并以社会对话方式向法国人表明，改革有利于调和效益与正义。他全力以赴，因激发议会对自此之后以他名字命名的法案进行辩论而喜形于色。他的周旋技巧和交际能力赢得了与其共事议员的好感。正是在那里，他遇到了一些社会党议员，这些人如今都是他的亲信，尽管从严格意义上讲，直到那时他们仍然属于社会党左翼。

马克龙定期向我汇报他的工作以及为丰富法案而接受的修改意见。当他和政府的许多同事意见对立时，我常常做出有利于他的裁决。有时我会为他指明方向。在我的坚持下，托比拉对他采取了友善态度，尽管马克龙准备改革的司法领域条例属于她在司法部的工作范畴。

在国民议会中，尽管进行了数百小时的讨论，社会党党团仍未达成一致意见。2015 年 2 月，争论更多的是针对放宽周日劳动制度，而不是列入法案的劳动仲裁制度改革。而后一项改革后来成为左翼内部不和的缘由。少数“异见派”借机表明同我的经济政策的距离，他们准备加入右派投票行列，而中间派则以弃权逃避。这是自 2012 年来，第一次出现政府提出的法案被国民议会否决的风险。

马克龙无畏无惧，他建议投票表决法案。他坚信能争取到还在犹豫的人。更令人担心的是，根据国民议会议长巴尔托洛内和社会党党团主席布鲁诺·勒鲁事先算票，我们有可能获得议会多数票支持，但只会比反对票多出 4~6 票，因此被否决的风险犹存。瓦尔斯建议进行最后一次讨价还价，但也做好了诉诸宪法第四十九条第三款的准备。于是我召开了一次部长会议，决定使用这一宪法规定的程序。马克龙向我表达了他的失望。他说直到最后他依然相信能够争取到多数票支持，包括来自右派和中间派的票。此后在其他背景下，他会在争取国民议会多数票支持方面取得成功。

“异见派”面对马克龙

然而“异见派”议员不投票支持马克龙的法案，为他的反抗提供了借口，那天他们实际上是为自己的“消亡”签字画押。

马克龙认为，援引宪法第四十九条第三款是总理设计的，目的是阻止他摘取议会成功辩论的桂冠。但我决定启用宪法第四十九条第三款的目的只有一个——挽救法案既得成果，尽管人们可能会指责它涵盖的主题过多以至无法协调一致。但是，我仍然心系此项改革：第一，它有利于使一些过于僵化的行业实现现代化；第二，它有利于启动我之前宣布的简政程序；第三，它有利于规划大型基础设施建设；第四，它有利于国家放弃在那些已失去战略利益的企业中的控股；第五，它有利于放宽不能给劳动者带来任何保障的准则。对我来说，最重要的是加速恢复经济增长。

2015 年夏天，这位年轻部长以强大的自信在更加政治化的领域冒险。他在一份周刊上发表文章，断言法国处在对君主制不言自明的怀念中，国王的消失在国家顶层留下了空缺位置。我不认为这是一句恶作剧式的话，我不相信法国需要新的君主制，哪怕它是经由选举产生的。

斯特凡·勒福尔是一位忠实的伙伴，他为人正直，从不对人说尖刻的语言。他提醒我，有同事出现逾越行为，他说：“马克龙频频现身媒体，在政府内部引起不满。”他越过了团队内部团结的必要界限，无论是在政治层面还是在人道层面。我认为，他说的是对的。但我强调，这也是多数派多样性的一种表现。马克龙对企业家产生的吸引力，他在国外为传播法国形象而表现出的活力，他激发的投资者的信心，都能成为促进就业和加快经济复苏的有利条件。只要这股力量能为我们共同制定的 2017 年目标服务就好。

用人不疑，这是我的原则。不信任只会浪费时间和精力。我不求解读隐藏在背后的想法，有想法就足够了。我对政治关系并未形成这样的观念：每天必须躲避刀光剑影，或者每天必须确认每扇门的后面是否正在策划着阴谋。我对阴谋、诡计和欲望看得很清楚，但我同样相信忠诚、信念和共同命运。那么，如果马克龙策马前行，正如我支持的那样，能使其合理的雄心抱负与我们的共同利益相吻合，为什么不行呢？ 2015 年 8 月初，我在爱丽舍宫花园邀请了瓦尔斯、卡泽纳夫、马克龙、儒耶以及他们的妻子。气氛很轻松。马克龙和卡泽纳夫相互比拼风趣幽默，我们都放声大笑，远未想到我们共事后续过程中的冲突。

雄　心

到了秋天，马克龙准备第二个以他名字命名的法案，这一次旨在为劳动力市场注入灵活性，为创建企业提供便利，动员储蓄支持经济发展。他的法案着眼于促进就业，引导社会谈判更加贴近企业现实，同时也确保要为那些因技术发展而被迫改变工作的人提供更多保护。

劳工部部长弗朗索瓦·里布萨门在政府中负责这些工作。他刚刚推动以绝对多数赞成票通过了一项关于社会对话的法案，把劳动法演变推进到一个新阶段。但他的第戎市市长职务的继任者突然逝世，迫使他仓促离开政府回到第戎任职，这也是为了遵守不得兼职的规定。一直寻找突破口的马克龙告诉我，除了经济部外，他准备接管劳工部。但他在媒体上发表的关于工作时间和放宽解雇规则的言论激怒了那些对谈判最具开放性的工会组织。此外，把劳工部职权叠加给经济部的想法，在我看来像是一个巴洛克式的计划，它将使国家机构组织混乱，也无益于就业。所以我更想让在城市部表现优秀的科姆里代替里布萨门掌管劳工部。

失望的浮现

在政府首脑正当地提醒他要遵守政府秩序后，他与总理的关系开始恶化。我要求他向我提交一份促进中小型企业发展和经济融资的法案。而劳动法的改革将由科姆里负责。

11 月 13 日的恐怖袭击事件打乱了这些安排。时间不能再用于让议会审议经济法案，必须制定关于紧急状态和刑事诉讼的法案，还要加上修改宪法的计划。政府围绕打击恐怖主义的任务全面动员起来，还应该保证组织几天后将在巴黎举办的第 21 届联合国气候变化大会。我和瓦尔斯达成共识，将马克龙提交的经济新机遇法案推迟到 2016 年初再讨论。其实除了关于数字工业和储蓄的有益举措外，马克龙并没有在自己的法案中提出其他有建设性的具体内容，而是集中精力思考由他的同事负责的劳动力市场改革。

2 月 16 日，我主持的一场决定性会议在爱丽舍宫召开。我们围坐在总统办公室旁绿厅的大桌子周边。参会人员有我、瓦尔斯、萨潘、马克龙、科姆里以及我们各自的顾问。劳工部部长介绍了她的法案，法案的内容很平衡。她想对中小型企业实行真正的开放，以方便企业招聘。她得到了我的支持：因为就业的潜力都在那里。

瓦尔斯和马克龙立场相似但抱负相反。他们竞相修订劳动法，尽可能增强该法的灵活性，尤其是在涉及解雇的定义或劳动仲裁赔偿额上限问题上。这些条款后来出现在 2017 年 8 月以政令方式通过的法案中，由此也证明这位未来总统在某种程度上的韧性。我警告他们不要有这种意图，改革派工会将不会接受目前的法案。如果没有他们，让舆论接受和议会通过改革方案的斗争将会进行得更加困难。他们回答说，无论如何法案都会遭到“异见派”和总劳联的反对，既然会引发对抗，那就尽可能进行一次最大胆的改革。我接受了一些提法，它们将成为谈判的议题。我猜想，此时马克龙应该对于不必为法案辩护而感到开心。对于自由派，他可以强调本应走得更远并且应该更加坚定；而对于其他人，他可以说这种方法不正确，他能够说服社会谈判伙伴。不管怎样，在政府和劳工部部长因此失去民心时，他顺利逃脱了。他的相对清闲给了他全身心投入政治的时间。

误　会

当天晚上，科姆里接受了《回声报》的访谈，她表示政府将毫不犹豫地借助宪法第四十九条第三款使她的法案得以通过。这是一上来就宣布强行通过，甚至在议会开始讨论之前。我是在晚上 7 点 30 分收到第二天就要刊登的访谈文稿的。当时我惊讶不已。她向我保证这段内容不是她写的，而是出自马提尼翁府。她说的是实话。

因此，我要求回到最初的提法上，对使用宪法第四十九条第三款避而不谈。但已经太晚了，访谈文章已送至印刷厂，甚至已经登载到了该报的电子版上。谁冒着风险点燃了这根导火索？是总理的一个顾问？是瓦尔斯总理？总而言之，这个愚蠢的行为会立刻引发议员们的狂怒反应以及工会负责人毫无意义的激动情绪。为什么魔鬼要舞动红布？

在正式访问拉丁美洲之前，我向总理做了清楚的交代。我担心关于科姆里劳动法的争论会变得越来越紧张。回国后，我要求瓦尔斯重新修改法案并删除那些激怒改革派工会的条款。我会见了皮埃尔·加塔，向他通报我决定要做的一些调整。劳动仲裁赔偿标准不是一个强制性框架，而仅供仲裁法官做决定时参考；中小企业内部协议应该同工会代表一起达成；评估因经济原因解雇是否恰当而要考虑的企业经营区域不再仅限于法国。法国企业运动组织撤回了对法案第一个版本的不合时宜的支持。

启　动

2016 年初，有人告诉我，马克龙愿意入主马提尼翁府。在恐袭后的改组框架内，任命他或许可以带来一股清新之风，也象征着在那个时期所必需的协作精神。但我当时就排除了这种情况。这并不是对他不信任，而是我认为瓦尔斯忠诚地履行了自己的职责，并且我不能撼动抵御了恐怖主义冲击的团队。我这么做是否助长了马克龙的雄心呢？2016 年 3 月，马克龙在一个星期天晚上到爱丽舍宫看我，他很放松但很坚定。他想和我谈政治，这是第一次。他细心地斟酌着用词，告诉我他想在自己麾下创建一个运动，目的是激发思想讨论，动员我们的支持者。他说这不是一个新的政党，而是一个网络组织，不会与社会党展开竞争。他告诉我，他也通知了社会党第一书记让-克里斯托夫·康巴代利。他现在有时间，因为没有需要在议会辩护的法案，并且他也希望如此。他补充道，他感到在国内存在一种“可用性”。他向我确认，他的目的是扩大多数派，打开通向中间派的桥梁，这对未来的选举是有用的。

我把这些告诉了瓦尔斯，他提醒我当心。他明白，这种自由没有任何底线。然而，我又一次决定相信他。我依据的是一个看上去很可靠的理由：在总统选举之前一年的时间，在我们尚未结束科姆里劳动法的辩论时，我想象不出马克龙能够做好当总统候选人的准备。右派占据了广阔的空间，在赢得市镇选举后，又刚刚赢得了省级和大区议会选举，他们正在为总统候选人内部初选做准备。人们认为，右派初选获胜者就是未来的总统。至于已经分裂的左派，似乎还没准备好要支持哪一位“真命天子”。如果说马克龙无可置疑地博得了中间派的好感，但我对他同弗朗索瓦·贝鲁[1]的关系一无所知。他组建的组织可以用作对2017年大选有益的支持性力量，我猜测他准备建立的组织充其量是为他在2022年当候选人做准备。我并不完全排除他可能在下一次选举时在自己旗下独立竞选，但只有在我意外地决定放弃的情况下。我什么都没流露出来。当我认为一

1 弗朗索瓦·贝鲁是中间派民主运动领导人，曾在马克龙执政后出任国务部兼司法部部长。——译者注

个创意是真诚且有益的时候，我也不会阻止。马克龙给我呈现的就是这样的创意。

“我从未说过这句话！”

根据规定，每一位部长都要向爱丽舍宫和马提尼翁府提交他将交给媒体的访谈文稿。马克龙并未违反规定，但他迫使瓦尔斯做了一次改写工作，最后以马克龙被激怒而告终。我也被迫亲自拿起铅笔删掉一些话，并要求他在采访中遵循。但在接受采访时，他的回答出人意料。

2016 年 4 月 14 日，在法国电视二台的一次采访中，我宣布将在年底公开是否竞选连任的决定。在回答一个关于马克龙的问题时，我说出了我的想法：“他知道应该感激我什么。”一周之后，我们一起视察一个工厂，马克龙笑容满面，其实他在早晨接受了《自由多菲内报》的访谈。我们回到爱丽舍宫，我在那儿召开讨论法国电力公司前景的会议，出席会议的有瓦尔斯、萨潘、马克龙和我。我的新闻事务顾问甘策走了进来，问我是否看过《自由多菲内报》。我否认后，甘策为我们读了昨天访谈的节选，其中马克龙谈论我的一句话引起了甘策的注意：“我不是他的承恩人。”我询问马克龙怎么回事。

“我从未说过这句话！”他喊道。

“那最好公开辟谣。”

他答应尽快去做。等办公室只剩下我和甘策之后，我要求他确认辟谣声明是否及时发表了。虽然辟谣声明发表了，但人们只记住了马克龙对媒体说过的那句话，而不关注对那句话的撤回——这真是徒劳的。

后来，马克龙在我面前以诚意和忠心为自己辩解，但我有些疑惑。

7月初，一件无关紧要但具有启发性的事情再次让我警醒。马克龙邀请我和儒耶、巴黎大王宫总裁西尔维·于巴克一起参观“连续撞击”展览。该博物馆馆长让－于贝尔·马丁将一些当代作品汇集在一起，并让它们在别出心裁的碰撞中产生共鸣。出来后，我们走向塞纳河码头，准备乘坐交通艇前往贝尔西。一路上，马克龙像我一样对路人招手。走到河边，他和一位朋友交谈了几分钟，那人住在附近停泊的一艘驳船上，名叫热拉尔·费尔泽，是于洛的朋友，也是民主运动成员和航空专家。马克龙精神饱满，费尔泽则如同他的拥护者一样回应着。2017年秋天，这位总统的朋友将作为三位专家之一，负责撰写关于朗德圣母机场的报告。我无意中注意到很多细节。我登上交通艇，我们一直航行到壮观的贝尔西大楼。晚餐时，斯特凡·贝恩也赶了过来，他也是马克龙的朋友。谈话围绕的是当天的话题，就像巴黎许多晚餐一样，气氛轻松而热烈。贝恩长期在法国国内新闻广播电台主持一档称为《弄臣》的节目，他转向马克龙并用揶揄的语气说道：“那么，谁是总统选举的候选人呢？”现任总统在场的情况下，这个问题有些出言不逊，当然也有些预示性。突然间大家一片沉默。马克龙面露尴尬。谈话继续着，仿佛什么都未发生一样。但对我来说，警告是如此清晰。

“荒唐”

7月12日，马克龙召集他的朋友在巴黎“互助之家”集会。有传闻称，他可能借此机会宣布自己做总统候选人。我敦促他尽快辟谣。他回答干脆：那只是“蓄意陷害”。他在短信中补充道：“我的支持者明天会说明，12日既不用于宣布辞职，也不用于宣布我当候选人。真是荒唐。拥抱你。”但在“互助之家”，在场的人群高呼“马克龙，总统！”他喊着回应：“没有什么能够阻挡这个充满希望的运动！我们一起把它推进到2017年！直到胜利！”我不再怀疑了，尽管他坚决地向我保证，他没有把胜利“个人化”，胜利应该是属于我的。在接下来的日子，我得到了他努力聚集支持者、搭建网络、筹集资金的消息。我在7月14日前夜召见了他。按照传统，我应在7月14日阅兵式后发表讲话，我知道我必然会被问到他在内阁的去留问题。瓦尔斯强烈建议我和他决裂。我联想到在同样的情境下，希拉克对萨科齐说：“我决定，他执行。”我对马克龙说，如果他的行为得到证实，那么与其部长职责是不兼容的，他应该离开政府。他向我保证，他的使命还未完成，还有工作在等着他，并举出欣克利角项目的例子，那是阿海珐集团应在英国建设的一座核电站。在电视访谈中，我明确重申政府团结的规则，政府职责与领导一个政治运动不兼容。他明白，这是我的底线。

晚上，尼斯恐怖袭击提醒我们最根本的问题：恐怖主义继续向我们发起挑战，没有比这更重要的事务了。在我给政府成员的假期中，我得知马克龙在亲近地方民意代表，以寻求他们对其假定参加竞选总统的支持。他们亲自来向我展示他发的短信，我立即要求他做出解释。几天后，在被问到参加竞选总统的可能性时，他说他不搞虚拟政治。这种含糊的回答等于彻底地明确：决裂在所难免，只是时间问题。

他约我见面。我在 8 月 23 日接待了他，他讲了自己的想法。他说他已经完成主要任务，但与总理的关系越来越紧张，与同事相处也越来越困难。他说，今后想建立一个新的政治组织。我提醒他，之所以召他进入政府，是因为要他为国家服务，直到最后一天，还有许多创意需要采纳，有许多服务于法国人民的工作需要落实。我让他仔细衡量其决定将造成的影响。然而这毫无用处。8 月 30 日，在最后一次谈话后，他宣布离开政府，将全身心投入他的“前进”运动。

接下来的事尽人皆知。结论很简单：它关系到政治承诺的基础。我的原则是用人不疑，相信集体行动。我知道自己源自哪里，属于哪个历史，维护着哪些价值观。有些人认为：天空中只有一颗星星在闪耀，那便是他们的那一颗；一切都是机遇和情境问题；他们不受任何事、任何人的约束。我一直赞同政治竞争，但它应该光明正大地进行，并明确承担。但是，事实并非如此。

我曾是所有法国人的总统，但是我始终站在一个阵营中，那就是进步的阵营。这就是那个被称为“旧世界”的阵营，它是我的，它拥有未来。

16
放弃

事情看似难以置信，但的确如此：人一旦当选总统，就不再只是考虑连任。他要利用任期中宝贵的每一天为国家的兴旺而工作。正是这种坚定不移的实际行动，而非那种导致改革瘫痪的策略性痴迷，才使他有可能争取连任。身为总统，他还要承受不被民意支持的压力，为此忧心忡忡也无济于事，不被民意支持也源自其本身。总统特别要承受大量尖刻的批评、蛮横的嘲讽以及无理的质问。这也能令他更好地感受那些赞美的语言。赞美以稀为贵。他应该把承担国家责任视为一种荣耀，而不仅仅是一种幸福，因为这个国家处于世界民族之林的核心，它可以对世界讲话而不必担心他国的漠视。

法国总统由普选产生，拥有无可争议的合法性，即使这种合法性并不允许总统对其加以滥用。受体制的保护，总统享有的稳定性使他能够经受并驾驭考验。他拥有高于欧洲其他同僚的权力，他应把这些权力用于服务协调一致的政策。

为了持续而持续?

我记得，除了共治时期的情况之外，任何一位总统都没能获得连任。德斯坦没能连任，他于 1981 年被密特朗打败；萨科齐也没能连任，我知道其中的一些事情。至于密特朗和希拉克，也只是在经历了从两方面看都很特殊的“左右共治”之后才重获法国人民的信任：前者是因为首次出现共治，后者是因为共治持续了整整 5 年。

从担任总统开始，我就注意保持自己的自由，没有把连任作为生活和治理的唯一目标。我深知：当这种压力蕴含着危险或剥夺了勇气时，当创新可能与一部分人特别是那些投票支持我的人观点相冲突时，压力就会阻碍一切创新精神。我坚持的自由是公民无法企及的，正是这种自由赋予总统只考虑总体利益而做出决定的能力。说我无视连任选举的需要表明了一种我并不想承担的天真。当涉及巩固多数派以及要使反对派担负起自己的责任时，我们面临的政治现实就非同一般。但并不是所有事情都能按计划进行。

5 年很短，但总统的选择远远超越他的 5 年任期，他的继任者也要为他的选择而担当。总统做出的决定会跨越各种选举大限，都是长久之计。我想到的是关于大型基础设施建设的启动、文化建设、地方建设、能源投资、军队组织形态等各方面的问题。5 年的时间很短，不足以看到结果，有时要到最后才会明朗，这也是寻求第二任期的主要理由。再加上在法国人民面前捍卫已实施行动的意愿，这些行动如遭反对，就会有完全停止的风险。所以，像我的前任一样，我也有这个意图，尽管我从未表达过，包括对我身边的人。他们都力劝我表达出来或者让别人提出建议。

上任头几个月的民意调查结果让我泄气，但没能使我放弃。我从政治生活经验中吸取了一些针对总统投票的可靠经验，这些经验使我冷静看待民意调查和过早做出的预测。法国人一般会在竞选的最后几周做出决定，一年前被看好的人即使成为候选人，也不一定能成为获胜者。一场进展顺利的总统竞选能围绕一个引领国家的主题，又能对关键问题有明确定义的话是可以扭转预测和预判的，更何况投票意愿的波动也随着时间的推移而不断变化，以至现在的选举结果总是由那些犹豫不决的人来一锤定音的。

那么，到底发生了什么，让我在 2016 年 12 月 1 日最终放弃当总统选举候选人？我没有认输，没有厌倦，也没有气馁。那些考验警示了我，但创伤就是我的盔甲。如果我必须保持充当候选人的姿态，就必须具备所有的条件。但那时情形并非如此，为什么？这正是我想在此解释的内容。

扭 转

我多次郑重承诺，只有扭转失业率曲线才会竞选连任。有人告诉我，我把自己困入了陷阱，这个承诺是无用并且危险的，因为就业率的变化不可预知并且在很大程度上取决于我无法掌控的外部因素，简单地说，就是我把自己关进捕鸟笼了。我一直拒绝这些反对意见。失业是法国社会的主要问题，在法国人眼中，失业率的上升和下降一直是衡量一个总统执政成功与否的标准。如果第一次没能达到这个主要目标，我又怎么能期望第二次说服他们呢？自 1981 年以来，由于没有从根本上降低失业率，历届多数派都在普选时遭到了否定：1986 年是左翼，1988 年是右翼，1993 年又是左翼，1997 年轮到右翼。2007 年，萨科齐和他的前任希拉克演绎了关系的断裂，尽管后者曾将前者纳入自己的政府。这个规律的唯一例外就是，若斯潘在创造了近 200 万个就业岗位并使失业率下降的情况下，却在总统选举中败北。当然也有其他因素介入，特别是左派的分裂，而若斯潘本人也在 2002 年退出政坛。

然而，我的放弃并不是因为这个带有风险的承诺，而是因为承诺得到了兑现：自 2015 年起，法国经济开始以比危机前更快的速度创造就业岗位。2016 年，国家统计与经济研究所计算的失业率重新回到劳动力人口的 9.2%，比我就任时降低了一个百分点。很明显，2016 年夏天，以 3 个月、6 个月或 1 年为基础来计算，求职者数量都呈现下降趋势。我的经济政策取得的成效：年增长率接近 2%（我接任时增长率为零），由于企业利润恢复而使投资增多，公共财政赤字回落到了国内生产总值的 3%。虽然成果来得晚了些——我原预测在 2014 年扭转趋势——但成果就在那儿。

不受欢迎的背后

不受欢迎令我感到沮丧，我对此非常关注，并全然了解不受欢迎的根本原因。任期伊始，首先，我要求全体法国人共克时艰，一下子就损害了他们对我的信任。其次，在欧洲经济萧条的背景下，经济复苏的缓慢导致我们无法清晰地展示获得的成功。最后，还有自己阵营内部的各种争辩，2014 年 4 月引起轰动的几位部长离职，以及“异见派”越来越具破坏性的越轨行为。当然，我们在 2015 年恐袭事件后的表现，使我们在之后几个月的民意支持率有所上升。但关于取消国籍的争论以及对劳动法改革的抗议抵消了支持率的回升。“黑夜站立”运动[1]同样表明一部分年轻人对政治的疏远。但到了夏天，激情回落。取消国籍法草案被撤销，科姆里劳动法获得通过。多数派站稳了脚跟，政府继续履行使命，预算顺利投票通过，经济增长使税收降低，从而提高了购买力。

更令人不安的是有人企图挑起大动乱，这场还在预谋中的运动有酝酿成暴风雨的危险。2012 年萨科齐－奥朗德决斗可能重现的前景引起大规模的反对，应该没有人愿意再次观看同一批角色演出同样的剧目。全国各地出现的问题不外是民众对体制的拒绝、党派的失信以及“清理”一代又一代政权占据者的革新期待。我也同样感受到这种不良且报复心切的情绪，我提防着不让自己受这些情绪左右。但是我了解法国人，他们总喜欢追求新意，但又只是矬子里拔将军。

但是，这并不是影响我做出选择的理由，每一条理由原本可能打消我的念头，但实际上都在激励着我。我做出不竞选连任的选择完全是出于政治原因。

1 “黑夜站立”运动指发生于 2016 年 3 月 31 日、以青年为主的民众抗议劳动法改革的活动，抗议者通宵占据城市广场，抗议活动从巴黎扩展到法国其他城市，到 5 月底逐渐平息。——译者注

初选的圈套

初选涉及的是左派主要领导人。2016年初，许多负责人呼吁举行全体左派的总统候选人初选。他们表达的意图是值得称赞的：通过预选指定唯一候选人从而避免在总统选举第一轮投票中分散得票，同时能确保候选人进入第二轮投票。但很快，初选便显露出真实目的：激发一场将我置于少数得票地位的运动，组织一个替代我的改革政策进程的方案。这不是为了聚合左派，而是要用“纯正派”取代“非纯正派”。在物价被哄抬时，总有人拒绝市场。很快，梅朗雄表示他不参加初选。今天，人们可以更好地明白他的动机：团结和聚合都不是他想要的，他想成为“唯一”。欧洲生态绿党领导人则宣布，他们组织自己的初选，其结果已被遗忘。因此我意识到，所谓整个左翼的初选实际上只涉及社会党人。

从那时起，必须接受只有一个党派参与并强迫即将卸任总统予以服从的程序吗？这在第五共和国是史无前例的。然而，有些理由使我放手让社会党筹备这个预定于2017年初举行的初选：首先，因为它写入了党章。这令人遗憾，但事实如此。那些在奥布里领导下的党章起草者，在2010年不可能把我们赢得总统选举的假设纳入其中。因此他们没有想到，把出自他们政党的总统置于这样不恰当的地位是危险的。

出于政治原因，是可以否认这一法律事实的。但是，“异见派”，同样也是初选主张者，以诉诸法律来威胁社会党领导人。这个行为既可笑又狡猾，说明他们的意图意味深长。因为，共和国总统应该遵守规则的理由不可能由法官裁决！真是荒唐得令人难以置信。

的确，2011 年 11 月的社会党初选取得了成功。那次初选动员了 350 万公民，主要是社会党的同情者，没有受到其他党派选民的干预，电视辩论进展顺利，候选人行为克制，初选结果完全得到尊重。这次先例提供了参照。然而 2016 年初选的性质发生了改变，是一个过错。

右派也转而赞成初选主张，这反映了他们的分裂：除了这种远离戴高乐主义的方法之外，他们没找到更好的办法来选择总统候选人。另外，我仍然不明白为什么阿兰·朱佩也赞成初选，他在民调中遥遥领先，可以说他在选举之前就被加冕了。是因为他相信自己一定会取胜吗？

当反对派赋予多数派以全权地位时，多数派很难无视这种民主诉求。只有一场自发且强有力的舆论运动才能使即将卸任的总统免于初选考验。然而，这个初选的考验是毁灭性的，因为在这种情况下，我必须与六七位其他候选人在同等表述时间的条件下参与竞选，而其他候选人在竞选中只有通过批评卸任总统的行为来突出自己。在给卸任总统追加竞选连任合法性的借口下，他们会竭力排斥他。即使奇迹出现，卸任总统在初选中胜出，也只是在角逐场上为其对手提供击败自己的理由。

马克龙的攻势

我尚未失去希望，正如我于 2016 年 4 月用一句俗语预言的，“会好起来的”。对此，有人认为这是毋庸置疑的，有人则认为这是高兴得太早。我相信，坚定捍卫我的政绩，同时结合确定未来5年可行的规划，可以在与经济政策非常自由且社会政策立场保守的右派的激烈竞选中，证明我竞选连任的合理性。夏初，我在圆点剧院举行的一次公共集会上阐述了我的想法，并引起了一定反响。10月，在瓦格拉姆大厅举行的一次会议证明我的理由是充分的，社会民主理想在左翼内部依然力量强大。

夏末，马克龙意识到随着右翼胜利已经十拿九稳，以及政府左翼再次团结起来，左右夹攻将对其形成合围之势，于是决定加快步伐。我认为这是他仓促离开政府的原因。2016年8月30日，我们最后一次会面。由于金色大厅正在施工，我在爱丽舍宫一楼占用了一间办公室，他在那里向我表明想重新获得自由。我问他，如果我宣告竞选连任，他会怎么做呢？他含混不清地表白“政治奉献”，与其说他表现得是模棱两可，不如说是尴尬，因为他不正面答复我的问题。他有什么可失去的？我明白了，马克龙不会被载入左派历史，更不会被载入社会民主党历史，甚至不会被记录在预示着进步联盟的重组中。他只是为了自己，他建立了一份事业并要领导它走到尽可能的远方。

我给他分析了假期之后“复工”之际的政治形势：极右翼在民调中领先，右翼拥有因胜利而得以恢复的资本，多数派则因出现多位候选人而分裂。任何人——包括我和他——都没有希望进入总统选举第二轮投票。诚然，他会试图打消我参选的念头，但另一位社会党人会代替我的位置。这个时刻，他能想象到左派候选人初选失去活力以及右派初选未来获胜者道德失范吗？除非他是预言家，否则他不可能做到，甚至他连那样做的意愿都没有。只是特殊形势有可能为其打开一个空间。他想把这一局游戏玩到底，却不担心后果，也不受任何情感束缚，尤其是感激之情。他下了赌注，却把代价留给他人承担。那天他离去了，离开的不仅仅是政府。11 月 6 日，他在博比尼宣布竞选总统。他在头一天用短信通知了我，我当时正在马拉喀什参加第 22 届联合国气候变化大会。他知道我会在年底前宣布是否参选，因此决定提前行动。

总统能说这些

在此期间，一本叙述我 5 年任期中突出事件的访谈录出现在书店，该书作者是《世界报》记者热拉尔·达韦和法布里斯·洛姆。这本书的基本原则在我于 2012 年胜选的第二天就已经确定。最初的构想是跟踪采访我就职后的 100 天，后来在我同意下时间延长了。我们商妥，通过定期交流（每月一小时），两位作者可以向我提出问题，我对做出的决定进行阐释。在此基础上，他们对这期间的工作做出评判。后来，这本书突然提前出版了。达韦和洛姆说，他们的目的是为读者提供一些评价意见，这些意见对选民有用。他们推出此书使用的书名歪曲了本意：《一位总统不应该说这些》。

这本书甚至在未到达书店之前，就引发了尖刻的评论：总统有那么多紧急事务需要处理，怎么能把时间花在记者身上？好像我的前任从未见过记者似的。然而图书馆里到处都是这些故事。这是无理的指责，我们每个月的交谈并未妨碍我处理任何一件国家事务，哪怕是最为次要的事务。至于一些为了迎合读者而突出刊登的节选，要么因为脱离上下文而被误解，要么由于作者笨拙的复述而无意伤害了一些人。但书中没有泄露任何秘密或者机密信息。

这次出版很“成功”。无论怎么样，我对此从未抱怨过。那些耐心读完这本书的人都对此留下了积极的印象。这两位调查记者都承认我的行为的诚实性，这并不常见。这本书起到了显影剂的作用，它很快被那些寻找借口反对我竞选连任的人利用了，那些人不在少数。与他们团结一致，社会党内各派的成员，只想服务于各自派别头面人物的利益，并为此制造混乱。

瓦尔斯的意图

从那时起，一切都加快了步伐。无疑，在朋友的推动下，瓦尔斯相继在国外和法国发表声明准许这些行为，这破坏了我们之间原本的融洽，他始终不渝的忠诚出现了一丝裂痕。我努力缩小这个裂痕并提防它转化为分裂。这是体制、政治和道德面临的最大危险。大多数社会党人都是忠诚的，他们在大风大浪中立场稳固，以坚定的意志和团结的精神经受住了考验，他们抵挡住了“异见派”的破坏活动，他们不应该受到质疑。瓦尔斯在接受《星期日报》访谈时暗示，如果我放弃竞选连任，他将参加共和国总统竞选，并表示即使我决定再次参与竞选，他也会参加初选。那时我正在马达加斯加参加法语国家首脑会议，我打电话给他，请他向我解释，时间安排在星期一的每周例行午餐。

在那之前，我们都全身心处理国家事务，避免谈及总统选举问题。而那一天，我们不能再避而不谈了。我站在原则立场上看待这个问题，在法兰西第五共和国，总理宣称作为候选人对抗现任总统是不可思议的事情。无论我将做出什么决定，应该澄清的是，这个决定只能出自我自己的判断，只能着眼于国家利益。

几天前，瓦尔斯给我写了一封信，恭敬而又坦诚，他在信中向我详细讲述了不建议我继续参选的原因。他提及民调显示的低支持率，以及《世界报》两位记者的书引起的混乱。他理智地告诉我，初选不适合一位即将卸任的总统，并说他随时准备做一个可能的替补。我立刻提醒他注意：如果我退选他将面临的情况，以及他参加初选将面临的风险。而在当时的情况下，他已无法避开初选。我要求他纠正措辞，同我们的体制相符合，同我们的个人关系相协调。我告诉他，我将在未来几天发表讲话，要求他等待我做出决定后再宣布参选。他这样做了。

此后，我面前的等式变得异常简单。我可以坚持，不顾一切地竞选，指望在社会党初选获胜或者干脆抛开这个程序，然后期望“某件事情”发生，使我能够进入总统选举第二轮投票并获胜。我最亲近的朋友，以勒福尔为首，都建议我即使困难重重也要选择这条充满荆棘之路。他们的理由是，在职总统拥有一切合法性面对选民竞选连任，哪怕是为了让选民从正面或负面来评判他的政绩。而其他的亲友，尤其是罗雅尔和儒耶希望保护我。他们强调，无论我在初选中胜出或失败都会产生有害效应，实际上会阻碍社会党候选人进入第二轮投票。

牺 牲

我努力清晰地分析着时局。此时，马克龙和梅朗雄宣布要竞选总统。如果我也参选，左翼肯定在第一轮就会被淘汰。这样，根据所有的民调结果，第二轮角逐将在菲永和勒庞之间进行，前者代表着被复仇意愿激励的右派，后者的政党在中间阶段各个选举中得票势头很猛。第二次选举灾难正威胁着我们，并且要比 2002 年 4 月 21 日若斯潘以几票之差败给勒庞更令人痛苦。左翼将从政治版图上被抹除，顽固右翼和极右翼将从中获益。作为国内的少数派，菲永将获得实施倒退政策的空白支票，这些倒退政策是其纲领的基础。

无论我对自己竞选能力的信心如何，可以确信的是，我的政绩是做出如下判断的标准，平心而论，我无权让国家冒这样的风险。于是，我发表了电视讲话，向法国人民宣告我放弃谋求第二个任期。

这份声明是我在前一天夜里起草的，在当天的整个上午又几易其稿。声明稿的遣词造句都很顺利，表明我的决心与想法是一致的。我字斟句酌，希望我的决定能被理解为是负责任的姿态，同时也成为那些阻挡我的意志自由发展之人的教训，尤其希望被理解为是避免最糟糕情况而突然采取的举动。一切都做完了。在向公众宣告时，我无须看着眼前的稿子。我克制着自己，直到就要说出我的决定时，我情不自禁，我的讲话在那一瞬间出现了停顿。在这无疑是我生命中最为漫长的 7 分钟讲话后，我仍没有体会到任何的轻松。我知道我将会引起人们由衷的失望，我也知道我做出这个出乎意料的决定将造成的冲击。我希望我的牺牲是有益的，而不是引起某种怜悯。离开向法国人民发表讲话的演播室后，我经过爱丽舍宫旁的街道回到了总统府。我遇到一些助手，他们泪水模糊，我们没有说话，因为我该说的都已经说了，他们的目光对我来说已经足够。我慢慢走上通向办公室的楼梯，我最亲近的顾问儒耶、甘策、樊尚·费尔泰斯和我的私人秘书都在那儿，我们如同聚会。有些人从早晨起就得知了我的决定，还有些人跟法国民众一样是从电视中得知的。那天之前，我没有透露任何消息。甚至在发表讲话前一小时，我还去了节庆大厅，在 500 人面前颁发了荣誉勋章，他们都没有察觉。我不想因为走漏消息而降低我的决定的影响力。我只提前告知了卡泽纳夫，又提前几分钟通知了总理瓦尔斯、社会党第一书记康巴代利以及勒福尔。

在这样凝重的氛围中，我的心情怎么能轻松呢？我向每一个陪伴我的人表示了感谢，并提醒大家我们仍然在岗。我的任期还剩 6 个月，还有很多决定需要去做，我们要治理国家直到最后一天。

遗憾？

我并没有出现大的情绪波动或是沮丧，而是冷静并清晰地从政治角度分析由相互矛盾的力量制造障碍带来的后果，而那些力量在其共同事业中又相互联手。在围绕如此难以平息的争辩而宣布我的决定后的几天时间里，我怎么会感到遗憾呢？

这个决定不但维护了总统职位的尊严，也强化了另一位候选人的机遇。我知道，正如瓦尔斯宣布的那样，他就要接上来了。我向他表达过自己的担忧：在总统无法竞选连任的情况下，难道他这个个性更加粗犷的总理更容易说动选民吗？还有一种可能，就是初选胜出的另一位社会党人能够成功地把左翼聚集在其麾下。我对此同样表示怀疑。我在社会党内的反对派否认我的政绩，并竭力分裂左翼阵营。他们在分裂左翼两年后，如何还能利用初选或总统竞选的魔法把左翼团结起来呢？

哈蒙出征

1 月，哈蒙在初选中获胜。他到爱丽舍宫礼节性地拜会我，并就即将开始的总统选举竞选活动征求我的意见。我毫不吝啬地给了他两个建议。首先，作为总统候选人，他的举止行为应像未来国家元首一样，如同已经确信即将担当国家命运那样行动，这是获得信任的根本条件。如果一个候选人自己都不相信能够获胜，那么谁还会追随他呢？其次，向所有人敞开大门，与所有人沟通，尤其是被他击败的竞争对手。我在 2012 年就是这么做的。折中，这是选举中必要的成功手段。超越分歧，把自己的阵营团结起来，扩大支持面，而不是局限于自己的拥护者。

但是，他没有听从我的建议。在投票当日，他尝到了自己策略的苦果：其潜在选民的选票分散给了梅朗雄和马克龙。初选之后，哈蒙在民调中的支持率为 20%，但他的实际得票率不足 7%。这对他来说是一场惨败，对他的政治家庭来说是一场灾难。他匆忙谢幕。

本应发生的事情

我的遗憾是在随后的日子里产生的。实际上，“某件事情”发生了。菲永因被法律定性的行为而受到诟病，舆论对其进行了谴责，而菲永做出了极其糟糕的自我辩护。2016 年底，我隐约看到他参与竞选的缺陷：他的竞选纲领既自由又保守，既严苛又僵化。右翼候选人由焦灼的选民选出，其侧翼暴露在左翼的反击之下，左翼可以合理地揭露菲永的政策主张将给国家平衡带来的危险。

这场辩论毕竟没有发生。菲永处境尴尬，在言而无信上又加重了人们对其不诚实的怀疑。他毫无理智地维持着自己的候选人资格，尽管他已受到立案调查。菲永曾经承诺，一旦受到立案调查即退出竞选。他把自己造成的司法困扰归罪于对手，甚至归罪于自己的朋友。他甚至编造谎言说爱丽舍宫成立了一个“暗黑办公室”暗中谋划针对他的阴谋，这个指控的荒谬甚至遮盖了丑闻的属性。他的政党未能结束这种轻举妄动，而他自己坚持盲目地走向失败，这一切都帮助马克龙扫清了竞选道路上最后的障碍。马克龙领导了一场严密而又乐观的竞选运动，吸引了温和的右翼和改革派左翼选民，在两轮投票之间抵挡住了勒庞的攻击，以更加缓慢却坚实的步伐走向爱丽舍宫，最终结束了他的竞选征程。这是一个不平凡的幸运的结局。这也证明，一位可靠的左派候选人，如果能把左派团结在一起，就能够获胜。

17
冲突

它曾是欧洲的女王，如今却丢失了王冠。20 世纪 80 年代中期，社会民主主义似乎战胜了所有对手。战后，资本主义渐渐服从了它的指令，承认社会法则，接受再分配机制，同意保护工薪阶层，面对生活风险赋予其新的权利。与此同时，在社会民主主义的压力下，人人平等的权利，特别是女性平等权利面对保守主义建立起来了，自由扩展至社会生活的方方面面。

福利国家制度一直在坚持，虽然因为缺少维持福利的经济增长及缺少资金投入共识而开始衰竭。面对出现的危机，社会民主主义要求我们团结一致，令它的影响更加巩固。总之，社会民主主义似乎可以长久推进其对现代社会人道主义化的使命。

社会民主主义怎么了

苏联的解体表明，僵化的国家体制是没有未来的。这是 20 世纪 20 年代社会主义者故去后的胜利，他们“保住了老房子”，而其他人则在对苏联体制的不懈支持中迷失了方向。他们通过选择耐心的改革而非屈从迷惑人的乌托邦，证明了其战略的恰当性。因此，刚刚摆脱僵化体制的国家将会驶向既平等又自由的平静水域。

20 世纪 90 年代末，社会民主主义以多种形式占据着支配地位，从美国的某些民主党派到意大利的后共产主义，再加上法国的社会主义、英国的工党主义以及德国和斯堪的纳维亚国家有代表的流派。20 世纪 90 年代末，15 个欧盟成员国中的 12 个是由社会主义者领导的，主要是布莱尔、施罗德、若斯潘以及现任联合国秘书长葡萄牙人古特雷斯。克林顿赋予美国政治一个进步维度，而拉丁美洲的巴西、阿根廷和智利均被左翼征服。

之后，风向变了。具体是什么时候？很难界定一个转折日期。1980 年，里根和撒切尔发起“保守派革命”，为自由主义反攻打下了基础，自由主义对后来的全球化产生了广泛影响。2001 年 9 月 11 日，纽约恐怖袭击和双子塔的爆炸，标志着我们进入了一个恐怖主义成为全球性威胁的世界，导致人们对秩序的持续追求。于是，安全问题取代了社会问题，保守派声称他们最有资格解决这些问题。主要由市场不合理性和国家调控缺失造成的 2008 年金融危机，远没有损害引发它的体制，却为信奉自由主义的政府及国际组织提供了它们缺少的实行紧缩政策的理由。人们把经济衰退归罪于福利国家制度过度扩张，这种制度以高水平的公共支出和劳动市场的过度僵化为标志。人们以平衡公共账户的名义，要求进行“结构性改革”，并削减劳动者的权利。出于树立权威及顺应全球化的需要，一种新的、更自由也更安全的秩序开始建立起来。

幸免者

2008 年，奥巴马凭借其胆识和创新当选美国总统，由此制造出一种幻象。这场选举远没有阻止世界的偏航，只是为继续支配全球的运动画上了一个括号。同样，我在 2012 年 5 月胜选，更多是对前任总统失败的惩罚，它要远多于对团结一致价值观的促进。的确，金融被视为是在所有发达国家蔓延的失业问题的主要责任者，人民也相应地被要求做出牺牲。人们的想法已固化，他们认为负债源于国家高额预算以及花费巨大的社会政策。这些政策也可能会损害新生代的未来。

此外，当我成为总统时，没有任何社会民主党人领导欧洲大国，英国、德国、西班牙或者意大利都没有。我第一次参加欧洲理事会会议时，在 28 位领导人中寻找可能的盟友，当然不是为了推进欧洲建设——因为这不是当时的主题——而是为了推进投资和经济增长，但我没有找到。我只能依靠几位基督教民主党人来加强力量，他们意识到无法再把令欧洲公民失望、除此之外并无切实成果的政策强加给人民了。

今天，在那些社会民主政党中，处境好的在充当政治联盟的二流伙伴，而处境差的则蛰居于无益于自己的反对派阵营。曾领导欧盟的社会民主党人，现在只是欧洲议会的第二大力量、欧盟委员会的微弱力量。雅克·德洛尔的时代好像已经远去。

一个时代的结束

这是由于一系列的错误行动、方向误差和战略失误造成的吗?这是对政权趋炎附势导致自己失去灵魂的结果吗?这是社会党人为一场无法避免的政权交替运动自动付出的代价吗?或者,这是一个时代的结束,一段历史的终结,一场伟大的政治冒险的闭幕吗?这场冒险之所以收尾,是因为它在走向不可避免的衰退之前执行了自己的纲领、完成了自己的事业、实现了自己的计划吗?

那些最乐观的人相信领导人的更新和右翼的失败势必会导致进步政党、工党、社会民主党和社会党(用什么称呼无关紧要)人士再次当权。这是一个不得不度过的漫长而糟糕的时期。社会民主党人不仅看到了这些。23 年间,第五共和国剥夺了左派参与政权的权利。在德国,一直到 20 世纪 70 年代初,德国社会民主党才上台。在意大利,基督教民主党人作为主人统治超过 40 年,尽管共产党力量与它不相上下。但是,人们可能会忘记:在那个年代,社会民主党人传播自己的思想,启示一些由其他人实施的政策,影响着工会运动,并代表着希望。不幸的是,没有什么能表明我们现在仍然一如既往。在欧盟 28 国中,除了瑞典外,还有葡萄牙和马耳他的脆弱联盟,其他国家均不由社会党领导人治理。

因此,我们必须认真研究第二个假设。欧洲社会主义必须回顾过去才能更好地展望未来吗?在签署死亡证明之前,在做葬礼祷告之前,必须了解死亡的原因。人们可能指责我们的社会总是趋向更加严重的个人主义,指责社会内部关系更加紧张,指责技术变革以及人口老龄化，认为这些问题限制了人们相信进步的理智。这是第一个解释。人们可以强调危机效应麻痹了人民，并让人们相信解救办法就在引发危机的原因之中。大量的悖论认为，经济自由化是当今的解决方案，然而正是来自进步主义者灵感的金融调节政策在过度自由化造成混乱的地方恢复了稳定。现在又要走回头路！这对社会民主党人是一种双重折磨。

人们终于可以指定全球化为罪魁祸首了。全球化将会打败国际主义，而社会党人自视为国际主义的先锋。对他们来说，开放意味着思想的开放，而不仅仅是商品的开放；自由流通是人员的自由流通，而不是那些由简陋船只冒着生命危险运送到我们海岸的不幸者的自由流通；取消边境是为了寻求和平，而不仅仅是解除贸易壁垒；全球化是全世界的治理，而不是数字跨国公司不受管控的权利。

社会党人对世界产生了错误认识吗？他们在呼吁开展各种形式的交流、共同发展、大型贸易协定、欧洲统一市场和普遍主义时，是在自掘坟墓吗？他们的国际主义使自己脱离了祖国、把给予他们信任的工人暴露在毁灭性竞争中了吗？或者相反，当社会党人认为世界的开放将减少贫穷、拉近各大洲关系、传播信息和思想时，他们是忠于自己的吗？他们以此让发展中国家崛起吗？他们成功地使数十亿人享受健康和消费，或者说使他们脱离苦难了吗？他们要为实现了全球利益相关联而感到脸红吗？抑或是他们更应该注重自我封闭和闭关锁国吗？通过这些他们确实没有丢失灵魂吗？

的确，世界经济增长也曾是不公正的、暴力的和具有破坏性的。19 世纪的工业革命更是如此。当战后重建创造了“光荣 30 年”、令人相信经济增长无限的时候，社会民主党必须借口维持 20 世纪 60 年代末获得的平衡而停止世界的钟摆吗？或者，考虑到全球利益、保护公共财产的必要性，以及大规模投资使所有人触手可及的数字工业的迫切性，当尚未消除人们的疑虑时，他们应该着眼于未来吗？

欧洲的选择

让我们清醒一些吧。在社会党人所在的地方，尤其是在欧洲，他们并没有为使全球化更加人性化而施加足够的影响。缺少与昔日资本主义的比较，他们肯定低估了金融资本主义获得的巨大力量。无疑，他们没有对欧盟施加足够的影响以使它屈从于自己的梦想。但我们也诚实一些吧。他们曾呼吁整个欧洲保持和平、联合人民。当欧洲大陆第一次即将分裂时，让·饶勒斯为它而献身。阿里斯蒂德·白里安直到最后还在为建立禁止在欧洲大陆发生战争的机制而辩护，后来这个机制伴随着联合国的成立问世了。莱昂·布鲁姆从囚禁中被解放出来，步履蹒跚但精神矍铄，他叮嘱社会党人和真诚的民主党人一起应对挑战。他们顺应时代以寻求方案，他们从防务做起，但那时只是一个早熟的想法而已。他们转向经济、煤炭、钢铁、农业等方面建立共同市场，他们在经济合作的基础上，在未能取得政治和谐的情况下打造了一个联盟。当法国右派在一个时期似乎疏远这个联盟时，当共产党人指责整个欧洲大业时，社会党人却支持了联盟的方案。

密特朗就是做出这个选择的人，他在这个基础上重组了社会党。他同这个选择紧紧捆绑在一起，尽管这使他为遵守 1981 年的施政纲领付出了代价。他认为如果法国与欧洲决裂则会失去更多，所以法国社会主义一直忠诚于欧洲。创立统一货币，接受建立在自由流通基础上的大市场，尊重竞争和共同贸易政策，这都是他们的杰作。如此众多的主权让渡使作为调节者的国家失去了一部分职权。这是原罪吗？它一直阻碍着社会党人执行不同的政策吗？无论如何，从那时起左派内部的分化就开始了：对欧洲的争议远远超过了关于国有部门地位以及强制性课税水平的分歧。

直到那时，我们一直躲避在“另一个欧洲”的主张后面，它能够满足社会党人的标准。但是和谁一起来建设它呢？德国人吗？这个欧盟适合他们，使他们成功地重新统一起来并且重建竞争力。英国人吗？但他们总是威胁要脱离欧盟，却没有人相信，直到他们做到的那一天为止。经验会证明他们是要对此后悔的。但是出于自傲，他们宁愿选择付出经济增长和社会公正的代价。那么是来自东欧的新成员国吗？但欧盟曾是它们的恩人，它们的唯一目标就是不要更换恩人。东欧国家希望自己抱团，但又须和我们相处，这是一个奇怪的团结构想。但我们应该为东欧剧变后接受了它们，没有把它们留在无亲无故境地面对俄罗斯力量的回归而感到后悔吗？

有些人说，社会党人因为懦弱、胆怯，甚至是因为慷慨而沉沦。这个欧洲不是他们的，他们本应该离开。但是去哪儿呢？“一国的社会主义”这个尘封的理念明显具有顽强的生命力。

然而当我们得到了其他国家都未能享受到的延缓达标期限时，当我们是共同农业政策的主要受益者时，当我们能够谈判各种类型的例外时，例如我们在恐怖袭击之后重新建立了边境管控，我坚信：一个新欧洲不再是梦想，必须继续推进老欧洲的抱负。应该知道必须离开还是留下来，不再有权宜之计。其他的都是骗人的把戏。不能半加入经济联盟和货币联盟，不能少加入或多加入申根，只能是或者不是欧盟人。

一次新的图尔代表大会[1]

左派的分裂可以追溯到2005年4月欧盟宪法条约全民公决日。欧洲在民主方面的缺陷，惹人恼怒的决定及其涉及的议题导致的不理解，应对欧洲大陆面临主要挑战的迟疑，文化、科研和青年问题，无法回应生态或社会危机，所有这些都被当作借口来拒绝被视为枷锁的欧洲宪法文本，实际上欧洲宪法文本给予各国政府做出主要选择的自由。事实上，对左派而言，2005年对欧盟宪法条约的公投类似于图尔代表大会。当时，共产党人拥有如今激进左派炫耀的决裂和意识形态纯洁的威望，而社会党人则更喜欢耐心的且时常让人失望的改革。在获得改革回报之前，他们长时间地为此付出。劳动阶级内部，如此被嘲笑和指责的这座“老房子”，实际上是获得自由解放的房子。

1 图尔代表大会指工人国际法国支部第十八次全国代表大会，会上创建了共产国际法国支部，此次大会标志着法国左翼出现分裂。——译者注我们正在经历一种慢速的重复形式，它在 13 年前就开始了，并且持续产生影响。这个进程关联着欧洲，也关联着全世界。左派的一部分人，不仅是它的领导人，更严重的是它的选民，从欧洲以外，远离世界去看待他们的命运。理论的价值或另一体制的总体模糊（人们对苏联的认识成了反衬）又有什么关系呢？这一次，决裂的主角无处不在。我认为他们可以缔结一个“玻利瓦尔”联盟以取代欧洲建设。我这样想对他们是公平的。

他们声称要留在欧元区，但又拒绝全面参与。不言而喻，他们是想脱离欧元区，回到他们的本国货币。这也没什么可怕的：这正是我们在 2002 年之前的境况。如果是这样，我们就应该独自捍卫我们的货币水平。但在此条件下，人们不明白为何还必须留在欧盟。这是英国人的选择，他们一直走到底了。如果再加上不信任单一市场，诋毁欧盟委员会，并且我们看到左派在欧洲议会是结构性少数派，为什么还要接受欧盟指令和分担欧盟预算呢？还不如与欧盟签订一个贸易协议。这就是英国脱欧给英国人引导的方向：获得行动上的自由，也就是说英国独自面对全球化，与中国、美国和日本谈判，同时希望赢得俄罗斯人的尊重。但是，对那些被剥夺自由流动权利的年轻人、由于革新被剥夺了就业岗位的劳动者、因丧失储蓄被剥夺了购买能力的退休者来说，进步在哪儿呢？

新对手

这就是社会民主党人面临的问题。一个竞争者，向左派借用了

“反抗”不公和无序的词汇，却引导它的追随者大声讨伐这个不尽如人意的世界。其实只有进步政府才能帮助改变这个世界。激进左派未建立任何政权理论体系，既没有可靠的建议，也没有盟友，是资本主义梦寐以求的对手。苏联模式令人惧怕，因为它是一个拥有领土及武装的强国。它同样也是一种意识形态，是一场征服性的运动。它带着一种可能实现完全平等的希望，因为在苏联实行着这种平等。

今天的激进左派什么都没有，没有模式，没有构建，甚至连意识形态也没有，只有演说和咒骂。对于这种左派，如果它还是左派的话，保守派和自由派就没什么可怕的了。（因为）保守派和自由派不是（这种左派的）第一靶标，被瞄准的是社会民主党人。应该消失的也是慷慨的、严肃的和勤奋的社会民主党人，必须阻止甚至消灭的也是社会民主党人。迫使他们屈服和失去信誉，或者把他们发回到中间派联盟中，给他们打发一些次要任务，从而使他们更容易被指控通敌和妥协。这就是那些人的计划——致命的计划。这不是社会民主党派的缓慢死亡，而是左派确确实实的消失。欧洲社会主义因此可能逐渐被抹消，在其影响力越来越小的欧洲陷入重围，并受到激进派的谴责。激进派攫取了不屈服的久远历史，以便游戏般地让这段历史终止。

正是通过正视这种威胁，社会民主党人才能重获力量，去说服离他们而去的选民。社会民主党人应该观点明确，摒弃竞相许诺，重新抬起头来，也就是说要有担当，因为其他的危难已经显现。

真正的总结

社会民主党人确实面临一些令人生畏的问题，最难的不一定就是经济管理问题。诚然，许多左翼政府不得不做出痛苦的选择。如果一定要举出一个例子，希腊会出现在我的脑海里。齐普拉斯承担了他的前任留下的负担，并且为拯救国家做了异常艰难的决定，却从此被指为叛徒。梅朗雄甚至想将齐普拉斯踢出他们的党共同占有席位的斯特拉斯堡欧洲议会党团。

另外还有一个法国的例子：我们做了一件之前任何政府在过去10年都没有做过的工作——要承担着最严重的失业率去调整社会保障体系，以使这个体系持续地发展。同时还要调整工业结构，管理遭受多年危机困扰地区企业的裁员计划，危机始终打击着那个自认为是被社会遗忘的群体。

是的，我们历经艰难，但换一个政府就没那么艰难了吗？我确信依然艰难，但我不祈求任何宽容。左派总被要求给予超出其所能的奉献。左派代表着进步，没有尽到进步的责任就被视为背弃，甚至那些从未给它投过票的人也这样认为。从长远来看，总是左翼做出艰难抉择来重振经济并实现社会现代化，在德国、意大利和法国都得以见证，但人们很少会给左翼一些时间去收获成果。左翼关于改革的想法与选举时期很难匹配。左翼呼吁理性和平衡，而不是虚张声势和念咒，但不一定有人倾听。只有当左翼的继任者背道而驰地采取野蛮、不公正的政策时，人们才在时过境迁后记起左翼改革的好处。密特朗就曾受到诋毁，社会党人在他任期结束时全部被扫地出门。10 年以后，人们谈起他，把他称为真正的改革者。他留下了许多社会成果和决策，这一切仍使法国享誉世界。若斯潘曾在总统选举第一轮投票时就被淘汰。但现在，当回忆起他为国家取得的进步，以及他在担任总理时实现的失业率下降时，人们都会表示惋惜。至于我，我将保持耐心，任由其他人去梳理我们取得进步的真实情况。我希望对于我代表的左派，这个时间将不会太遥远。

新的裂隙

在近期历史中，社会民主党人每次都在身处反对派地位时重获信任。现在，它承受的风险更大。换句话说，欧洲社会中正在形成的趋势更加危险。对安全保障的渴望不再只是涉及对生活风险的涵盖，社会民主党人对生活风险给予了有效应对。对风险的覆盖是大多数民众共同关注的首要问题，但是，自由党人成功地形成一种新的观点：保障越少则就业越多，并且失业者补贴会对失业者重返工作岗位产生“非鼓励性”作用，甚至吹嘘当财富流动起来就能满足整个国家。

政治辩论焦点转移到另一个领域，社会安全涉及得越来越少，而个人安全被讨论得越来越多。在这个领域，身份归属不再与某个阶级关联，而是和领土、政治属性，甚至是宗教相关联。社会党曾想提出一个以公正分配为基础的模式来凝聚人民，而现在这个团结一致的想法遭到了越来越多的争议。不仅在其机制上，甚至在其原则上。社会党曾促进了个人解放，但最狭隘的个人主义占了上风。

社会党促进了社会进步并让大家相信未来，人们却怀疑进步带来的好处，并不再相信未来的灿烂光辉。而西方也再次发现自己已暮气缠身。

社会民主党肥沃而富有生机的土壤变得越来越贫瘠。最近，因为缺少能够萌发可靠希望的民主源泉，枯燥让位于重大的旱灾。面对妥协，拒绝的逻辑似乎占了上风：拒绝欧洲参加全球化，拒绝通过税收进行再分配，拒绝平等。伊斯兰恐怖主义和激进主义进一步加剧了身份归属感的紧张状态，宗教问题侵占了公共空间。因此，每当伊斯兰教教徒要求在法国享有一席之地时，极右派就制造声势要求恢复世俗化。萨拉菲主义者的挑衅，以及女性在公共场所佩戴面纱的情况频繁出现，这都会加剧紧张。甚至即使在过去伊斯兰教的存在尚未激起任何争议的地方，紧张状态也比以前更加强烈。

恐怖主义威胁加剧了人们对安全的渴望，部分左翼人士对此却表现出不适，并不是因为他们对遵守法国国家秩序反感。在我 5 年任期内，左派能够承担责任并且决定使用武力保障安全。但左派坚守自由，避免过激，因此他们反感延长紧急状态，也抵触因形势需要而制定相应的法律。但右派在这些问题上竞相许诺，这轻易就将左派置于微妙的境地：如果左派让步，就会失去原则；如果左派置之不理，就会失去选民。至于世俗化，左派曾为此进行过强烈的斗争，而今却成为对手破坏其稳定的武器。当社会党人像其杰出的前任对天主教统治集团展示宽容那样，主张给予伊斯兰教更多宽容时，立刻招致右派指指点点。然而历史上，右翼也曾反对政教分离。因此民众中出现双重脱离现象：在那些信仰伊斯兰教同胞大量聚集的街区，一些人指责社会党人对此现实没有给予足够的承认，另一些人则指责社会党人没有更严格地执行法律。

问题很简单：当社会问题，即财富分配和改变不平等的问题不再是中心问题时，社会民主党人就会身陷痛苦之中。当社会民主党人遭遇安全和身份归属的冲突并因其分裂时，这种痛苦就进一步加剧。20 年前，欧洲、世俗化、自由、维护少数人利益是促成内部共识的因素。今天，这些因素成了撕裂社会民主党人的议题。不仅在政党和知识分子中间，甚至在全体选民中也是如此，以至人们督促社会民主党人在两个糟糕的方案中做出选择：要么采取回归民众阶层的战略，揭露欧盟和全球化的缺陷，支持身份归属的主张，以期重建一个社会阵营；要么采取聚合少数派的步骤，把那些初看没有任何共同点或因地位没有得到充分承认而满怀沮丧的团体联合起来。

这两个方案都是既虚幻又危险的，因为它们使社会和民生相对立，而左派一直是将它们联系在一起的。它们破坏了社会民主党人为持续治理国家而建立一个多数派联盟的抱负。这两个方案都会导致自我封闭，无论是在国家范围还是在个人方面，它们排除了攻坚克难的所有活力。特别是，这两个方案维持了左翼内部选民的不可调和性，把公民与其狭隘的党派属性、生活的地点、年龄层、出生地、宗教信仰绑定在一起。

西方社会已经非常个体化，它不再遵循建立在利益之上的阶级逻辑，而是遵循建立在憧憬基础之上的网络群体的利益关联。新的主题出现了：生态、与技术的关系、性别平等。其他主题也随着移民的挑战以及对族群主义的恐惧而再次得到确认。传统的政治划分已经消失，但左派和右派的辩论仍然存在。再加上党派失信、议会的失势、决策的技术官僚化以及公民的漠不关心，所有这一切在2017年大选中都有充分的体现。唯一令人“满意”的是：极右派完全失信。

在一段时间内，这种状况可能引起法国人对政治辩论的漠不关心和对政治组织的持续冷淡，实乃是一种支持者“退出”的表现形式。

法国在20世纪60年代和90年代初期经历过类似时期，经验证明，这种状况不会持续。随着重大问题需要做出抉择，以及斗争的持续需要理念支持，政治必然会重拾其权力。经济增长回归远没有平息冲突，却使冲突形式变异。不平等在今天被视为为了延长繁荣所必经的痛苦，明天就有可能成为在全国或全球范围内进行新的争斗的理由。

在这种背景下，社会民主主义或者欧洲社会主义，对我来说都是一回事，如同这些术语都源自工人运动一样——被动地等待机会重现，那是错误的。它不再代表着对市场无序和自由主义的机械般回应，自由主义因自负、傲慢和狂妄而失败。社会民主主义不再是唯一的选择，过去的功绩不会给它带来任何东西。它必须证明它是一个全新的答案，这个答案基于没有失去任何动员能力的价值观。社会民主主义必须保护这个价值观来抵抗以各种面目出现的民粹主义。社会民主主义应该成功，因为它的未来是已经实现的民主的未来。尽管有失败、考验和挫折，但希望却是永存的，只要从今天开始勾画成功的轮廓。这也是我想要留下的一个忠告。

18

希冀

如果需要的话，可以这样说：2016 年 11 月特朗普的当选坚定了我的想法：我们进入了一个新时代。这位令人难以捉摸的总统似乎要让美国退出全球治理，转而实行以自我为中心、无所顾忌以及保护主义的政策。但特朗普只是世界格局重新洗牌中的一个意外因素，美国这个超级大国今后将只关注美洲。中国则坚持全球化，借助于它规划的既着眼未来又再现过去辉煌的“一带一路”倡议，希望进行前所未有的开放。新兴大国向曾一度自认为是世界游戏主导者的国家索求它们的贸易份额。伊朗、土耳其、沙特阿拉伯正在对伊斯兰世界展开一场魅力之战。随着外围冲突的发展，它们之间可能发生正面战争。至于非洲，这片充满希望的大陆人口不断增长，其丰富的原材料资源被人觊觎。为确保自身发展，非洲准备改变财富分配规则。但非洲的年轻人迫不及待，如果不对他们做些什么，那么将会产生大量移民。

我们应该适应几个世纪以来从没有过的状况：今后，将不再由西方决定全球的议程。

欧洲刚从差点儿卷走其货币的金融危机中恢复过来。正当它合理地打算从经济复苏中抽取红利时，又遇到了新的问题：民粹主义，它随着一些政府在东欧落脚。对这些政府而言，欧盟更多的是一个市场经济而不是价值体系，它拒绝向有异于自己的一切开放。民粹主义正在西欧蔓延发展。英国脱欧投票就是最为突出的表现之一。英国脱欧的不幸没有使主权主义者泄气，他们企图粗暴地瓦解已有60多年历史的政治构建。一轮轮的投票，使极端主义政党渗入议会并进入了政府，却没有触响从前的警报。当他们未能达到目的时，便会使机构陷于瘫痪，或者强制组建联盟以组成唯一反对派，与“体制”抗衡。

欧洲正遭受着寻找身份归属的折磨，它甚至发展到在民族国家内部采取分离主义诉求的形式。危机不再是经济的，而是政治的。或许最坏的事情同样也能得到最好的结果。欧洲正面对命运的选择。它不再可能要求其主要盟友——美国提供安全保障，也不再可能指望仅靠国内生产总值武装自己就能获得邻国的尊重。如果人们还能想到这一点的话，那就是欧盟必须跨越一个建设阶段，它要比开放关税壁垒和建立大市场重要得多。它必须组织防务，建立联合参谋部，提高自己的导弹发射能力，构建欧洲工业，打造未来装备和发展网络安全。它必须更加有效地保护边境，防范恐怖主义威胁，挫败外部破坏稳定的阴险企图。对于自己的防卫，欧洲更需要一个欧洲防务基金，而不是为欧元建立欧洲货币基金。时代已经发生了变化。

在这样的历史环境下，法国又被推上了舞台的前沿。应该由它来联合其他欧洲国家，说服它们一同迎战21世纪初的恶疾：民族主义、气候变暖、不平等现象增加、数量不断增长的移民的悲惨命运。

社会主义拥有未来

社会主义这个古老的信念，自一个世纪以来经历了如此多的考验，影响了如此多的政治家，在这个新的世界上，是否还有一席之地？社会主义者近两个世纪以来寻求并促进的团结和集体行动价值，是否仍然能应对全球化的失序呢？自由主义给精英以灵感，但处处遭到否决，极端主义者对此加以利用。上述价值观在自由主义面前失去了信誉吗？

我不这么认为。当社交网络以令人眩目的速度传播惩处、社会排斥和种族主义思想时，当个人自以为独自拥有一切问题的答案时，无论人们怎么看，社会主义者都是民主理想的最佳捍卫者。20世纪前，社会主义者定义了政教分离。在族群主义及种族主义面前，他们最有能力捍卫自由和尊严。

社会主义不仅可期，更是必需。如果没有它，市场的支配地位将继续走向我们熟知的失控。我们像其他人一样，对市场支配地位既抵制又妥协。数据及我们的日常生活经验都表明：不平等是我们这个时代的第一特征。资本主义高效、自负，由令人沉迷的技术革新浪潮代表，创造的不公和财富同样多。在全球范围内，1%的最富有的人把过去30年来创造的新资源的主要部分收入囊中，无论是收入还是财产。极少数金融业和企业精英把世界经济增长引向对自己有利的方向。

我曾试图抵制这个从表面看不可抗拒的运动。我修改了税收制度，以增加最富裕阶层对共同努力的贡献。我做这些时，同时也考虑到重振经济的必要性、债务负担以及法国政府对竞争力的迫切需求。取得的成果：和斯堪的纳维亚国家一起，法国成为世界上基尼系数（该系数被用于衡量收入差距）有所降低的国家之一。否认、低估或是无视这些结果都是徒劳的，因为统计数据证明了事实：在我的 5 年任期内，法国的贫富差距缩小了。

个性化社会主义

这场运动应该持续开展下去。社会主义的首要使命是阻止不平等再次产生，具体举措如培训水平的提高、人才的提拔、“包容性”城市规划、更加均衡地获取信贷、利益共享以及对所创造财富的税务压力。这就要求坚持不懈地与“避税天堂”做斗争，在欧盟压力下使诞生于新技术的超大型公司接受支付其在公共支出中的份额，而不是利用欧洲管理的漏洞逃避他们的共同分担额。同样也需要使资本和劳动之间的纳税负担相等。

这项举措如果想说服在这个个体比以往任何时候都想成为自己命运主宰的社会，就不能采用老一套方法。考虑到福利国家行动的新条件，公共干预——这个社会主义在行动中获得的宝贵遗产——应该有所调整。实际上，对公共权力的要求已经改变了性质。公共权力不再可能满足于通过整齐划一的方式提供公民应该享有的补助，不再可能满足于保护社会团体免受健康、就业或老龄化等生活风险的影响，不再可能满足于提供在不同情况下不加区别地实施的普遍权益。在这一点上，过去的社会民主主义实现了其纲领的主要部分。新的社会民主主义应该给予每个人发挥所能、满足所求、独自驾驭生活的机会。总之，它应该描绘、落实、设计出一个独具特色的社会主义。

对我来说，我为此做出了努力：对从学龄开始的教育进行投资；建立个人劳动账户，在劳动者应该能够不断适应正在进行的技术革命、需要变换技能或企业、有时甚至是变换职业的世界里，发展了人们所说的“权利的便携性”。现在，必须走得更远。

基础性资本

一些人从国家资助的被称为“基础性收入”的普遍补助金的发放中，感觉得到了保障。我尊重这种想法，它建立在共同繁荣的基础上，设想创造一个赋予所有人的新权益，它能消灭极端贫困，并为每个人提供可以保证其自主性的最低收入。但它的成本使这个想法无法实现，它的普遍性会导致分配给一无所有的人与富裕的人同样的金额。所以最好的做法就是提高社会低保，它可以为陷入困境的人提供些许安全感；同时提高工作奖金，它可以刺激重新工作并改善微薄的收入。

在我看来，更有生命力的想法是，在职业生涯开始时以金融形式为其提供一笔启动资金，然后为其提供终身接受培训的权利。首先，这个启动基金将采取由国家担保的贷款形式提供给所有成年的年轻人，这笔借款随后将从其职业生涯的收入中取款偿还。国家预算可以承受，银行在确认其偿还能力后也会表示同意，这项措施是可以立即实施的。随着经验和集体财富的积累，其总金额和运行能力也得以改善。这项举措纠正或者部分纠正了不同社会阶层公民间的职业起步差距。

这笔基金将随着个人劳动账户的扩展得到补充、加强。在职业生涯中累积的“便携的”权利，即使劳动者更换企业或者是改变职业，也可以保留。劳动者由此获得了专属于自己的非物质资本，它们以培训时间、失业救济金、退休积分和医疗保险的形式体现出来。

因此，福利国家从津贴或补助金的简单提供者转变成一个管理人员，为公民提供克服经济生活断档的能力。众所周知，眼下经济生活更加动荡、更加不确定、更加分化，上述构想实现了效率和公平、个人和集体的协调。

既然社会主义者接受了市场经济原则，也认识到个人自主要求正在上升，他们就应该致力于创造适应新时代的互助机制，使每个人都可以各尽所能。诺贝尔经济学奖得主阿玛蒂亚·森创造了一个新词来表达这种愿景：“可行能力”，意思是个人拥有的、对开放的权利和自由进行选择的实际可能性。这个说法属于“关怀伦理学”范畴，它超越了利益关联和伦理，上升到对他人的关怀。用一个简单的假设说明：如果他人处境的恶化危及我自己的安逸，那么关心他的处境对我是有利的。

新的社会民主主义并不仅限于在社会阶层之间或个人之间进行再分配。它提出这样一个原则，即将一个社会的公民团结在一起的纽带是建立在共同利益基础之上的。共同利益意味着要重视各种经历、历史、困难及不公平待遇，而其中每个个体都是主体。社会主义不仅致力于减少不平等现象，还致力于减少所有危害法兰西民族共同体之共和国属性的障碍或约束。上述既联合又内聚的举措，比那些道德性要求更有效地回应了人们对社会地位下降和身份归属丢失的恐惧。

生态和社会主义

新型社会主义纳入了拯救地球的迫切需要，它的构想中不能没有生态，但它又不仅限于生态。我相信科学，相信技术，但不是在生产本位主义中，而是在互助发展中。生产本位主义已经显示出其危害性。我不想强加给同代人一个建立在恩惠和惩处基础上的社会。我希望实现增长，增长也应该通过其他指标来衡量，而不仅仅通过国内生产总值。但是，如果没有国内生产总值，进步就会终止，再分配就会停滞。我们的经验对此做出了充分的证明。每当法国的生产减缓时，失业就会增加，消费就会停滞。问题表现在各个方面：没有生产性财富的增加，公共财力的源泉就会枯竭，最弱势群体是首当其冲的受害者。相反，必须利用新技术、创造鼓励革新和劳动质量的模式，更加关心人们的福祉，更加重视保护环境的需求。

人工智能的发展，如生产的机器人化，将在我们的生活模式中引发新的革命。从逻辑上说，它有多么迷人，就有多么令人担忧。它将打开新的市场，提供新型服务，尤其是在医疗方面。它还将改善弱势群体的生存条件，引领人们了解未知知识。

同样，数字技术将加快生态转型并使其改变规模，将改变消费模式以及住房建设模式，还将改变公共服务的用途，并将更好地利用人类的干预。开放资料及数据，供数字经济的参与者使用，可能带动社会和经济的新发展。

民主社会主义的义务，就在于使数字技术成为改良个体之间关系的要素，并避免损害社会关系。这将是社会成功的一个关键。

在重大的技术革新过程中，一些工作岗位将会问世，而另一些则会消失。进步主义者应该有能力通过培训机制、资质再确定机制、职业流动机制和地域机动性机制组织变革。知识社会长期以来与共和国学校承载的希望紧密相连，它成为一个集体规划，并将能够说服我们大多数面对变革无法独自摆脱困境的同胞。

劳动拥有未来

就业岗位并非注定要消失，劳动也同样不会消失。如果说它们要消失，那就是在讲述寓言故事或制造恐惧。这样做是缺乏理智的。只要有需求需要满足，就会通过人的工作来回应，无论这种回应属于市场还是属于公共干预。将会改变的是这些就业岗位的性质、劳动的内容和工作的地方化。充分利用个人的能力仍然应该是我们的目标。

这种理念引导我们加强对科研和发展的信任，支持大学的卓越，在知识和教育领域大规模投资，开发替代性能源，使法国能够经得住竞争。而这些都远未完成。因此，持续增长对社会主义者至关重要。否则，在生产没有增加的情况下如何为新型福利国家提供财力支持？不追加经费，如何击退社会排斥和贫困？不做出巨大的投资努力，如何保持建筑的间距、保障绿色能源增长、通过数字网络连接整片国土？社会主义是科学与团结的结合、工业与生态的结合、技术与共享的结合。这就是个人首创精神和集体行动之间的平衡。

珍爱自由

总之，没有各种自由的新发展，就无法构筑新型社会主义。我促使投票通过了同性婚姻法，这是一场艰苦的战斗，最终我们打赢了。现在是时候投入其他战斗了，从允许所有女性获得医学辅助生育权开始。我说过，我认为这是合法且紧迫的权利。我们也应该帮助女性赢得真正的平等，即工资平等、在性别关系中受尊重的平等，以及我引入政府的男女人数对等制度。这一点应该逐渐发展到所有领导层面，我们距离这样的平等还差得很远。

对那些被人们错误地称为少数族群的公民而言也一样，他们原籍各异，拥有与大多数人不同的宗教信仰。他们也有权享有尊重、安全和平等。压力之下，特别是在伊斯兰极端主义压力之下反犹太主义一度复发。我与这种现象进行了坚决的斗争。法国绝不能容忍，因为每一次犹太人遭到攻击，被瞄准的实际上就是法国。得益于我们采取的措施以及我在各种形势下都坚持的法国团结，我们的穆斯林同胞在恐袭之后遭受侵犯的情况有所减少。但是歧视依然存在，并成为萨拉菲主义者进行宣传的口实，这种宣传推进到我们的社区，有时还得到某些地方当局的迎合。

国家干预应在世俗化这个公认的框架内进行，这对保持我们社会的凝聚力必不可少。其规则非常明确，应该坚决予以实施，但并不排除区别对待。例如，应该继续禁止在行政机构和学校佩戴明显的宗教标志。法国人希望如此，各宗教团体也予以接受。相反，我一直拒绝在大学禁止佩戴这类饰品。在已成年的信仰自由的年轻人中实施这条禁令，肯定是一项令人不快的举措，让人感觉像是国家的一种歧视行为。我不赞成在学校食堂引入“替代套餐”以满足某些宗教的饮食禁忌。如果我们通过准备一些素食来替代含有某些食材并遭到一些人拒绝的组合餐，我想不会有什么特别的不便。那些人拒绝组合餐也并非仅出于宗教信仰的动机。但妥协是有限度的，国家在宗教问题上的中立性是法国的基石。

身份归属的陷阱

我坚持世俗化还有另外一个理由。对左派而言，没有什么比在身份归属政策上被人牵着鼻子走更糟糕的了。也就是说，随着时间的推移，我采取了一个步骤，以多少有些急切与混乱的方式，回应宗教或种族团体不协调、更多的是相互矛盾的诉求。作为总统，我接见过不同宗教的代表。有时我听到他们的诉求，当这些诉求能促进相互理解时，我就会满足。但我也观察到，我们在此领域不能脱离法国的原则而行动。一旦远离原则，就会造成社会的分裂，会分裂成相互对立和敌视的族群。这就是美国选择的道路，美国历史上是从各宗教团体之间的妥协开始构建的。美国这个多元文化的社会不但没能为平息矛盾做出贡献，反而不断地经历着种族和宗教冲突。美国社会的现状导致希拉里·克林顿面对特朗普竞选失败。人们一旦唤醒、维护、支持“身份归属政治”，多数人的身份归属就会奋起反抗，就会把他们当中最具攻击性的代表推向政权。

这个本位主义的概念有重大缺陷：它没有任何理智而明确的手段来裁决各个族群的诉求；依靠一个有别于共和理论的概念，它提前向利用法兰西身份属性排斥其他人的那些人缴械了。我要求左派遵循那些构筑世俗化的原则，不要在一个历史上曾使左派实现团结并在未来保证国家统一的问题上互撕。我反复强调，个人至上是我们社会沉重的趋势。我的目的毫不天真地表明，我们的集体价值代表着整个希望。

站立起来的法国

面对恐怖袭击，法国从未屈服。遇难者的家庭和受伤人员都表现出令人敬佩的尊严。为捍卫自由，法国人民挺身而出，如同在重大历史时刻表现的那样。所有人自觉地投入行动，展现出公民的主动性。其中一些人自愿加入宪兵和警察的预备役，组成了一支国民卫队。

我在恐袭后没有做出过于理想化的反应。我非常了解我们城市街区极端化数量的增加，正如大量的阴谋者充斥着社交网络。我没有忘记迪厄多内恶劣的暴戾和《查理周刊》杀戮之后在许多教室内出现的沉重的寂静。这一切都是真实的，而且仍然如此。我们需要时间，必须时刻警惕以挫败这些瘟神。在叙利亚和伊拉克消灭“伊斯兰国”组织还远远不够。我们的社会应该有通过集体规划激励社会的意识，这个规划既要解放又要凝聚。同样在这一点上，自由主义显示出它的局限性。更糟糕的是，在自由主义的各种巧妙设计中都少不了混乱和逃避。金钱不能是个体的衡量尺度。金钱能购买物品，但不能衡量人们的价值。

我从来都不是平均主义的拥护者，尽管一些平庸的对手仅凭我就富人所说的一句简短的话就给我贴上这个标签。有才华的人应该得到奖励，如在首创性、创造力、劳作等方面付出的，理应得到回报。但这些不能成为成功人生的唯一标准。伟大在于照顾最弱势的人，杰出在于同他人共命运，幸福在于改善他人的生活。同样，每个人的参与造就了国家。饶勒斯在他那个时代就道出了关键点。

向所有人开放的公民服务

公民服务是开放服务的一种形式。我大幅度增加了服务的手段和人数。如今，大约有 12.5 万年轻人完成了公民服务。但这还太少，社会需求远远大于至今提供服务的数量。当义务受到抑制，我相信志愿者服务便会成为动力。因此，相比于义务服务，我更看好普遍性的志愿服务。在普遍服务中，每个希望在协会、社区、医院或者公共服务机构中工作的年轻人，都会在最短时间内投入自己选择的工作中。潜力巨大，渴望众多。公民意识是在学校学到的，却是在对他人的帮助和认识过程中切实获得的。

民主国家比它们表现出来的更脆弱。它们认为面对专制或宗教制度，自己最终获得了胜利，但现在很多公民不再相信这些。尽管机构改革很有必要，特别是如果它能够满足公民参与需求，但它不可能填补由于意识形态缺失以及重要政党和中介团体衰弱留下的空白，这就是社会民主党人还要一显身手的地方。社会民主党派仍然是最适合的行动形式，它可以在促进决策权力下放、集体谈判、社会妥协以及资本、劳工和自然之间的平衡方面发挥作用。

承诺的强烈责任

如果存在有所希冀的最后一个理由，我会通过自己主持的基金会找到它，基金会在继续推进我在爱丽舍宫时发起的工作，它支持具有重要社会影响力的公民创新，其经验可以在全国甚至国外普及。我可以感受到我们国家具备的社团和企业创新的活力，以及包括初创企业这个看似封闭的世界中新一代依靠自己的愿景改变世界的意愿。协作的社会为社会及利益关联的经济打开了新的视野。这场运动在20世纪造就了互助会、合作社和协会，成为我们社会模式的支柱之一，并因为企业家的创造力而在今天得到丰富。企业家的目的是以创新回应我们的需求，并通过交换服务不断丰富人际关系。这种经济内容丰富，价值充实，就业岗位充分。它有一部分是有偿的，有一部分是无偿的。它通过建立相互联系而减少不平等现象。正是这个承诺激励着我忠实于自己过去的公职生活，从我在科雷兹省担任的地方职务一直到身居国家权力巅峰，我只奉行一个方针：有益于别人和光明磊落地为我的国家服务。我不会因事因人而懈怠，我要继续为人类平等做斗争。这是我从权力中汲取的个人经验。

谨记。

结　语

人们总是向我提出同样的问题：在当过国家一号领导人之后做什么呢？当不再是国家元首时，生活是怎样的呢？前总统还能做什么呢？

我总是坦率地回答：我不知道。因为没有规则，也没有先例。我的每一位前任处于这种情况时，不论是他主动选择，还是被迫接受这种处境，他内心深处都会找到新的存在的意义。有些人完全处于退休状态，也有些人则抱有或多或少假装出来的重返政治的希望。

5 年任期，缩短了采取行动的时间；替代性继任，减少了延长行动的机会；而人的预期寿命延长，对前任总统也一样，又增加了各种假设。

从 2016 年 12 月 1 日起，我就开始向离任过渡。任何人都无法想象。我被国务缠身，一直到任期最后一天。许多问题需要我关注，更不用说还有许多更加私人的事务。我以惊愕而又警觉的复杂心情关注着总统竞选活动，感觉它将走向一个从没有过的结局。它将打乱政治格局，但它无法掩盖法国社会深处正在演进的倾向。我克制着自己不去干预。

我在最后几天打破沉默，揭露极端主义和民粹主义，指出它们对法国人的生活方式、购买力和就业形成的威胁。我在内心深处咆哮着，一出出的司法事件、那些只有电视剧里才有的剧情反转、全息投影集会、夸张的辩论会等，与竞选活动的传统不符，这些都不配给法国人观瞻。我没有参加竞选，还有权进行评论吗？我只是简单地想：那些高调宣告以新的牌局了断过去的冲突、“摆脱”另一个时代领导人的人，他们是在玩火。

人们并非一进入爱丽舍宫就成为总统，也并非一离开爱丽舍宫就成了前总统，这两种情况都需要时间去适应。对我来说，我经受了这种落差。我希望如此。我想让我的继任者走得舒适，不因我在场而感到为难，尽管他曾长时间在我身边为国家服务。我这样做也是为了自己。我不愿再介入公共活动，因为它与我以前的职责差别过大。

断裂是非常艰难的。我从超负荷、涂涂画画的日程表过渡到空白的日程表，是重新找到了自由。个人的生活从中受益，这恰恰是给予履行国家职责的人的报偿。但是，如果自由不能服务于某个事业，那么这个自由也是了无趣味的。

在西方民主国家，一些领导人会毫无顾忌地转入私营部门工作，他们的才干、经受过考验的责任心、缔结的关系吸引着那些大公司。我拒绝了他们的邀请，这既是出于道德考虑，也是出于信念一致性的考虑，因为在转行后，利益冲突就不再遥远。服务国家是一种义务，而不是积累的资本。

我在投身政治前是国家公务员，但我从没想过返回已经离开 30

多年的审计法院的位置。我也可以重新穿上律师袍，在我的生涯中，我曾短期在巴黎律师公会注册过，我对这个职业充满了敬意。但在那里也一样，除了是为追求事业外，在审判庭上并没有我的位置——我是说作为辩护者。

于是我去旅行，我想继续了解世界的变化，去那些需要通过干预、接触、调停等方式帮助解决冲突的地方。充当这样的旅行者也是前总统的角色。没有官方身份，我只代表自己，既不是任务，也不是职业。尽管如此，法国仍然可以通过倾听曾经领导它的那些人的意见，在人们期待的地方发挥作用。

我想做得更多，我的生命就是一种承诺。公民行为与时俱进，捐赠、党员活动、志愿服务都保持着它们的作用。但负责这些活动的组织失去了活力。这些活动的价值依然存在，但它们代表的意义却发生了变化。作为总统，我发起了“法国承诺”基金会，以支持那些创意以其创新意义和社会影响在法国广为传播。我呼吁企业和个人为此做出贡献，我向社会活动者、社团负责人提供资金，他们帮助公民发挥了有益的作用。我感受到了那些可贵的奉献精神；我看到科技满足了残疾人、老龄人和离群索居者的需要，帮助了那些难民，支持了无家可归者，使儿童能够学习文化知识。我明白，新的一代，借助于人工智能，可以让生活更加简单，有时还可以改变生活。这些活动具有政治意义：它可以改变事情的状态及人们的处境；它在基层树立榜样，在高层确立方向。见微知著。

有些前总统想“回归政治”。“回归政治”也许是用词不当的。即使不再谋求通过选举获得的职位，离开爱丽舍宫也不意味着放弃。在问鼎国家最高职位之后，在被全体法国人民选举之后，在世界各地代表了我们的国家之后，很难再回到议会担任议员或担当地方职务。除了人生最后的行程之外，唯一重复自己历程的是德斯坦。他在55岁时离开爱丽舍宫，3年后重新成为议员，随后又担任了近20年的奥弗涅大区议会主席。我理解他的坚持不懈和忘我精神。这代表着对一个地区进行改良，并向人民表明：政治不应只用于执拗地追寻荣誉，它更多的是一个近距离决定民生的工具。这既是年龄、处境和时机的问题，也是愿望问题。这不是我今天的愿望。

关注、评估和判断一种行为，最好是和它拉开距离，让时间、让当代人去做出评估和判断，而不是强迫人们去做。在证实我的政策的经济成果公布后，我曾想去干预吗？我曾想对试图贬损我的政策的评论做出反应吗？当然是的。但是，有些恼怒必须加以克制，有些干涉必须假装不知，以避免自己受到伤害。有些疏漏必须使狂热付出代价。权力的重要教训，就是它要保持持续性。无论哪位总统到任后如何宣称与其前任决裂，都总有继承和传递。

我一直打算从事政治，况且我从未声明过要放弃它。但是，从事政治并非必须通过选举、通过领导一个政党或准备一个重要时间节点，也可以通过思考、建议或采取立场参与公共讨论。当然这种参与的前提必须是有益的或不会徒然使治理者的行动复杂化的。

我采取的就是这样的准则，包括撰写本书也是遵循同样的准则。我热爱法国。因为我领导过它，所以我对它只有义务。首先，我不做任何损害它形象的事，反而要在任何情况下都维护它，无论是在国内还是在国外。其次，面对它为维护世界稳定、传播价值观做出的选择，我要把所有的经验都带给它。我不能容忍美国总统质疑我们在气候变化方面取得的成果、威胁伊朗核协议或中断欧洲与美国贸易协议，也不能接受俄罗斯总统的策略。这些策略使阿萨德不受惩罚地蹂躏本国人民，阻遏国际社会倡议，使西方蒙受道德上的失败，并由此削弱民主。我不能面对土耳其总统企图进入叙利亚打击库尔德人还保持沉默，库尔德人是我们战胜“伊斯兰国”组织的盟友。我不能宽容部分欧洲国家远离欧盟原则，它们每天都在阻挠我们对人道主义的追求，而这种追求把欧洲国家联结在了一起。之所以我讲得这么坦率，是因为我是自由的。执政时，外交有它的规矩和准则，我必须遵守。当我从政权解脱以后，我就可以讲得直截了当了。

一年来，世界失衡加重，而我们却未采取相应举措。在大国博弈中，民主不会像它自己断言的那样胜出，它在战后从未如此脆弱过。民主不再是不可抵御的，过去它令人民信服，是因为它在人民眼中最符合进步的理想。从以失败告终的“阿拉伯之春”中可以看到，民主收缩的幅度大于扩张的幅度。

同样，我怎么能面对法国、欧洲乃至全世界的左派现状而无动于衷呢？如同民主一样，左派各方面都在退步。我指出，左派面临民粹主义如此大的威胁，而右派在不再利用民粹主义时，就对其采取将就态度。左派并未遭受执政时间过长的痛苦，而是在欧洲主要国家遭受着被排斥在政权之外的痛苦。许多人对此感到满意，认为左派信奉着过时的意识形态，希望其他流派占据主导地位，相信政治斗争已缩小为坚持开放和支持封闭的斗争。这仅仅是一种夸张。不存在供强者以最佳政府名义用来强加自己观点的思想警察，也不存在任何正确思想的专政。那些缺乏实际内容但深得人心的“揭露”，意味着过去不问政治论调的回归，它掩盖了冲突，并使冲突以不同层次的沮丧形式突然再现。

令我遗憾的是，一部分右派为减少极端主义对其形成的威胁而选择走近后者，这比判断失误更为严重，这是战略性错误。它以为在这边赢了，实际上它在另一边输了。鉴于道义上的过错，它在选举中的收获将很微弱。

左派也同样处在进退两难中。它借口可以贴近民众的向往，从而继续行进在民粹主义的歧途上，误导选民，并被挑拨离间者和蛊惑人心者带入绝境。最后，我也不能对社会主义的前途漠不关心。那些自我炫耀的人应该做出选择。我不再参加他们的辩论，但我坚持社会主义理想，并将继续证明：真正的创新是无休止的、争取平等的运动。

我就是这样构想自己在今天的角色的。我要对自己的使命负责，如同对我曾采取的行动负责一样。我的新生活赋予我在内心深处为其辩解的自由，我对此深信不疑。

致　谢

我要感谢本书编辑西尔维·德拉叙女士，感谢她提出的深思熟虑的意见，这对于编写本书非常宝贵。

我要表达对萨米娅·艾特-阿尔库卜的感激。如同在爱丽舍宫时一样，她知道如何“破译”我手写的文字，并在阿芒迪娜·斯利姆的忠实帮助下对本书文字进行规范。我也感激西比尔·热尔博，她最近几个月一直参与本书的编写工作。

我同样感谢洛朗·若弗兰在最初提出的问题。